Christoph Dieckmann

Volk bleibt Volk

Deutsche Geschichten

Ch. Links Verlag, Berlin

Dem Volk des FC Carl Zeiss Jena,
in welcher Liga auch immer

Die Deutsche Bibliothek – CIP-Einheitsaufnahme

Dieckmann, Christoph:
Volk bleibt Volk : deutsche Geschichten /
Christoph Dieckmann. – 1. Aufl. – Berlin : Links, 2001
ISBN 3-86153-249-2

1. Auflage, September 2001

Schönhauser Allee 36, 10435 Berlin, Tel.: (030) 44 02 32-0
Internet: www.linksverlag.de; mail@linksverlag.de
Umschlaggestaltung: KahaneDesign, Berlin, unter Verwendung eines Photos von Jens Rötzsch/Ostkreuz: Saalecker vor der Rudelsburg (in der Mitte: Sigmund Beetz/»Der Mörderstein«)
Satz: Kerstin Ortscheid, Berlin
Lithos: Gepro D. Gerhardt GmbH, Berlin
Druck und Bindung: Friedrich Pustet, Regensburg

ISBN 3-86153-249-2

Inhaltsverzeichnis

Mein Volk

1

Du nennst es Sage, ich Erinnerung. Du suchst die Daten, ich den Wald. Der Wald steht schwarz und schweiget, hinter dem Friedhof, dem Hünengrab, den Kirschplantagen, immer den Berg hinauf, bis zum Forsthaus Butz. Da blafft der Hund, und da beginnt der Wald. Das Mädchen trat ein. Der Weg war hier noch breit, Licht brach durch die Kronen der Buchen, doch die Vögel gaben keinen Laut. Waldeinwärts schwand das Licht, der Pfad verjüngte sich und wurde steil. Das Mädchen stieg, stolperte, erhob sich, da trat aus dem Dickicht ein Mann. Er lächelte, dann fiel er über sie her.

Daneil hieß er; jeder kannte den Namen. Er beraubte die Bauern und Händler, die auf dem Weg zum Halberstädter Markt den Huywald passierten. Durchs Unterholz hatte er Schnüre gespannt. Stieß Beute an, klingelte ein Glöckchen in seiner Höhle. Dorthin verschleppte er die junge Frau und zwang sie, mit ihm zu leben. Sie gebar ihm Kinder, die erschlug er, damit das Geschrei ihn nicht verriete. Ihr preßte er einen Eid ab: bei Todes Strafe keinem Menschen zu verraten, wo sie sich verbargen. Denn manchmal ließ er sie zum Markt. Er wußte, sie käme zurück.

Dann konnte sie's nicht länger tragen. Da sie ja zu keinem Menschen sprechen durfte, klagte sie ihr Los dem steinernen Roland an der Rathausmauer: wie sie so entsetzlich lebe in Daneils Höhle bei der Huysburg und dem Röderhöfer Teich. Dies hörte oben durchs offene Fenster ein Ratsherr, der eilte herab, zog die Zitternde ins Haus und beruhigte sie: Ihr Eid sei unverletzt. Dann rüsteten die Halberstädter zum Zug gegen Daneil. Sie fanden und umstellten den Unterschlupf. Der Räuber hatte sich verschanzt. In riesigen Kesseln kochten sie Wasser und gossen es von oben in die Höhle. Unten lief es wieder heraus, und von drinnen lachte Daneil Hohn. Jetzt kochten die Halberstädter Brei. Das Lachen wurde Schreien, dann erstarb's.

Drei Räume hat die Höhle: das Zimmer, den Pferdestall und, etwas höher, Daneils Küche. Darunter soll sein Schatz vergraben sein. Stampf auf: Der Boden klingt hohl. Einmal haben die großen Jungen aus unserem Dorf in der Küche gegraben, doch vergeblich. Je tiefer sie gruben, desto weiter zog sich der Klang, der Schatz ins Erdinnere zurück. So handelt meine Erinnerung.

2

Daß ich zum Volk gehöre, habe ich spät erfahren. Ich wuchs hinter Mauern auf. Sie bargen das mächtige Pfarrhaus, zwei Höfe, ein Wäldchen, den weiten Garten. Draußen um die Mauern lagerte das Dorf, das Volk, die Welt. Über diesen Gegensatz haben etliche Pfarrerskinder geschrieben, auch ich in »Time is on my side« und »Die Zeit stand still, die Lebensuhren liefen«. Unser Ur-Text stammt von Thomas Mann: »Tonio Kröger«, Archetypus der abseitigen Existenz, das Volk belächelnd und doch gepeinigt von Sehnsucht nach Gemeinschaft mit der lachenden Welt des Hans Hansen und der unvergrübelten Mädchen.

Von Fremdheit erzählte ich also, als Pasterjunge, Brillenschlange, Bücherwurm, aber wurde das dem Dorf gerecht? Ist denn das Volk ein Monolith? Seit die Ostdeutschen in summa unter Rassismusverdacht gerieten, sieht man sie wieder eingeschachtelt in jene Kollektiv-Identität, die nach einem West-Klischee den Ossis das Ich-Sein erspare. Das sei ja kein Wunder nach einem halben Jahrhundert Diktatur. *Du bist nichts, dein Volk ist alles*, hatten die Nazis eingehämmert, und die SED plakatierte: *Alles für das Volk, alles durch das Volk, alles mit dem Volk!*

Tatsächlich, dem Kind war das Volk naturgegeben, Fleischer Grützmacher wie Gärtner Mingerzahn, Bäcker Gutjahr wie Kaufmann Kassebaum, Schlosser Rosenblatt wie Förster Butz. Ihr Wesen schien Dienst am Dorf, dem sie gaben, wie sie von ihm nahmen. Unterschiede fielen auf zwischen Schuster Wesarg und Frau Doktor Banse, die nicht Volk war, sondern eine Dame. Banses hatten sogar einen Swimmingpool. Wer zum Schuster wollte, mußte über einen schmalen Hof, in dessen Mitte der Misthaufen prangte. Gänse zischten heran. Ein Spurt, ein Sprung auf die Brettertreppe, und man stand in Wesargs Kemenate, in Stube und Werkstatt zugleich. Umstellt von Botten und Pantinen, thronte der Alte auf seinem Schemel, drosch Absätze fest, bequallte lappende Sohlen mit köstlich müffelndem Leim. Er sog an der kalten Zigarre, prüfte sein Werk mit rissigem Daumen und nuschelte den lächerlichen Preis. Genauso verschmolzen mit dörflicher Pflicht schien Tischler Bärecke an seiner Hobelbank und Schmiedemeister Stache, wenn er – Glut zischte, Horn stank – die ergebenen Harzer Gäule beschlug. Gutjahr walkte seinen Teig, Rosenblatt schweißte, wortreich bedienten die alten Kassebaums im Laden, mit Tocher und Schwiegersohn, und einst würde Hans-Heinrich, der Enkel, das Geschäft übernehmen. Und alle taten und ließen geschehen, was von jeher war, auf daß es immer sei. Die Führer kamen und gingen, das Volk aber blieb. Und ewig zischten die Gänse.

Brauch und Homogenität empfand ich als Wesen des Volks. Die Zeit im Dorf lief nicht voran, sie ging im Jahreskreis. *Im Märzen der Bauer sein Rößlein einspannt. Sommerfeld, uns auch meld, wieviel zählst du Ähren? Bunt sind schon die Wälder, kahl die Stoppelfelder, kühler pfeift der Wind. Und hat ein Blümlein bracht, mitten im kalten Winter, wohl zu der halben Nacht.* Bald kam ein neuer März, doch ehe der Schnee ging, mußten die Schweine sterben, in jedem Bauernhof eins. War der Schlachter Christenmensch, dann schickte er, Gott zum Gruß, eine Kanne Wurstsuppe brühwarm ins Pfarrhaus. Mutter hob den Deckel und prüfte, ob dem fettigen Sud ein paar Scheiben Wellfleisch beigegeben wären. Danach taxierte sie des Spenders Kirchentreue.

So schien das Dorf sich selbst genug, von keiner Sehnsucht gepeinigt, von Träumen ungestört. Aber hast du vergessen, wie viele Frauen schwarze Kleider trugen jahrein, jahraus? Weißt du nicht mehr, was geschah, wenn Vater Christvesper hielt? Beim Gesang von *Stille Nacht* löschte die Küsterin das Licht, und ein Schluchzen und Weinen erfüllte das Kirchenschiff, als habe das Leid des ganzen

Jahres auf diese drei Minuten gewartet, auf dieses süßliche Lied, das Vater nicht liebte. Singen müssen wir es, sagte er. Für die Vertriebenen ist es ein Stück Heimat.

Am nächsten Morgen sammelten sich die Christenkinder im Pfarrgarten. Wir stapften durchs verschneite Dorf, zum Weihnachtssingen. Vater hatte eine Liste von Einsamen, Gebrechlichen, Bettlägerigen erstellt, fast alles alte Frauen, die besuchten wir nun in ihren muffigen Stübchen. Wir sangen *Vom Himmel hoch* und *Ihr Kinderlein kommet*, Brigitte Biewendt spielte Blockflöte, Vater las die uralte Geschichte vor: *Es begab sich aber zu der Zeit, daß ein Gebot von dem Kaiser Augustus ausging, daß alle Welt geschätzt würde (...) Und jedermann ging, daß er sich schätzen ließe, ein jeglicher in seine Stadt. Da machte sich auf auch Joseph aus Galiläa, aus der Stadt Nazareth, in das jüdische Land zur Stadt Davids, die da heißt Bethlehem, darum daß er von dem Hause und Geschlechte Davids war, auf daß er sich schätzen ließe mit Maria, seinem vertrauten Weibe, die war schwanger*. Wieder weinten die alten Frauen und schenkten uns Printen und Makronen, manchmal eine ganze Tafel Westschokolade mit der Mahnung, sie gerecht zu teilen. Danke, Kinder, danke, ach wie gut, daß ihr noch nichts vom Leben wißt! – Erleichtert liefen wir heim zu unseren Geschenken unter der Lichterfichte, im Pfarrhaus geborgen wie im Herzen der Welt.

In einem Winter ging der Selbstmord durchs Dorf. Ich fürchtete mich vor den Häusern, wo *das* geschehen war, wie mich auch das Schweineschlachten grauste und der große Nachbarsjunge, der das Zicklein abgestochen hatte. Wer tötet, fühlte ich, fällt aus der Welt. Wie arglos, wieviel weniger befleckt dachte ich mir die Städter. Es war keineswegs denkbar, daß zwei Stadtbewohner bei Friseur Heinecke ihren Kahlschlag empfingen, und die Beerdigungsglocke läutete, und die balbierten Bauern – kundig, wer da in die Grube fuhr – zoteten von der ollen Soundso, die sich *uffjebammelt* habe.

Daß alte Frauen derart starben, ließ sich fast noch irgendwie ertragen. Sie hatten, wie es hieß, *ihr Leben gelebt*. Dann brachte sich Jutta um, am 1. April 1966, mit Gas, in der Halberstädter Wohnung ihrer Tante. Achtzehn war sie, eine Konfirmandin meines Vaters. Sein Tagebuch –

reich an Fakten, karg mit Emotion – läßt spüren, wie ihn dieser Tod erschüttert hat. »Ich muß Herrn (...) die Kunde bringen«, schreibt er, und: »Ich habe Jutta noch einmal gesehen. Sie lag in der Küche auf dem Boden. Mit Herrn (...) zum Volkspolizeikreisamt, wo er in die 3 Briefe Einblick nehmen konnte, die Jutta für die Eltern, Marlene und ihren Freund hinterlassen hat. Allgem. Angst vor der Bewältig. des Lebens.«

Da muß etwas zu groß gewesen sein für das Dorf. Ich erinnere mich an Jutta: eine Dunkle, Stille, freundlich, immer ernst. Am 2. April unterstrich Vater den Bibeltext in seinem Pfarrerkalender: *Ich werde wandeln vor dem Herrn im Lande der Lebendigen.* (Psalm 116,9) – *Das ist die Verheißung, die er uns gegeben hat: das ewige Leben.* (1. Johannes 2,25) »Eine tröstliche Losung«, schrieb er dazu und hat am 6. April bei Juttas Beerdigung darüber gepredigt. Am Nachmittag davor kamen Juttas Eltern ins Pfarrhaus. Ich saß auf der Mauer und sah, wie das gebeugte Paar den Kirchweg heraufschritt und versteckte mich wie vor dem Tod. In Vaters Kalender steht: »Noch lange über Jutta gesprochen.«

Es starb auch der große Sohn des Lehrers. Er kauerte im Wald, in der Höhle, und hatte Gift genommen. Und dann war Agnes tot. Um welchen Gottes Willen erhängt sich ein dreizehnjähriges Mädchen? Und welcher Teufel läßt zwölfjährige Bengels darüber Witze machen? Ein Hänsel-Mädchen war Agnes gewesen, eine Sitzenbleiberin, immerzu bemüht, sich lieb Kind zu machen. Das nervte. Dann trotteten wir, die ganze Klasse, inmitten eines langen Zugs den Friedhofsweg hinauf. Vor uns schwankte der Sarg. Ein trüber Tag war. Ich weiß, ich trug den braunen Anorak und versuchte zu fassen, wie entsetzlich nahe ich der toten Agnes sei. Vater predigte nicht, denn Agnes' Familie war katholisch. Der Priester sprach so leise, daß ich ihn nicht verstand. Die Mutter weinte und rief immer wieder den Namen ihres Kinds: Agnes, warum hast du das getan! Agnes, mein Mädchen, warum hast du das getan!

Abends setzte sich der Vater an mein Bett. Ich fragte: Kann Agnes in den Himmel kommen?

Ja, Junge, sagte er.

Aber sie ist katholisch.

Alle Christen gehören zum Volk Gottes.

Was unterscheidet uns von den Katholiken? fragte ich. Der Volksmund wußte: Sie sind falsch, und die Priester treiben's alle mit ihrer Haushälterin. Vater sprach vom Papst und dem Abendmahl ohne Wein für alle. Der größte Unterschied sei aber der Beichtzwang. Alle Sünden beichten, begangen in Gedanken, Worten und Werken, das schaffe keiner, das mache den Menschen verrückt. Dann sangen wir, auch für Agnes, mein und Vaters Lieblingslied: *Jerusalem, du hochgebaute Stadt, wollt Gott, ich wär in dir. Mein sehnlich Herz so groß Verlangen hat und ist nicht mehr bei mir. Weit über Berg und Tale, weit über blaches Feld schwingt es sich über alle und eilt aus dieser Welt.*

Werden irgendwann alle Menschen zu Gottes Volk gehören? fragte ich.

Irgendwann ja, versprach Vater.

Und wer vorher stirbt und nicht an Gott geglaubt hat? Kann der in den Himmel?

Nach menschlichem Ermessen nicht, sagte Vater. Aber wenn Gott will, dann geht auch das. – Letzteres mißfiel mir, und ich unterschlug es, als mich der freche Grundmann wieder Paster! rief. Du kommst nicht in den Himmel, zischte ich, kalt vor Wut. Grundmann kreischte vor Vergnügen.

Drei Viertel der Klassenkameraden standen der Kirche fern, besuchten weder Gottesdienst noch Christenlehre, gehörten nicht zu Gottes Volk, wurden nicht schulfrei gestellt zu Vaters Reformationsgottesdienst – natürlich auch nicht die wenigen Katholiken. Der Küsterjunge Ulli wußte: Die feiern morgen Allerheiligen, da stehen nachts die Totengeister auf. Spätabends stahl ich mich aus dem Pfarrhaus und pirschte zum Friedhof. Das eiserne Tor winselte im Scharnier, in den Weiden knarrte ein harter nasser Wind. Die Finsternis stand wie eine Wand. Ich tappte am Regenbassin vorbei in Richtung Leichenhalle, da sah ich den Flammentanz auf den Gräbern. Wie Seelen hüpften die Lichter in ihren gläsernen Gehäusen. Ich wagte mich näher und war berückt von meinem Mut. Plötzlich ritt mich der Luther. Ich griff ein Windlicht und hastete in Richtung Friedhofstor. Fast war ich draußen, da schlug die Glocke vom Turm. Ich erschrak und trug die flackernde Seele zurück an ihr Grab.

Es stand auf dem Friedhof ein Stein, der wurde der Muna-Stein genannt. Das Wort kam von Munitionsfabrik. Die hatte zur Nazizeit oben im Wald gelegen, bei der Soldatensiedlung Mönchhai. Am 21. September 1944 war dort etwas in die Luft geflogen, mit sieben deutschen Menschen, deren Namen auf dem Muna-Stein zu lesen standen. Eine spätere Zeit hatte nicht vergessen mögen, daß auch 59 Zwangsarbeiter in den Tod gerissen worden waren, und eine Ergänzungsplatte angefügt. Ansonsten schien die Hitlerei ein anderer Planet gewesen. Die Schuldigen säßen in Westdeutschland, lehrte die Schule und warnte vor diesen *Ewiggestrigen*. Uns dagegen, den *Siegern der Geschichte*, war die Zukunft versprochen. Doch auch die Lehrer, die Ideologie verkündeten, schlossen das Pfarrerskind, den *Nichtpionier*, in die Klassengemeinschaft ein. Fast glaubt die Erinnerung, es habe im Dorf keine Kommunisten gegeben, obwohl sie Maiumzüge meldet, Pioniermanöver, Fahnenappelle sonder Zahl und einen Schulfreund im Zentralrat der FDJ. Und mußte nicht jedes Kind sich mit Beginn des Russischunterrichts einen Namen aus dem Lande Lenins wählen? Waleri, komm an die Tafel!, und du kamst. Larissa, lies vor!, und Christine Groeger las. Die Erinnerung schätzt den Schaden gering. Ihr ist, als sei das Dorf für alles Auswärtige immun gewesen. Was vermochten die SED-Parolen und die Zeitung der Partei gegen das Gesetz von Saat und Ernte und die Symbiose von Mensch und Tier? So wenig wie die Zeit gegen den Ort.

»Volksstimme« hieß die Zeitung; sie heißt noch heute so. Doch Volkes Stimme wurde nicht gedruckt. Alles Wirkliche war mündlich. Alltags sprach Volkes Stimme nur das Nötigste. Sonntags schwoll sie zum Chor, aber nicht in Vaters Kirche, sondern an einem Ort, den Vater nie verstand: auf dem Fußballplatz oben am Wald. Es rüstete die Stadt gegen das Dorf, der Halberstädter Spitzenreiter gegen die Tabellenkellerkinder. Was taten sich die Gäste schon beim Warmspielen arrogant hervor. Los ging's, und zack, lag ihnen ein Ei im Nest. Fünfhundert Bauern brüllten Spott. Doch dann kamen die Halberstädter und rannten und schrien sich nach vorn und legten unser Tor unter schwerstes Feuer. Es stand aber darin der König von Dingelstedt: Boxer Koennecke. Boxer flog, fing, faustete wie mit zehn Händen.

Er lenkte ums Holz, er kratzte von der Linie, er riß den Feinden das glitschige Leder vom Fuß. Nach der Halbzeitpause wurde aus Regen Hagel und aus dem Halberstädter Sturm ein Orkan. Ich stand dicht hinter Koenneckes Tor und sah durch die Maschen, was *Mut der Verzweiflung* bedeutet. Boxer schrie nicht herum, er zeigte keine Show. In stummer Erbitterung tat er die Arbeit seines Lebens wie einer, der gegen sein Orakel kämpft oder einen Pakt geschlossen hat. Der Harz ist ja voll von Teufelssagen.

Längst drängte das ganze Volk hinter Koenneckes Gehäuse. Er und unsere Ballwegdrescher hielten das 1:0 bis vier Minuten vor Schluß. Dann trat im stampfenden Gewühl ein Halberstädter Koennecke ins Kreuz. Etwas zerbrach. Da lag der Unbezwingliche im Morast und warf schluchzend den Kopf hin und her. Aber seine Arme bargen den Ball.

Auszuwechseln war damals noch nicht erlaubt. Sie richteten Koennecke auf und lehnten ihn behutsam an den Pfosten. Sie riefen ihr Letztes wach und trieben die Halberstädter ins Feld zurück. Dann brachen die doch noch durch. In der 90. Minute drosch ihr Mittelstürmer die Kugel völlig frei in Koenneckes Gesicht. Kopfüber kippte Boxer in den Abpfiff hinein.

Der Jubel war grenzenlos. Ein laufendes Spalier, so eskortierte das Volk seine Helden ins Dorf. Die Fußballstollen schnalzten auf dem Kopfsteinpflaster wie alltags die Hufe der Pferde. Zwei schleppten Koennecke, der nieste Blut und spuckte Schlamm und leuchtete vor Heldenschmerz und Glück. Der hat das wahre Leben, dachte ich erregt und rannte nebenher. Könnte mich Angelika so sehen, sie käme nie wieder los.

Dann waren die Männer am Ziel. Sie betraten ihr Geheimnis: Schmagolds Ratskeller. Als ich heimkam, schimpfte Mutter: Mußtest du bei Regen raus? Im ganzen Dorf, bei Bäcker, Fleischer, Kassebaum, sprachen die Leute von Boxer Koennecke, und als mich Vater zwecks Fassonschnitt zu Heinecke befahl, wurde der Titan im Sessel neben mir geschoren. Boxer, das war was am Sonntag, sagte der Friseur. Koennecke sagte, was er immer sagte: nichts. Und so blieb es, bis die Dingelstedter in die Fremde mußten, hoch in den Harz, nach Benneckenstein. Dort waren sie Helden ohne Volk und verloren 1:8.

3

Eines Tages entdeckte ich im Bücherzimmer ein Gemälde-Album. Auf dem Umschlag schwang sich ein kantiger Adler ins Licht. Gotisch prunkte der Titel: »Im Auf und Ab zur Weltmacht«. Vom Inneneinband war zu erfahren: *Ein Volk ohne Vergangenheit verdient auch keine Zukunft.* An Vergangenheit litt unser Volk nicht Mangel. Sie hub an im Jahre 9, natürlich im Wald. Ein Kolossalbild bezeugte, wie Volksgenossen – fragwürdig gekleidet, doch germanisch resolut – Varus' Römer zerfleischerten. Varus, Varus, gib mir meine Legionen wieder! jammerte der Kaiser in Rom – umsonst. Sein Feldherr hatte sich ins Schwert gestürzt.

»Im Auf und Ab zur Weltmacht« triumphierte die Tat über den zaudernden Geist. Geschichte schien ein Defiliermarsch großer Stunden, Krieg der Vater aller deutschen Dinge. Herrlich, wie das Deutschtum sich zeiteinwärts hackte, blutete und siegte. Dann ein Idyll: Heinrich der Finkler träumt *am Vogelherd*, da nahen die deutschen Fürsten und tragen ihm die Königskrone an. 1077 muß Heinrich IV. durch Eis und Schnee nach Canossa wanken, um vor Papst Clemens VII. Buße zu tun. Schon wieder Gehacktes: die kaiserlose, schreckliche Zeit. 1521: Luther in Worms, die Hand aufs Herz, das Auge himmelwärts, zum deutschen Gott, der fortan als nationaler Protestant zu denken ist. 1632 meucheln die Katholiken in der Schlacht bei Lützen den edlen Schwedenführer Gustav Adolf. Preußen erscheint; der Soldatenkönig inspiziert seine Langen Kerls. Und endlich wird dem Deutschtum der Heiland geboren: der Alte Fritz.

Der Alte Fritz als Fahnenträger in der Schlacht von Zorndorf. Der Alte Fritz beim Feldgebet nach der Schlacht von Leuthen (*Nun danket alle Gott!*). Der Alte Fritz als Flötenspieler (Sanssouci). Und als der Große Friederich 1786 zum himmlischen Wachregiment versammelt wurde, war Preußen bald im Eimer. Auftritt Bonaparte: Preußenvernichtung bei Jena und Auerstedt 1806. Erschießung der Schillschen Offiziere in Stralsund 1809. Und so fort mit deutscher Not, bis Napoleon der Wahnsinn schlug und er Rußland überfiel. Borodino 1812: Dumpf brütet nach unentschiedener Schlacht das Ungeheuer über seinem Kartentisch: Vor oder zurück? Ritt durch das brennende Moskau.

Fluchtkalesche nach Paris, gefolgt von den letzten Trümmern der Großen Armee. *Mit Mann und Roß und Wagen, so hat sie Gott geschlagen*, aber noch nicht ganz. Völkerschlacht bei Leipzig, endlich Waterloo. Wellington, verzweifelnd rufend: Ich wollt, es wäre Nacht oder die Preußen kämen! Heißa, da bricht Papa Blücher aus dem Busch und jagt dem welschen Monster seine deutsche Klinge ins Gemächt. Der entkaiserte Korse verdämmert auf einem Felseiland im Atlantik, und Freddy singt im Deutschlandfunk: *Sankt Helena um Mitternacht, der Kaiser ist vom Schlaf erwacht und denkt daran, wie schnell sich alles ändern kann.*

Der Rest sei übersprungen, all die Düppeler Schanzen, Königgrätze und Sedans. Kaiserkrönung in Versailles, Dreikaiserjahr, herrlicher Wilhelm Zwo. Nährstand ist Wehrstand, schimmernde Wehr zu Lande und zur See, Kolonien, lauf Neger lauf, Sarajevo, Verdun. Und dann war alles zu Ende, obschon Deutschland im Felde unbesiegt. Verräter, Novemberverbrecher hatten unserem kämpfenden Volk den Dolch in den Rücken gestoßen. »Im Auf und Ab zur Weltmacht«, erschienen zur Weimarer Zeit, harrte der nationalen Erweckung und eines Neuen Fritzen, der dann Adolf hieß.

Es schlummerten noch mehr solcher Bücher ganz unten im Regal, und alle erzählten Geschichte als Kampf und Volkestreu. »Der Löwe von Flandern« reinigte das Land der Flamen von Franzosenbrut. In »Ohm Krüger« rangen die Buren, das Heldenvolk des Großen Trecks, gegen die perfiden Engländer. »An der Pacificbahn« verteidigten weiße Siedler die christliche Zivilisation gegen tückische *Indsmen* vom Stamme der Upsaroka. »Zwischen den beiden Rassen wird es einen ewigen Kampf geben, bis der rote Mann der Übermacht weichen muß und von der Erde verschwindet.« Immer kitzelt es Mister Hoffmanns gute alte Gun, den verdammten Rothäuten eins aufzubrennen, und Mister Weiß weiß, »daß der indianische Rachedurst teuflische Martern erfindet, an die ein Weißer gar nicht denkt«.

Ja, hatte er denn nie »Die Nibelungen« gelesen? Rudolf Herzogs Version, 1929 erschienen, erwies sich als Lehrbuch für Fleischer Grützmacher. Lustig ritten die Recken vom Rhein nach Hunnenland. Ihr ritterlicher Spielmann, Herr Volker von Alzey, sang ihnen das Lied vom Tod, der süßer schmecke als ein Mädchenkuß, rauche nur kräftig das Schwert vom Blute der Feinde. Am Donaustrand fand Hagen von Tronje den Fährmann frech. »Da holte er den Balmung aus der Scheide und tat von unten herauf einen Hieb, der dem Riesen Brust und Schädel spaltete. Wie eine Springflut schoß das rote Blut ins Boot.« Sie erreichten König Etzels Hof. Große Tafel. Kecke Reden des Etzelbruders Blödel. »Kein Wort sprach er mehr. Wie ein zündender Blitz war ihm Dankwarts Schwert durch den Hals gefahren und hatte ihm das Haupt vor die Füße geworfen.« Und so endete Jung-Ortlieb, das Etzelsöhnchen: Hagen »hob die Hand, die am Griffe Balmungs lag. Und es ging ein leises Zischen durch die Luft. Da stand der Knabe Ortlieb hauptlos im Saal, griff mit den Händen umher und sank in sich zusammen.« Da mochte Herr Volker nicht untätig bleiben und mähte dem ersten Hunnenritter »den Kopf herunter, daß er augenrollend unter die Menge im Hofe flog«. Gottlob schwächte diese Bemühung nicht Herrn Volkers Muse. »›Immer heran,‹ sang er, ›immer heran! Hier ist zu sehen, was kein Mensch mehr sieht, der es einmal sah! Volkers Schwert! Heidi! Mitten in eurer Gurgel!‹«

Abertausende sterben, ein Nibelung auf hundert Hunnen. Blut schäumt im Schlachtsaal wie das arische Weltenmeer. Am Ende des rassigen Ringens sind alle tot, bis auf den Oberhunnen, dessen Kehle nun ein schauriges Lachen entkeucht. »Durch die Lande aber zogen die Heersäulen heran, die die Boten gerufen hatten, und gelbe schwarzhaarige Menschen kamen zu Tausenden und Hunderttausenden geritten aus Ungarn und der Walachei, aus dem Reußenlande und den Steppen Asiens. Wie ein Heuschreckenschwarm, der die Sonne verdunkelt, kamen sie heran, und blaß und finster setzte sich Etzel an ihre Spitze und warf sich sengend und mordend auf die deutschen Lande bis über den Rhein hinaus. Da ward aus Etzel vom Hunnenland Attila, die Geißel Gottes. Und wohin er kam, kam die Nacht. So furchtbar ward heimgesucht an den Menschen der Tod Siegfrieds, des Sonnenhelden.«

Nicht Feuchtwanger, Tucholsky, die Gebrüder Mann – Bücher wie dieses schufen den *soundtrack* der Weimarer Republik und präparierten das Kommende. Und zwei Jahrzehnte nach der Nibelungen neuerlicher Höllenfahrt besoff ich mich am gurgelnden Wahn. Heute weiß ich: Rassismus,

Volksverhetzung, sadistisches Gewichse, Germanenquark. Und doch klingt nach, was mir »Die Nibelungen« damals waren: Blaubarts Zimmer, mein verbotenes Gelaß, eine Gegenwelt zu Ulbricht, dem Roten Oktober, den blauen Wimpeln im Sommerwind und der Zeitungsprosa über *Bonner Ultras* und die *Ernteschlachten*. Unser wahres Vaterland ist die Sowjetunion, wußte die Lehrerin. Von den Burgen und Schluchten nationalromantischer Knabenträume wußte sie nichts. Dann brachte der Landfilm »Die Kreuzritter« ins Dorf. Ich kannte die Geschichte aus Werner Jansens »Geier um Marienburg« (1925, 1.–100. Tausend): das gewaltige Stapfen der Ordensritter nach Osten, wo sie das deutsche Kreuz aufrichteten und es mit gläubigem Schwert beschirmten gegen Jagiello, den sabbernden Polenkönig, und seine Heere aus Slawenquark und Heidenhefe. »›Christ ist erstanden!‹ donnerte das Siegeslied des Ordens aus jedem Munde des deutschen Heeres.« Auch wie der sonnenblonde Hochmeister Ulrich von Jungingen fiel, war mir aufs Wort bekannt: »Rings um ihn sanken die Freunde, er aber focht mit leuchtenden Augen, und mit jedem Schlage dünkte ihn seine Seele heller. Mit einem Male fuhr eine feurige Lohe mitten in seine Brust, er fühlte sich pfeilschnell emporgehoben, und lächelnd trat er vor Gott.«

Vor Gott? Wohl kaum. Jetzt erlebte ich die Gegengeschichte. Ich sah die Tücke der Recken mit dem Christuszeichen auf den weißen Mänteln. Ich verstand den gerechten Kampf der geschundenen Polen, nur daß ihre Waffenbrüderschaft mit den Völkern des Ostens die Sowjetunion beschmusen sollte, ahnte ich sowenig wie die sonstigen Pflichten, denen ein 1960 gedrehter polnischer Monumentalfilm unterlag. 1410 war, die Grunwald-Schlacht eben vorüber. Tot lagen alle Kreuzmäntel, in ihrer Mitte Jungingen, das Vieh, und der edle Jagiello sprach über die Walstatt und in die Geschichte hinein: »Das ist der, der noch heute meinte, über alle Herrscher der Welt erhaben zu sein.« Natürlich ging das auf Hitler. Die Bauernjungs begeisterte der Film; jegliche Schlacht und jeder Sieger schien ihnen recht. Ich aber lief wie betäubt aus dem kleinen Saal über der Kneipe »Zum Huywald«. Ich tappte die Treppe hinunter. Ich stand, der letzte Kreuzritter, auf dem Dorfplatz und wußte nicht wohin. Sie hatten die Meinen erschlagen.

Aber der Zweifel war gesät. Die polnische Perspektive wirkte nach. Und wie konnte ich Einzelgeschöpf mich einem Orden, einem Volk unterstellen, und sei es in der Phantasie? Jetzt geriet ich an ein Buch, das mich empörte, obwohl sein Blutdurst dem der Nibelungen nicht gewachsen war: »Taras Bulba« von Nikolai Gogol. Stolze Kosaken fochten gegen Polengeschmeiß und Juden, die man, nun ja, im Dnjepr ersäufte. Hetman Bulba galoppierte immer vorneweg mit Mir nach! und Hoho! und allzeit blanker Klinge. Zwei Söhne hatte er, Ostap und Andry. Der Jüngere verliebte sich in eine Polin, was hieß, daß er sein Volk verriet.

Im Gefecht fing ihn der Vater. »›So, was wollen wir denn nun tun?‹ fragte Taras und sah dem Sohn fest ins Auge. Andry antwortete nicht. Er saß regungslos mit niedergeschlagenen Augen auf seinem Pferd. ›Nun, mein Sohn, welchen Gewinn hattest du davon, daß du zu den Polen übergingst?‹ Andry schwieg. ›Verraten und verkauft hast du deinen Glauben und die Deinigen! Steig hier vom Pferde!‹ Gehorsam wie ein gescholtenes Kind stieg Andry ab und stand halb bewußtlos vor seinem Vater. ›Bleibe so stehen und rühre dich nicht und höre, was ich dir noch zu sagen habe. Ich gab dir das Leben, ich werde es dir auch nehmen.‹ Taras trat einen Schritt zurück und nahm die Muskete von der Schulter. Andry war blaß wie ein Toter; seine Lippen bewegten sich und flüsterten einen Namen, aber es war nicht der Name des Vaterlandes, auch nicht der Name seiner Mutter, es war der Name der schönen Polin. Taras drückte ab, und wie ein von der Sense getroffener Kornhalm neigte Andry das Haupt und stürzte reglos nieder.«

In diesem erzieherischen Buche stand eine Widmung: »Meinem lieben Hans-Joachim Dieckmann zum Weihnachtsfest 1927«. Da war mein Vater sieben. Diese Jugend mußte ja marschieren, bis alles in Scherben fiel. Was die Massaker der Kreuzritter und Nibelungen nicht vermochten, das schaffte Taras Bulbas Sohnesmord: mich vom Völkischen zu kurieren. Obwohl meinem Vater keinerlei Ähnlichkeit mit dem Kosakenhauptmann vorzuwerfen war, wünschte ich Andry Ostap zu rächen. Eine Fremde würde ich heiraten. Angelika, das blonde Heidenmädchen aus dem Ortsteil Röderhof, war meine erste Wahl. Für den Fall, daß sie nicht wollte (Grund zur Sorge bestand), ersehnte ich die Mandelaugenprinzessin, die ein kirgisischer Märchenfilm mir in die Träume geflimmert hatte. Hoffnung auf mich machen durfte sich auch die französische Schlagersängerin France Gall, die im Westradio gurrte: *Ein bißchen Goethe, ein bißchen Bonaparte, so soll er aussehn, der Mann, auf den ich warte*. Die Bibel bestärkte mich: Das Buch Ruth pries die Liebe einer Gottesvölkischen zu Boas, dem gütigen Fremden. Liebe überwand alles – Glaube, Rasse, Klasse. Das wurde mein neuer Trotz gegen die Ideologie.

Die Burgen blieben mir, das Waldgefühl, die unabweisliche Ahnung, was *Volksseele* sei: ein Urstrom zwischen Weisheit und Barbarei. Die DDR-Ideologie entseelte Burgen und Wälder und nannte das Volk Arbeiterklasse. Die Schule lehrte Geschichte als Abfolge von Klassenkämpfen: Spartakus und Müntzer, Marx, Karl & Rosa. Thälmann war niemals gefallen und Soja Kosmodemjanskaja die Madonna der Partisanen. Geschichte, das hieß Bauernkrieg und preußisches Rekrutenschinden. Geschichte war der dreifache Fluch der schlesischen Weber und die Lage der arbeitenden Klasse in England, wie sie Vilmos und Ilse Korn so kindanrührend wie ideologiegerecht erzählten in der Pflichtlektüre »Mohr und die Raben von London«. Es mochte ja stimmen, daß nicht Könige, sondern ihre Proletarier das siebentorige Theben erbaut hatten, das goldstrahlende Lima, die Triumphbögen von Rom. Aber niemals konnte, wie behauptet, diese Brechtsche Mahnung von einem lesenden Arbeiter stammen. Arbeiter lasen sowenig wie Bauern, das erfuhr ich in der Stadt.

4

Die Stadt war groß, die Stadt war ungeheuer. In ihr lebten 30 000 Menschen, recht andere als auf dem Dorf. Sie ritten nicht, sie trieben keine Schafe durch die Straßen, sie hegten und töteten kein Vieh. Sie pflügten keinen Acker und mähten kein Korn. Das lehmige Schweigen des Landes war ihnen unvertraut. Sie redeten rasch in einem rauhen, schmutzigen Idiom, das sie durch ihr Gelächter unterbrachen. Ihre Fenster schauten keinen Wald. Ihre Dächer überragten ihre Bäume. Sogar einen Wolkenkratzer hatten sie errichtet, zehn Stockwerke hoch, wie in Amerika.

Ein riesiger Kegel, so thronte die Halde über dem Tal. Stahltrossen verbanden ihren Gipfel mit dem Förderturm, dessen eilendes Rad die Männer 900 Meter tief ins Gebirge seilte und die Kupferschiefer, die sie dort unten brachen, herauf. Jahr um Jahr spulte das Rad. Tag und Nacht schwebten die Loren voll tauben Gesteins zur Kegelspitze, schlugen dort um, entleerten sich und schaukelten wieder zum Turm, frei geworden für die nächste Last, die ihnen von den Männern im Berg schon immer bereitet war.

Die Menschen brachen den Berg, der Berg brach die Menschen, auf daß sie einander ähnlich würden. Dem Dorf- und Waldkind schien das schaurig, ein Fronkreis ohne Sonne, Saat und Ernte, Jahreszeiten und worin sonst der Ländler Sinn und Weitergang empfindet. Hier aber fuhren die Männer seit alters in den Berg, und daß die Söhne es den Vätern gleichtun würden, war beider Stolz. Schon die Schüler der siebenten Klasse wanderten am Montagmorgen durch wehende Kälte zum Müntzer-Schacht empor, um *Unterricht in der sozialistischen Produktion* zu erhalten. Der Schneefall raschelte auf der Anorakkapuze. Alle fünfzig Schritte fror unter einer Peitschenleuchte ein Kegel blaues Licht. Goldäugige Busse kamen lautlos entgegen und frachteten müde Männer in die Dörfer ringsum, wo sie schlafen mußten, am Nachmittag erwachen, essen, rauchen und ein wenig reden, ihren Hund spazierenführen und sich pünktlich auf dem Dorfplatz sammeln, wo derselbe Bus sie wieder holen würde zur nächsten Nacht im Berg. So lebte dieses Volk.

Am Wochenende blieben die Bergleute oben auf der Welt. Trainingshose, Unterhemd, das war ihre Samstagsuniform. Sie saßen vor Siedlungsblocks – Dreigeschossern, nach dem Kriege gebaut; die Straßen hießen Einheit, Freiheit, Frieden. Bei den Häusern standen kleine Autos. Die Männer gossen sie aus bunten Eimern oder duschten sie mit Wasserbürsten, deren grüne Schläuche in die Kellerfenster krochen. Mopedjugend kurvte ums Karree. Auf dem Rasen sang im Kofferradio ein mondäner Alt: *Zucker im Kaffee und Zitrone oder Sahne in den Tee und die ganze Zeit im Herzen nur Amor, das ist wundervoll, Señor.*

Der 2. Juli hieß Tag des Bergmanns. Hierzu fand eine *zentrale Festveranstaltung* statt, immer in einem anderen

DDR-Revier. 1972 war Sangerhausen an der Reihe. Der Markt wurde aufgehübscht, die Ratskeller-Ruine wieder Restaurant, und dann strömten 30 000 zum *Kampfmeeting* mit Horst Sindermann. Der war damals SED-Bezirkschef von Halle. Als wir gestern herfuhren, rief er, da hingen schwere Regenwolken über dem Mansfelder Land, und ich war in Sorge, daß unsere festliche Massenveranstaltung vielleicht ins Wasser fällt gewissermaßen. Aber der Genosse Bergbauminister sagte zu mir: Genosse Sindermann, wissen Sie denn nicht, am Tag des Bergmanns der Deutschen Demokratischen Republik regnet es nie.

Dies schien mir beifallswert. Ich klatschte. 30 000 fielen ein. Horst Sindermann riß kämpferisch die Arme hoch. Jawohl! rief er. Jawohl!

Ich drängte zur Tribüne, um ein Bild zu schießen. Da, war das nicht Adolf Hennecke, der Ur-Aktivist, der Ahnvater der Arbeitsproduktivität, der am 13. Oktober 1948 im Karl-Liebknecht-Schacht von Oelsnitz seine Norm mit 387 Prozent erfüllt hatte? Auf meinem Film war nur noch eine Aufnahme. Sind Sie Herr Hennecke? rief ich hinauf. Er neigte sich über die Brüstung. Seine Orden zogen ihn erdwärts. Herr? fragte er. Den Herrn habch im Kleiderschrank gelassen 1945, wie unser Volk die Herren davongejagt hat. Ich bin der *Genosse* Hennecke.

Ich drückte ab. Er starb nicht viel später, doch am Tag des Bergmanns 1972 war er froh, wie mein Photo beweist. Ich wollte statt Bergmann oder Aktivist Fußballreporter werden, also studieren. Die Sangerhäuser *Volksbildung* unterstand der Kreisschulrätin Richter, einer Hilde Benjamin auf Rayonsniveau. Die ließ kein Pastorenkind zur Oberschule und zum Abitur, und hätte es den Notendurchschnitt 1,0 gehabt. Wer nicht in der FDJ sei, wer sich weigere, die *Kampfreserve der Partei* zu verstärken, der beziehe Stellung gegen das Volk. Logischerweise tue da die Volksmacht auch nichts für ihn. – Da mußte ich dem Volke dienen und wurde Filmvorführer.

5

Und dann kam die Theologie. In den »Lebensuhren« ist davon erzählt und auch, warum ich nach sechs Jahren Studium *bei Kirchens* doch kein Pfarrer wurde: aus Scheu, immerzu und von Amts wegen vom Höchsten und Tiefsten zu sprechen. Das war freilich nur ein Teil des Problems. Hinzu kam Volksflucht, Angst vor der Sorgepflicht für übliche Menschen. Die Kirchbehörde hatte mich ins Vikariat nach Berlin-Buch entsandt, in eine intellektuell gehobene Gemeinde. Deren Pfarrer war Konrad Hüttel von Heidenfeld, ein Literat und seinem Rufe nach der gewaltigste Prediger von Berlin-Brandenburg. Ich fürchte, sagte er, die einfache Omi wird bei mir im Gottesdienst nicht satt.

Doch selbst diesem Chef war ich zu volksfern, zu kühl im Umgang mit Menschen. Er hielt meine Schwäche für Arroganz. Mahnendes Gespräch im Bucher Pfarramtszimmer. Plötzlich schossen mir die Tränen auf, und ich erklärte schniefend: Ich kann's nicht, ich gehe einfach nicht auf Leute zu, ich will allein sein und nicht in deren Leben. Heidenfeld war amtsbrüderlich angeschockt und erteilte mir diversen Rat – wohl nicht nur mir. Als leichteste Menschenübung sollte ich zunächst die Gemeindeältesten besuchen. Gleich der erste traktierte mich ermutigend mit Stullen und Bier. Der Abend gedieh. Zum Abschied geleitete mich die Gattin an die Tür und sagte mütterlich: Na sehen Sie, Herr Vikar, war's denn so schlimm?

Als Unterhaltungsmedium hingegen schätzte ich das Volk schon immer. Beim Fußball, in der Kneipe, in der Bahn: Voyeursvergnügen ohne Ende. Völkische Erbauung gewährte auch das Christliche Hospiz in der Berliner Auguststraße, wo ich zwecks Zuverdienst öfters als Nachtportier aushalf. Markante Gäste gab es zuhauf, mein Liebling war jedoch Herr Schindler, ein kleiner, rechtwinklig agierender Leipziger, der jedes zweite Wochenende in Berlin verbrachte, um seinem Lebensziel näherzukommen: der lückenlosen Kenntnis des Berliner Straßennetzes. Die Menschen interessierten ihn nicht. Seine Spezialität brachte Herrn Schindler immerhin in die Kuriositätensendung »Außenseiter – Spitzenreiter«. Nach dem Fall der Mauer dachte ich an ihn und sein Unglück. Wie katastrophal mußte die Vereinigung beider Berlin sein Wissen relativiert haben. Aber dann trat Herr Schindler auch im Westfernsehen auf. Jetzt beherrschte er ganz Berlin. Unlängst sah ich ihn wieder. Alt geworden, saß er in der Straßenbahn und sang leise: *Ein Mädel ging zum Tanze mit güldenem Haar ...*

Eines Nachts um halb drei klingelte es an der Hospiztür. Die Gäste waren doch alle im Haus? Ich öffnete. Herein stampfte ein untersetzter Mensch: Mittvierziger, wühliges Blondhaar, Humphrey-Bogart-Kippe. Das klaffende Hemd unterm Bummelsakko entbarg eine goldene Kette auf reich gelockter Brust. Morjen! posaunte der Spätling und zwang meine Hand in seine Pranke. Ick sehe, du bist neu. Ick bin alt, ick bin der Fotzen-Günther. – So hatte sich im Christlichen Hospiz bislang noch niemand vorgestellt. Günther war kein Christ, aber als Kellner von Clärchens Ballhaus, der Anbahnungs-Lokalität in der Chausseestraße, zutiefst befaßt mit den Dingen des Lebens. Er sah immerzu Menschen, die sich sehnten. Nach Schichtschluß mußte er *abtrinken*, sonst konnte er nicht schlafen.

Günther liebte mich, weil ich so unverdorben sei. Wennde betest, mach mal für mich mit, sagte er, und: In fünf Jahren mach ick Himmelfahrt. Beruhigenderweise verringerte sich seine selbstgesetzte Lebensspanne nicht, solange ich ihn kannte. Ich liebte Günther auch. Er war mein Idealvolk. Er hatte Seele, er gab üppig Trinkgeld und lud ein, und während wir tranken, schwadronierte er mit hochmusikalischer Kodderschnauze Geschichten, die allesamt dasselbe Thema variierten: die tragische Komödie der menschlichen Existenz. Besonders gern hörte ich, wie ihm der Großadmiral der Baltischen Rotbannerflotte im Interhotel von Rostock-Warnemünde Sektgläser gestohlen hatte. Ick hab ihm amnestiert, sagte Günther. Wenn der Russe nich wär, jäbs keene Russen mehr. Das Leben is Kampf, aber ick hol mein Heu rin. Drushba! – Pssst, sagte ich, die Gäste.

Unbeschadet seines Beinamens war Günther sehr moralisch. Er hatte eine Ehefrau (wejen die Treue) und einen Schatz (wejen die Liebe). An meinem Tresen entschied er, wem in dieser schwindenden Nacht seine Heimkunft zustand. Beim ersten Frühlicht verließ er das Hospiz und schritt mit dem Ruf *Der liebe Jott straft euch alle!* ins tätige Leben zurück. Einmal rammte er an der Tür eine zierliche

Diakonisse aus dem Vogtland. Er hob die Entsetzte hoch, küßte sie und sagte: Juten Morjen, meene süße kleene Sau.

Mittlerweile war ich fast ein passabler Vikar geworden. Pfarrer Hüttel von Heidenfeld erklärte, ich sei nun reif, meine erste Beerdigung zu halten. Nächsten Dienstag, eine alte Dame. Am Abend dieser Nachricht wachte ich wieder im Hospiz. Günther kam und wünschte Sekt zu trinken. Der Rotkäppchen-Korken klemmte. Ich äugte, wo er denn bliebe, da, bautz! saß er mir halb im Hirn. Das linke Auge schien Püree mit Brillensplit. Günther erklärte seine Sektlaune für beendet und rief den Krankenwagen. Der brachte mich in die Charité. Der Notarzt tupfte, reinigte und applizierte eine Augenklappe. Ich hätte einen Sehnervschock. Das Auge werde wieder – hoffentlich.

Dann stand ich auf der nächtlichen Straße, blind wie ein Lurch. Wo war ich? Sehr nahe der Mauer. Ich kletterte einen Mast empor, um das Straßenschild zu lesen. Hierbei verhafteten mich die diensthabenden Organe des Grenzsicherungsregiments Feliks Edmundowitsch Dzierżyński. Meine Erklärungen wurden als unorthodox empfunden, aber schließlich wiesen mir die Genossen den Weg zurück in unsere Republik. Endlich daheim, klingelte ich wild. Eva öffnete, völlig verschlafen. Wach auf! rief ich. Ich habe mir ein Auge ausgeschossen und mußte in die Charité. – Das ist ja furchtbar, sagte sie. Auf welcher Station liegst du denn?

Anderntags rief ich Pfarrer Hüttel von Heidenfeld an und schilderte mein Ungemach. Ob er die Beerdigung halten könne? Es sei doch ungünstig, am Grabe aufzutreten wie John Silver, der Piratenkoch aus Stevensons »Schatzinsel«. Heidenfeld, wie immer ihm dies Bild gefiel, pflichtete mir bei. Ich möge ihn über mein Auge auf dem laufenden halten (dies fand ich nun wieder keine schöne Formulierung). Am nächsten Tag, nach der Charité-Visite, besuchte ich die Brecht-Buchhandlung. Abends Telephonat Heidenfeld. Er klang eisig: Wie geht es Ihnen?

Oh, situationsbedingt.

Ist Ihr Augenschaden eigentlich objektiver Natur?

Äh. Wie meinen Sie?

Ich meine, daß ich gern wüßte, ob sich auch ein Außenstehender von Ihrer Unpäßlichkeit überzeugen kann.

Schon, aber ich soll die Augenklappe noch zehn Tage drauflassen.

Ich war heute in der Brecht-Buchhandlung, sagte Heidenfeld scharf. Ich habe Sie gesehen. Sie trugen keine Augenklappe.

Ich trage sie seit vorgestern Tag und Nacht.

Da stünde denn also meine Wahrnehmung gegen Ihre Behauptung, sagte Heidenfeld gemessen. – Ich fragte: Haben Sie mich vorn vorn gesehen?

Seitlich. Und überaus deutlich.

Von rechts oder von links?

Von rechts.

Meine Augenklappe ist links, sagte ich. Wenn ich zwei Augenklappen trage, gehe ich nicht in die Brecht-Buchhandlung.

Morgen um zehn sind Sie in meinem Arbeitszimmer, gebot Heidenfeld. Mit Krankenschein!

So geschah es, und es war ihm sehr fatal. Kaum war das Auge genesen, erhielt ich einen Brief. Peter Metag von der Jazzwerkstatt Peitz sandte das Programm für die '83er Jazztage in Debrecen/Ungarn. All meine fernen Götter würden kommen: Jan Garbarek, Eberhard Weber, Ralph Towner mit Oregon, John Abercrombie, Jack DeJohnette... Nur Urlaub hatte ich keinen, ja Hüttel von Heidenfeld wollte eben selbst für eine Woche verreisen und hatte mich zu seiner Vertretung ernannt. Ich eilte zu ihm und sagte: Bruder Heidenfeld, Sie werden denken, ich sei verrückt, aber ICH MUSS nach Ungarn. Er schaute ernst und ließ sich die Gründe nennen. Dann sprach er: Ich habe Ihr ICH MUSS sehr intensiv gehört, Bruder Dieckmann. Hier gilt's der Kunst. Wenn Sie fahren müssen, dann müssen Sie fahren. Wegen der Vertretung spreche ich mit Bruder Hermisson.

Ich fuhr. Debrecen war wunderbar. Die Rückfahrt im hochsommerlichen Zug wurde kochend heiß. Ich machte mein Hemd naß und goß mir Wasser über den Kopf und hielt ihn aus dem Fenster. Zuck! flog mir was ins Auge, diesmal rechts. Es brannte und ließ sich nicht auswischen. Wieder in Berlin, ging ich gleich zur Charité. Ein kleiner ambulanter Eingriff war vonnöten und zum Schutz der Hornhaut eine hübsche Augenklappe. Dann begab ich mich zu Pfarrer Heidenfeld. Nie vergesse ich, wie er die Tür auftat und mich abermals einäugig erblickte. Er schwieg, lange. Dann sagte er: Bruder Dieckmann, Sie sind nicht wie andere Menschen.

6

Das Volk steht auf, der Sturm bricht los – so hätte wohl »Im Auf und Ab zur Weltmacht« die ostdeutsche Revolution beorgelt. DAS VOLK SIEGT, trompetete grellgelb »Der Spiegel«, als wäre die Menschheit ins Ziel der Geschichte gestürmt. Und war es für uns Dabeigewesene nicht wirklich *the greatest story ever told*, wie die Mauern fielen, die Bonzokratie zusammenbrach und so viel verbogenes Leben sich entkrümmte?

Es wird oft gesagt, ostdeutsche Identität sei ein Nachwende-Phänomen. Das stimmt, und ein Konstrukt ist sie obendrein, wie jedes kollektive Subjekt. Erst nach Feierabend wurde mir klar, wie sehr ich ein Kind der DDR und durchaus auch ihres Volks gewesen bin. Das ist keine Frage von Bekenntnis oder Definition, sondern meint gelebtes Leben, an ähnlichen Orten verbrachte Zeit. Randvoll sind wir Ossis mit Geschichten, die wir nur mit Unseresgleichen teilen, auch wenn du damals nicht von meiner Sorte schienst. Denn ich weiß genau, ich war der einzige, der sitzenblieb, als in der Volksbühne beim Festival des politischen Liedes die Gute-Nacht-Hymne gebrüllt wurde, *Jugend aller Nationen, uns vereint gleicher Sinn, gleicher Mut*, oder war's *Auf auf zum Kampf, zum Kampf*, und das FDJ-Volk sprang auf auf wie *ein* Mann und reckte die Friedensfäuste. Zwei Plätze hinter mir kämpfte Egon Krenz. Mir brach der Schweiß aus, aber ich hielt durch und den Kampfblicken stand und hockte klitschnaß und stumm und fühlte mich als freier Mensch – nachher, draußen.

Im Erinnern eint sich das Volk, vom heutigen Leben wird es individuiert. Das gehört zur Demokratie, und die daraus Nutzen ziehen, heißen es gut. Die anderen nennen es Vereinzelung, Verlust an Gemeinsinn. Daß die DDR unterging, ist ein größeres Glück als Ostdeutschlands aktueller Zustand. Die Massenarbeitslosigkeit zerstört das Land, das Volk, seine Lebensgeschichten, die Sozialstruktur, die emanzipatorische Potenz. Als Kompensat entsteht ein Wagenburg-Rassismus. Gegen Ausländer ist man besonders deutsch, gegen Wessis stolz, ein Ossi zu sein; denn der Mensch braucht einen Trotz. Wie völlig der Osten in altbundesdeutsche Formen umgeschmolzen wurde, das war logistisch meisterhaft und soziokulturell Idiotie. *Kolonialisation*, das habe ich nie geschrieben. Aber oft gedacht.

Wie rasch Markt und Mode jeden Wert diktierten! Mit welcher Flutgewalt die Medienwirklichkeit die Köpfe überschwemmt! Wie kann ich je wieder Gildo Raab vergessen und daß der Bundeskanzler Schuhe aus dem Innenschenkel-Leder italienischer Stuten trägt. Seine Zigarre heißt Cohiba, oder seine Rentenpolitik, und Guido Westerwelles Besuch im »Big Brother«-Container markiert ein gutes Stück gewachsener Akzeptanz für liberale Positionen in der Berliner Republik. Ich gratuliere Rudolf Scharping zu seinem jungen Glück und begrüße es als *essential* von Politik, besonders, wenn er Abschied von derselben nähme. Ich gönne Rudolf Moshammer (*Mosi*) seinem Hündchen und Jenny Elvers einen entsprechenden Mann. Wie schön, daß der automobile Moralist Schumacher (*Schumi*) nach seinem Sieg in Monza vom Tod eines Rennstrecken-Postens so nachdenklich gestimmt wurde wie nach seinem Sieg in Melbourne vom Tod eines weiteren Rennstrecken-Postens.

Wer liest all diesen Tiefsinn? – Ich doch nicht! *Jetzt rede ich! Mein erstes Erlebnis. Mein zweiter Frühling. Meine dritte Scheidung. Meine dreißigste Hurerei.* Wie trieb es der Tennisspieler Becker (*unser Boris*) in der Bügelkammer? Hat die Nichtschauspielerin Becker (*Babs*) pro Einkauf 80 000 oder 180 000 Mark verschmerzt? Besonders teuer ist mir eine Babs-Geschichte aus der Thüringer Presse. Vergeblich kämpfte die Lokalreporterin um Einlaß ins Weimarer Hotel Elephant, in welchem die Gestirne Lindenberg, Westernhagen, unser Boris und andere Himmelskörper westlichen Glanz verstrahlten. Da – Reporterglück! – trat Frau Babs vors Portal und gestattete der Ossi-Maus, sie über den Zwiebelmarkt zu begleiten. Wie menschlich war Frau Babs. Jedermann gab sie ein huldiges Wort, und dann kaufte sie an einem Stand handgeflochtene Körbchen: Die könne man zu Hause am Kamin prima zerbröckeln und die Stückchen sinnend in die Flammen werfen. Da wurde die schlichte Händlerin schier überwältigt, daß sie der berühmten Frau Babs bei der Nachdenklichkeit helfen durfte.

Wärme und Dank erfüllen das Ostgemüt nach solcher Lektüre. Nein, man soll nicht klagen, daß die nationalen Medien sich sämtlich in westdeutscher Hand befinden. Denn folglich behandeln auch ihre Berichte von der Mutantenfront fast nur westliche Geschöpfe. Der Ossi weiß: So sind wir nicht. Wir haben Tiefe und Geschmack. Dann kam der Tag, da Egon Bahr seine Berliner Wohnung einweihte. Er gab eine Party, in deren Verlauf ich Bahrs Balkon betrat. Dort stand einsam mit seinem Glase ein Mensch mir unverwandten Wesens: Lothar de Maizière. Gespräch war unvermeidlich, aber was konnte ich mit diesem waldfremden Preußen bereden? Oh Wunder! Wie von selbst kamen wir auf eine gemeinsame Leidenschaft: das Zentralorgan fürs Ostvolksempfinden. Der Donnerstag, sprach de Maizière, beginne für ihn mit der »Super Illu«. Wie recht er hatte! Unerträglich sind einem Menschen von ostdeutscher Kultur Beckenbauers Weißwurstgewäsch und die ununterbrochenen Balzereien der monegassischen Fürstenkinder. Die »Super Illu« hingegen bietet essentiellen Stoff: das Bier von hier.

Dagmar Frederics Herz geht wieder auf Rosen! Was hat Dagmars vierter Gatte, das der dritte nicht mehr hatte? Wie war's, als Jürgen Sparwasser die BRD erschoß und Eberhard Cohrs beinahe seine Frau? Wie starb Dean Reed wirklich? Was fühlte Renate Blume, als Gojko Mitic vor sie hintrat, der Häuptling Ulzana vor seine Squaw, und sprach: Renate, der Adler fliegt allein. Und wer im weiten wilden Osten ermißt, was in Frank Schöbel vorging, als er heimkam und Chris Doerk nicht fand? Chris! rief er. Chris! Chris! In alle Räume schaute Frank, denn gleich würde der Photograph der volkseigenen Illustrierten kommen, um den fleißigen Bürgern der DDR ihr Schlager-Traumpaar abzulichten. Er war schon da. Chris! rief Frank noch einmal, da trat die Gattin aus dem Kinderzimmer, puterrot und keineswegs allein. Zum tieferen Verständnis dieses Vorfalls weißt du aus der »Super Illu«, daß Chris Doerks schwere Kindheit zwangsläufig ein erhöhtes Liebesbedürfnis nach sich zog. Denn wie rief man an Chris' Leipziger Schule das

Flüchtlingskind? *Büffelnase!* Und hat sich Frank manierlicher benommen, als es dann mit Aurora Lacasa auseinanderging? Hat seine Affäre beschwiegen, bis ihn Aurora unausweichlich fragte: Ist es so, daß du mich nicht mehr lieben kannst? Da sprang Frank aus dem Liegestuhl, nun seinerseits knallrot, und rannte ins Haus. Aurora aber schenkte der »Super Illu« und somit dem gesamten deutschen Ostvolk den unvergeßlichen Halbsatz: Wenn's nur ein Pipi-Mädchen gewesen wär ...

Anhand der »Super Illu« erkannte ich die Nähe zwischen Tratsch und Heimatsage. Trivialität ist keine Hydra, nur die dicke Köchin der Mediendemokratie. Botho Strauß wird von ihrer Prosa weitaus stärker bedroht als das Abendland. Mein Ekel hat sich dorthin zurückgezogen, wo Medien Wirklichkeit vernichten. Werbung versucht das, aber auch ein Journalismus der Volksverachtung. Man soll das Volk nicht lieben und nicht hassen, steht bei Nietzsche, und der Reporter hat längst gelernt, daß er die Menschen als einzelne respektieren muß, damit er Vertrauen gewinnt. Volk ist der falscheste aller Singulare. Es gibt unendlich viele Gute. Freilich stimmt auch immer wieder, wie Gogol das Hinrichtungspublikum von Ostap Bulba beschrieben hat: »Die allermeisten Leute gehörten allerdings zu jener Sorte von Menschen, die alles, was in der Welt vorgeht, mag es entsetzliches Schicksal, Freude oder Erlösung sein, mit den Fingern in den Nasenlöchern oder doch wenigstens mit den Händen in den Hosentaschen betrachten.«

7

Morgenradio, 6. Juli 1993: *Noch nicht endgültig identifiziert werden konnten die drei Männer, die heute früh gegen 0.20 Uhr vor bzw. in der Boxhagener Straße 58 in Berlin-Friedrichshain mit Schußverletzungen tot aufgefunden wurden. Nach bisher vorliegenden Ermittlungen ... vier Pistolen, eine Schrotflinte sowie Munition ... größere Mengen einer Substanz ...*

Was zieht dich dort hin? Seit 1978 lebst du in Berlin und kennst seine Roheit, die Lust am fremden Desaster. Aber dies hier ist eine bislang unerhörte Dimension. Und das ist der Schauplatz: ein Treppenhaus, vollgesuppt mit Blut. Die Tür, hinter der es geschah. Ein Schildchen: Bitte klopfen. (Lieber nicht.) Und das sind die Zeugen im Haus und in der Kneipe gegenüber:

Ich hab nichts gehört. Wir schlafen nach vorne raus. Ich weiß nichts, o.k.?

Es war kurz nach Mitternacht, wir guckten den alten Tatort, ich sag noch, Muttchen, endlich mal 'n Krimi ohne Rumballern, da ging das draußen los. Erst ein Schuß, dann achte, dann noch einer.

Ich hab die Polizei angerufen, die fragten seelenruhig: Wo ist denn die Boxhagener?

Wir saßen hier jemütlich inner Kneipe, da kam drüben einer rausjewankt und fiel uffn Bürjersteig. Dachten wir erst, der ist steif. Wir hin, da hastes jesehn: Der Schuß jing voll durchn Kopp. Einer von den Jästen kam gleich mit der Videokamera.

Dann die Bullen, alles abjesperrt, rin ins Haus, da lagen die andern beiden. Hier die Kneipe hamse ausjeräumt und Generalstab jespielt. Jeschifft hats wie aus Kübeln, aber alles stand rum und glotzte. Journallje war och gleich da.

Ick bin sauer. Bin ßu spät jekomm. Der Türke war schon hin, konnt ick nich ma mehr nachtreten. Scheißjesocks, dem hätt ick jern noch eene mitjejehm. Wat, rechts? Ick bin nich rechts, Jottes willen. Ick hab ooch Türkenkumpels, aber die arbeiten. Die Ratze muß ick ham, bin Rausschmeißer inne Disko, da wirste mit Matte skalpiert.

Leid tun mir die Kanacken nicht. Genau wie das Geheule um den Terroristen. Der schießt, also mach ich ihn weg, buff, Ende der Durchsage.

Ich habe meinen Dönerladen hier seit drei Jahren. Die Ostdeutschen sind noch freundlicher als die Westdeutschen. Für mich gibt's keine Nation. Wer will, geht seinen Weg. Jawohl, meinen Namen können Sie schreiben: Fahreffin Gül. An meinen anderen Stand in Marzahn kommen auch Skinheads, unter denen hab ich sogar Freunde. Sie sind nur ein bißchen – unerfahren.

Wissen Sie, das Fernsehen macht's ja vor. Die Menschen sind so roh geworden. Ich hab mal als junger Mensch einer Dame, die war hingefallen, der hab ich also zugerufen: Frollein, kommse her, ick helf Sie uff! Da gab mir ein Mann eine Schelle, det war mir die Lehre fürs Leben. Aber heute, da darf ja keiner mehr richtig erziehen.

Kinder, ’n Menschenleben is doch so wat Kostbaret.

Unkraut muß raus.

Unkraut vajeht nich, siehe Asylanten.

Siehe Nazis!

Rechte, Linke, Ausländer, Deutsche – Ganoven haste überall.

Ick jeh im Dustern nich mehr raus.

Brauchste nich, die komm dir besuchen. Horrorkino wird jemütlich, denkste gleich: Wie ßu Hause! Gitti, Bierchen! Nee, keene Bulette, hab heute schon jesündicht.

Weißte, ich bin vom Dorf. Wenn da mal was geklaut wurde, war das wochenlang Kneipenthema. Ein Selbstmord jahrelang. Mord gab’s nie. Jetzt haste bald keinen mehr, dem du was erzählen kannst. Jeder kennt noch schärfere Stories. Überall brennt der Baum.

8

Ende 1996 kam in der »Zeit«-Redaktion ein Päckchen für mich an. Es enthielt ein Buch, dazu den sehr freundlichen Brief eines älteren Lesers – nennen wir ihn Thiess. Herr Thiess schrieb, er spüre Einklang, deshalb lasse er mir die von ihm edierten Kriegsbriefe seines Vaters zukommen. Der Vater war an der Ostfront gewesen, ein Wehrmachtsarzt, tief gläubig, Liebhaber von Rilke, Stifter, Fontane und gewiß ein Hasser des Kriegs. Und doch – aus diesen Briefen stieg etwas altvertraut Germanisches auf: Seinsgeschick, Verhängnis, Ergebung in die völkische Pflicht zur Schuld und eine betende Vision vom wahren, dem innerlichen Deutschen Reich.

»Beteigeuze, Aldebaran und Sirius trug ich einen Gruß für Dich auf, als ich heute um 3 Uhr in die strahlend blaue Mondnacht hinaussah (...) Es war ein phantastischer Ritt. Der Schnee knirschte unter den Hufen. Die Pferde dampften in der eisigen Luft. Als wir aus der Dorfschlucht auf die Steppenfläche kamen, lag diese in einer ungewissen, unendlichen Weite vor uns – eine Urweite, die sich im Mondlicht verlor wie in das Nichts, in den Himmel, der sternenübersät war. Antrabend, erhöhte sich diese Vision noch, indem – die Tiere liefen munter – der Boden sich unter uns unsicher fortbewegte, man sah kaum die Konturen der beschneiten Erde, man schwebte im All. So ging es eine ganze Weile, bis wir in eine neue Schlucht eintauchten, gleichsam zur Erde zurückkehrten, absaßen und uns zu Fuß den Weg suchten zu einer versteckt und einsam liegenden Ansiedlung von drei kleinen strohgedeckten Hütten mit einigem Stall dabei; (an sie gelehnt steht eine Batterie). Rührend und märchenhaft standen diese Hütten auf einer Lichtung, die von dem in der Schlucht wild wachsenden Gestrüpp freigelassen war. – Was dann folgte, war Krieg und rauhe Wirklichkeit.

Als wir um 7 Uhr von diesem ›Unternehmen‹ zu unseren dort gelassenen Pferden zurückkehrten, umfing uns ein noch lebendigeres und zarteres Märchenbild: Die Hütten lagen nun im matten Frühlicht des anbrechenden Tages da; senkrecht stieg der Rauch aus den kleinen Schornsteinen in die Luft; die Dächer, der Schnee schimmerten von dem Rot, das den Himmel im Osten färbte, Stille um uns; nur der Rauch verriet Leben – das wir anderen Ortes eben vernichtet hatten. So begann der 3.XII.41 für mich.«

Der Krieg als deutsch-innerliche *Winterreise*, der Mord als Intermezzo zweier Kontemplationen. »Lieber Herr Thiess«, schrieb ich, »mit Spannung und Betroffenheit habe ich die Briefe Ihres Vaters gelesen. Vieles fand ich entsetzlich. Es frappiert, wie große Sensitivität und sprachliche Durchbildung sich in soldatisch formulierter Mystik der Wesenheit Krieg unterwerfen. Die Betrachtung ist wohl ein sehr deutscher Tat- und Widerstandsersatz. Aus solchen Büchern lerne ich völlig ziviles Friedenskind mehr über mein deutsches Wesen als aus summarischen Geschichtsabrissen.«

Herr Thiess erwiderte etwas befremdet. So harsche Kritik! Er habe mich erfreuen wollen. – Dies sei gelungen, beruhigte ich ihn. »Es läßt sich unmöglich vermeiden, daß Ihnen die Briefe Ihres Vaters etwas sehr anderes sein müssen als mir, der ich ja auch viel jünger bin. Meine knappen Anmerkungen sollten nicht klingen wie vom hohen Roß. Was man jedoch aus der Hand gibt, in die Öffentlichkeit, das steht künftig unter dem Urteil des Lesers. Und der findet etwa in der Casino-Szene eine atemberaubend absurde Szene der Selbstabsolution, die an den persönlichen Wünschen Ihres Vaters so wenig Zweifel läßt wie an seiner Involviertheit – ein soldatischer Nachfahr Mathias Claudius': *...'s ist leider Krieg, und ich begehre nicht schuld daran zu sein.*«

Dies war die Szene: »Als mein Regimentskommandeur am 1.I.42 bei einem Zusammensein nach der Verleihung von Eisernen Kreuzen (auch der Spange zum E.K.I. an mich) im Offizierskreise laut das Umbringen von Juden in einem nahen Industrieort guthieß, bewegte ich wohl leise den Kopf. Darauf er: ›Na, Herr Doktor, Sie finden das natürlich nicht richtig?!‹ Ich: ›Herr Oberst, ich finde es nicht richtig, wenn ich das gehorsamst bemerken darf, über derartige Maßnahmen Worte zu sagen, welche sie angreifen. Sind sie im Kriege nötig – und es heißt, das sie nötig seien – so müssen sie geschehen. Aber ich vermag nicht darüber zu frohlocken!‹ Das war meine Meinung; und sie wurde akzeptiert.«

Herr Thiess meldete sich noch oft. Zunächst kamen meine beiden Briefe zurück – als Konfetti. Dann Schmähschriften. Dann kündigte Herr Thiess sein »Zeit«-Abonnement – meinetwegen, wie er der Chefredaktion mitteilte. Dann schickte er mir Bücher: Theodor Plieviers »Stalingrad«-Roman und Christopher R. Brownings »Ganz normale Männer« über die Massaker des Hamburger Polizeireserve-Bataillons 101 an polnischen Juden; man lernt daraus mehr über die perverse Ratio der Bestialität als von Daniel Goldhagen und seiner plakativen These vom eliminatorischen Antisemitismus der Deutschen. Sichtlich kämpfte Herr Thiess gegen mich um seinen Vater. Das war grotesk. Aber was trüge ich mit mir herum, wenn mein Vater getötet hätte?

Ich konnte Herrn Thiess nicht helfen. Ich vermochte auch jenem Herrn nicht zu entsprechen, der verlangte, ich hätte mich bei allen gefallenen und überlebenden Wehrmachtskameraden zu entschuldigen für den Satz: »Soldaten sind Mörder, sonst könnte der Krieg sie nicht brauchen.« Der Streit um die Wehrmachtsausstellung kam mir vor wie ein westdeutscher Gespenstertanz. Mein Interesse an der Auflistung *anständig gebliebener* Wehrmachtsverbände ist unterentwickelt. Ich wünsche Hitler nicht mit Stalin

Kraków, Grunwald-Denkmal

begründet und Stalin nicht mit Hitler. Der Historikerstreit schien mir ein bundesrepublikanisches Nachholebedürfnis, um dorthin zu kommen, wo die DDR längst war. Nolte und Komparserie machen mir solchen Ekel, daß ich trotztöricht denke: Was die Hitlerei betrifft, sind wir im Osten weiter gewesen – ehrlicher, rigoroser. Natürlich weiß ich, daß die DDR-Führung nazistisch kontaminierten Wurzelboden nach Westen entsorgte, daß sie ihrem Staatsvolk den Deckmantel des Anti-Hitler-Widerstands überhalf, daß sie als Notausgang der Nationalgeschichte den *proletarischen Internationalismus* installierte. Aber kannst du die Visage vergessen, das hartpreußische Offiziersprofil unterm Mützenschirm, die dünnen Lippen, die nervigen Hände, die das blonde Russenmädchen in die Schlinge tun, kundig, auf Kreuzritterart? Ich, der doch nur alte Photos sah, denke immer daran, wie das Mädchen steht, dann hängt. Verflucht sei, wer das relativiert. Ausgespien sei dieser Dreck aus meinem Volk. Dann sah ich auch die toten Kreuzritter wieder, in Kraków, im Herbst 2000, in Stein, am Grunwalddenkmal. Seltsam, wie mich dieses nationale Trumm erfreute. Ich dachte nicht mehr: Da liegen die Meinen.

9

Kommt ihr mit nach Auschwitz? – Uaaahh, mal sehen. Erst mal gemütlich frühstücken. – Morgenmatt schlurften die beiden Mädchen zum Bufett des Krakówer Hotels »Dom Turysty«. Peter Krüger sah ihnen nach und lachte. Krüger ist ein Berliner Theatermann, der mit seinem Gubener Laienensemble nach Kraków gekommen war, um bei den jüdischen Kulturtagen aufzutreten. Die Mädchen waren schon mal in Auschwitz, sagte er. Im Sommer bin ich mit der ganzen Truppe hingefahren.

Und wie haben sie reagiert?

Man muß da vorsichtig urteilen.

Was heißt das?

Ich war vielleicht ein bißchen enttäuscht. Weil sie nicht *ganz* so schockiert schienen.

Es war etwas schwierig in Auschwitz, sagte Antoinette. Man fühlte sich dort irgendwie unter Druck – so: Zeig jetzt deine Erschütterung! – Was ich da gesehen habe, laß ich nicht mehr los, sagte Nadine. Wenn man sich mit Rechten unterhält und die merken, daß man Ahnung hat, dann halten sie die Klappe.

Kurz vor der Reise nach Kraków war ich in Ankara. Die deutsche Einheit jährte sich zum zehnten Mal. Die Konrad-Adenauer-Stiftung hatte mich eingeladen, ausgewählten Teilen des türkischen Volkes von den deutschen Dingen zu berichten. Die anatolische Hochebene schien ein exklusives Ossi-Feiertagsplateau. Zunächst flog ich nach Istanbul und erschlug mich drei Tage lang mit Bildern und Geräuschen der islamischen Welt: Sultanspaläste, strudelnde Basare, Moscheen ohne Zahl und von den Minaretten der magnetische Ruf der Martinshörner Allahs. Im Topkapı-Palast Mohammeds Schwert, ein Zahn, ein Haar vom Barte des Propheten, ein Brief von seiner Hand, der mich wundersam bedünkte, da doch, wie ich las, Mohammed nicht schreiben konnte. Und dann das Himmelsgewölbe der Hagia Sophia, die acht gewaltigen Rundschilde, deren goldene Koranbeschriftung nicht gemalt schien, sondern aufgepeitscht mit der Klinge des Heiligen Kriegs: Weiche, Scheitan Christengott, das ist jetzt unser Tempel! Denn Istanbul wurde ja auf Byzanz/Konstantinopel gebaut wie jede Geschichte auf einer vorigen; und alle proklamieren sich für immer. Aber ich sah, wie auf den Fundamenten von Justinians Kaiserpalast die Hühner spazierengingen. Auch von der DDR war in Istanbul noch etwas geblieben: der Obelisk des Hippodroms, in dem 1284 der Ritter Runkel von Rübenstein das Wagenrennen gewann (»Mosaik« Nr. 113 vom April 1966).

»Die Geschichte ist ein Buch der Wahrheit, nicht des Ruhms«, das redete ich in Ankara. »Aber Völker, die sich zu allen Kapiteln ihres Buchs bekennen, leben besser – freier, mutiger und mit mehr Grund zum Stolz. Wahr ist, daß die jungen Deutschen persönlich weder Schuld an Hitler noch an Auschwitz tragen. Wahr ist aber auch, daß wir alle, jedes Volk, in Vorgeschichte wurzeln und daß aus der Herkunft Verantwortung erwächst. Und darum gehören die Juden zu den Deutschen, die Koreaner zu den Japanern, die Vietnamesen zu den Amerikanern, die Armenier zu den Türken, und die Kurden auch.« Wulf Schönbohm, der örtliche Leiter der Adenauer-Stiftung, wiegte sorgenvoll den

Kopf und sagte leise: Jetzt gibt's Ärger. – Es gab keinen, aber hinterher kam ein älterer Türke und klagte bitterlich: Wie konnten Sie nur solche Dinge aussprechen an Ihrem Feiertag! Und das mit den Armeniern, das haben doch nicht wir gemacht, das waren doch die Osmanen. Wir sind doch Kinder Atatürks!

Mir schien das so absurd, als hätte ein Karl-Marx-Städter vor der Wende einen Mord begangen und nach der Wende seine Unschuld damit bewiesen, daß er Chemnitzer sei. Dennoch ist es ein Faszinosum, wie Atatürk eine Nation erfand. Er machte Not zur Tugend. Der Erste Weltkrieg hatte das Osmanische Reich auf jene Kerntürkei reduziert, die Mustafa Kemal, der nachmalige Atatürk, dann zum Ideal erhob. Kernstück des Kemalismus wurde die nichtexpansive, säkulare, völkisch homogene Nation als Gegendoktrin zum islamischen Imperialismus der Osmanen. Der türkische Nationalismus fungierte als Religionsersatz. Die ihn ablehnen, tun dies aus islamischen Gründen, nicht in weltbürgerlicher Absicht. Meine ostdeutsche Unterscheidung zwischen National- und Individualgeschichte muß den Hörern in Ankara unbegreiflich vorgekommen sein. Man pflegt dort keine Geschichte jenseits des eigenen Volks.

Atatürks Mausoleum, der heilige Schrein der Türkei, leuchtet nachts über Ankara wie ein riesiger goldener Sarkophag. In der Frühsonne bestieg ich den Berg. Wachsoldaten kontrollierten peinlich, spähten ins Gebüsch und brachten mit der Heckenschere den sprießenden Gräsern des Plattenwegs einen ordentlichen Haarschnitt bei. Ich blieb ungeschoren und sah: Volks-Statuen in Breker-Granit, wehrhafte Reliefs, Vaterlands-Arkaden, die das Riesenareal umfaßten, und als dessen Krönung die kolossale Halle, wie geplant für ein Berlin, das Germania heißen sollte. Besonders interessant war das Museum mit Atatürk-Memorabilia, von der Staatskarosse bis zum Spazierstock-Schießgewehr und den Seidenmänteln, Trippelschuhen, Zigarettenspitzen. Der Krieger war auch ein Dandy gewesen. Daß ihn der Alkohol zerfraß, blieb seinem Volk undokumentiert. Aber Beweise vom ewigen Leben lagen vor, Amateurphotos gläubiger Kemalisten: ein Berghang, der Atatürks Profilschatten warf; Wolken, die sich zu seinem Porträt formierten. So wacht der Vater aller Türken auch heute über seine Kinder.

Zunächst war Atatürks Autorität die des einzigen osmanischen Feldherrn, der den Ersten Weltkrieg unbesiegt überstanden hatte. Zum neunationalen Retter wurde er 1922 in der Schlacht von Sakarya, als er vor den Toren Ankaras die griechischen Invasoren schlug. Das hat die Griechen nicht gehindert, dem Initiator ihrer Aggression auch ein Denkmal zu spendieren, wie ich in Thessaloniki sah. Dort reitet, mangels neuzeitlicher Epochalgeschichte, sogar noch Alexander der Große am Meer entlang, mit Blick zum Olymp. Unweit davon klotzt Alexanders Vater, Philipp der Zweite. An dessen historisch bezeugten Sehschaden gemahnt ein rot gehaltenes Matschauge. Wie Philipp da so heldisch lädiert vor mir stand, den Rundhelm in der Hand wie einen Ball, da dachte ich an Boxer Koennecke nach der Schlacht gegen Halberstadt. Und auch ein bißchen an mich selbst und Bruder Hüttel von Heidenfeld.

Wie glücklich war ich in Finnland. Eine Nation ohne Triumphgeschichte: Bis auf General Mannerheim, der in Helsinki bronzt, war kein Kriegsgott zu finden, dafür das Universum der Seen und Wälder. Finnland, jung wie die Schöpfung Atatürks, ist kein schlachtgeborenes Wesen, sondern aufgestiegen aus Natur und bäuerlicher Welt. Einst Wechselbalg und Pufferzone zwischen Rußland und Schweden, haben zuerst Künstler dem Land eine Identität formuliert. Sieh die Gemälde von Edelfelt, Westerholm, Schjerfbeck, Järnefelt, Holmberg, Rissanen, Gallen-Kallela – du begreifst, was Natur für Nationalität bedeuten kann. Und weißt du's noch immer nicht, dann fahr mit dem uralten Dampferchen »Puijo« von Savonlinna nach Kuopio, zwölf schweigende Stunden durch Silberlicht und Schleierregen, Goldwasser, Blei und Türkis. Die Welt wird All. Der Mensch versinkt, dann auch die Sonne, und dann ist alles zu spät. Jetzt bist du Finne.

10

Einmal bin ich auch Tscheche gewesen. Das war im Sommer 1996. Die deutsche Fußball-Nationalmannschaft hatte sich wie gewohnt mit Bolzerei und Massel ins Finale der Europameisterschaft gewirtschaftet. Die fliegenden Holländer, die stolzen Spanier, die grazilen Portugiesen, die immer tragischen Engländer – alle waren ausgeschieden. Nur die Tschechen konnten noch das Schlimmste verhindern. Ich sah sie Italien schlagen, im Berghotel Oberwiesenthal, und verliebte mich glühend ins Tschechenteam. Anderntags strahlte die Leiterin des Ski- und Heimatmuseums: Hamm mir uns gefreit, mei Maa und ich, wie gestern der Tschesch gewonnen hat! – Ich dachte, Sie mögen die Tschechen hier nicht so? – Ei ja, hintennaus sammer doch alle Erzgebirgler und verwandt. Der Krieg kommt immer aus der großen Stadt.

Ich wußte: Deutschland würde siegen. Die unvermeidlichen Exzesse fürchtend (Autokorso, Heribert Faßbender ...) wählte ich zwei Tage vor dem Endspiel den schweren Weg ins Exil. Es war dies eine jener Entscheidungen, deren politischer Gehalt der Hamburger »Zeit«-Redaktion nicht leicht zu vermitteln ist. Hamburg fragte: Was hat dieser Reisewunsch mit Politik zu tun?

Es handelt sich gewissermaßen um eine Neuauflage des Endspiels von 1976, nun aber unter völlig veränderten Systembedingungen.

Das klingt aber ziemlich weit hergeholt, sprach Hamburg.

Die Sudetendeutschen, sagte ich. Havels schwerer Stand als Vermittler. Ende des Jahres reist doch der Kanzler nach Prag, da sondiere ich für unser Blatt schon mal das atmosphärische Terrain.

Ich wurde entsandt. Der Hradschin thronte, die Moldau strömte wie zu allen Zeiten. Abertausende wallten über die Brücken, quollen aus den Gassen auf den Ringplatz und scharten sich um Jan Hus, dem gegenüber die große Leinwand stand. Es dämmerte, das Bild aus dem Wembleystadion flammte auf. Deutschlandlied mit Prager Pfeifkonzert. Der Kanzler: BUUUUHH!! Und dann steht das Tschechenvolk und legt die Rechte aufs Herz. Alle, auch die Kinder, die Säufer, der Premierminister auf dem Coca-Cola-Bus, singen ihren dunklen böhmischen Choral: *Kde domov můj*, wo ist meine Heimat? Und dann fliegt Keeper Kouba, rettet Rada gegen Kuntz. Auf und ab geht's, bis zur Halbzeit. Danach drücken die Deutschen. Aber jetzt fahren wir Tschechen einen Konter, Poborsky rast mit wehender Mähne durch

Wembley, übern Ringplatz, Sammer hechelt hinterher und macht ihn um. Und es gibt Elfmeter. Und Berger läuft an …

Der Schrei! An Mariae Kirche vor dem Tein klirren die Glocken, von der Aposteluhr kräht der Hahn. ČECHY DO TOHO, ČECHY DO TOHO! Sektdusche, Böller, rechts die kleine Blonde muß weinen vor lauter Hoffnung und Phantasie.

Er sei, sagte Goethe, in seinem ganzen Leben zusammengerechnet etwa zwei Wochen glücklich gewesen. Vierzehn ununterbrochene Minuten Paradies waren also nicht wenig. Dann Bierhoffs mächtiger Kopfball – grausam, aber so sind die Deutschen. Der Rollerball zum 1:2 zersäbelte behaglich unser blauweißrotes Herz. Sofort verlosch das Bild. Schieres, schweigendes Entsetzen. Dann der Chor: HOŠI DĚKUJEME, danke, danke Jungs!

Ein endloses Schlurfen begann. Klirrend, knackend, Becher und Gläser zertretend sickerte die Masse zurück in die Nacht. Etliche Glatzen brüllten Sieg heil! und Deutsche Schweine raus! Ein paar Dutzend Unzerstörliche umtanzten mit ihren Fahnen ein Feuer. Aber alle kamen wieder, als am nächsten Nachmittag die Helden heimkehrten, umrauscht vom Fahnenmeer und so innig besungen, als hätten sie gesiegt. Da standen sie, der lustige Kuka, der redliche Hornak, der verwegene Suchoparek und Bejbl, der semmelblonde Schlaks; und ich erklomm die Bühne und quetschte Poborsky ergriffen die Hand und legte den Finger in die Wunde an des kindlichen Smicers Haupt. Und sie zeigten ihre silbernen Medaillen, läuteten Kuhglocken, tauften das Volk mit Sekt, beschossen es mit Bällen und schmetterten die Hymne: Wo ist meine Heimat? – Hier. Das vergißt keiner, der dabei war, schon gar nicht der Knirps Jakub Sadlik im roten Sparta-Prag-Trikot, der, statt zu jubeln, nach der Mutti weint. Da hebt ihn die Heldengarde hoch, und die Nation schreit JAKUB! JAKUB!, bis Mutti kommt und Jakub glänzt.

Jetzt wird es Abend in der grauen Vorstadt Žižkov, Praha 3. Staubmüde Fassaden, trübe Ladenfensterchen mit Kram, Straßenkinder, junge Köter und mittendrin das blätternde Stadion von Viktoria Žižkov. Von hier stammt der neue Tschechengott. Hier hat Karel Poborsky den Ball unter der Straßenbahn hindurchgeschossen und im Viktoria-Lokal aufs Bierglas gelupft. Da, da ist er auf dem Poster, nimm's mit, geschenkt. Das Bier kostet fünfzig Pfennig, aber weil du ein bedauernswerter Deutscher bist, geben wir dir einen aus. Denn wir Tschechen freuen uns über den zweiten Platz viel mehr als die Deutschen über den Sieg. Außerdem war's gar nicht so wichtig. Wir sind doch ein Eishockey-Volk.

11

Das Frühstück im Krakówer »Dom Turysty« zog sich hin. Schließlich stellte sich heraus, daß von den jungen Gubener Schauspielern niemand binnen so kurzer Zeit abermals Auschwitz besuchen wollte. Also fuhr ich allein. Behäbig polterte der Zug ins Land, hielt immer wieder, füllte sich mit schnatternden Kindern. Nach anderthalb Stunden war ein schäbiges Landstädtchen erreicht. Oświęcim – im polnischen Namen steckt der deutsche wie ein Dolch in Seidenpapier. Man fragt sich, wie zu leben ist an einem Ort, dessen Bahnhofskiosk Ansichtskarten von der Erschießungswand präsentiert. Gewiß ganz normal. Schon der Bahnhofsvorplatz ist wie jeder. Werktägliches Menschengewimmel, Busse kommen und gehen. Nach ein paar Stationen ein Stups: Hier Auschwitz.

Von allem, das ich über Auschwitz las, war ein Buch wie kein anderes: Imre Kertész' »Roman eines Schicksallosen«. Seine Lakonik empörte mich zunächst wie eine zynische Manie. Dann kroch gerade durch diesen Ton das Unbegreifliche heran. Auch Jorge Semprúns Buchenwald-Bücher verhalten den Schrei, aber mit retrospektivem Abstand, den Kertész nicht gewährt. Sein halbwüchsiges Ich berichtet zivile Welt, Deportation, Lagerleben und Verrecken gleichermaßen wie Normalität. Dann hörte ich in Christa Wolfs Gesprächskreis den Sinto Otto Rosenberg (»Das Brennglas«) erzählen, wie er im Angesicht der Auschwitzer Leichenberge sein Brot verzehrt habe. Dann beteuerte der Jude Coco Schumann (»Der Ghetto-Swinger«) in Lea Roshs Salon, wenn er mit der Lagerkapelle musizierte, sei er selbst in Auschwitz glücklich gewesen. Ich sah auch die Blumen im KZ Dora, die sich Häftlinge an die Wände des Krematoriums gemalt hatten. Das *ist* das Grauen, nicht seine Beschwichtigung.

Mancher, der Auschwitz besucht hat, war irritiert, daß der erste Eindruck den Super-Schock verweigert, das größtmögliche Entsetzen. Die Gedenkstätten-Realität hinkt zunächst den Bildern hinterher. Man kennt das Tor mit der aufschwingenden Schmiedeschrift: ARBEIT MACHT FREI. Man sieht die Stacheldraht-Kaskaden, die soliden Klinkergebäude – ursprünglich eine Garnison –, und auf der Lagerstraße spaziert tatsächlich eine Familie mit Kinderwagen. Aber was ist zu tun, wenn man ein Baby hat und Auschwitz besichtigen möchte?

Den Film im Museum hast du dir nicht angeschaut, auch nicht die Gebirge von Haaren, Schuhen, Brillen. Du sahst die Häftlingszeichnungen, die Photos, Augen um Augen, und abermals das Russenmädchen, wie der Deutschritter es erhängt. Der Galgen des Kommandanten Höß. Die Vergasungshöhle, darin der junge Pole mit der Videokamera. Birgit Lahann hatte im »Stern« beschrieben, wie sie mit der Photographin Ute Mahler in Auschwitz war. Sie kamen nach Birkenau, zum Lager II, wo sie ein phantastischer Sonnenuntergang empfing. Ute Mahler hob professionell ihre Kamera und ließ sie wieder sinken: Das kann man nicht photographieren, das nicht.

Du fährst hinaus zum Lager Birkenau. Du siehst das Tor, die breite Stallung, unterm Mittelturm durchlaufen von dem Gleis, das auf *die Rampe* führt. Links des Tors versinkt die Sonne in einem Glast von Kobalt und Zinnober, und hoch oben schneidet ein Flugzeug mit lohweißem Schweif den Himmel auf. Man kann das photographieren, auch die Rampe, das Gleis mit dem Gerbera-Gebinde (»Unesco-Schulen Thüringen«), den schwarzen schweigenden Wald von Kaminen; aber nun wird es dunkel. Der Mond ist aufgegangen, ein zarter Sichelmond, und du bist im Lager Birkenau der einzige Mensch. Du willst den Ort begreifen, da ein heiligerer nicht existiert. Du denkst an Celan, die schwarze Milch, das aschene Haar, die Gräber in den Lüften, aber auch das ist Ästhetik und also das Gegenteil des Orts. Pappeln rascheln und Linden. Weit hinten hüpfen Lichter, dorthin begibst du dich und findest die gesprengten Gaskammern und Kerzen in ihren Klüften und Schründen.

Vergeblich suchst du die Gewalt des Orts. Hier wird nur gegeben, was man in sich trägt. *Geh hinaus und tritt hin auf den Berg vor den Herrn! Und siehe, der Herr wird vorübergehen. Und ein großer, starker Wind, der die Berge zerriß und die Felsen zerbrach, kam von dem Herrn her; der Herr aber war nicht im Winde. Nach dem Wind aber kam ein Erdbeben; aber der Herr war nicht im Erdbeben. Und nach dem Erdbeben kam ein Feuer; aber der Herr war nicht im Feuer. Und nach dem Feuer kam ein stilles sanftes Sausen. Als das Elia hörte, verhüllte er sein Antlitz und ging hinaus und trat in den Eingang der Höhle. Und siehe, da kam eine Stimme zu ihm und sprach: Elia, was suchst du hier?*

Die Mitte der Welt.

Als ich das nächtliche Lager verlassen wollte, fand ich das Tor geschlossen. Die Besuchszeit war ja längst vorbei. Das trieb mein Unvermögen auf die Spitze. Ich war ein dämlicher Tourist, der sich in Auschwitz eingesperrt hatte. Ich stand ein Weilchen dumm und fror. Ich prüfte den Stacheldraht. Ich hörte mich idiotisch Hallo! rufen. Dann entdeckte ich, daß man das Tor mit Ketten wohl verschlungen, aber nicht verschlossen hatte. So kam ich hinaus. Im gelben Licht der Scheinwerfer lag das Gegenbild des allgemein Bekannten: das Gleis, wie es vom Lager flieht. Es läuft bald aus, in einen Acker nahe der Chaussee. Ich wanderte zurück in das räudige Städtchen. Gegenüber dem Bahnhof hielt noch ein Laden auf. Darin standen Frauen Schlange und kauften Windlichter jeglicher Größe. Denn am nächsten Tag war Allerheiligen, und die Polen würden ihrer Toten gedenken.

In der Nacht schlug das Wetter um. Am Morgen kauerte das stolze Kraków im Regen und wollte sich auch mittags nicht erhellen noch erheben. Die Straßen blieben leer, die Läden geschlossen. Wie empfohlen, ging ich ins jüdische Viertel Kazimierz. Nachdem dort Spielberg »Schindlers Liste« gedreht hatte, habe man das Quartier wie ein Disney-Stetl restauriert. Das erwies sich als Unsinn. Am Platz ausgangs der Szeroka-Straße gab es ein paar hübsche jüdische Restaurants; ansonsten bröckelten die Fassaden, die Fenster starrten tot, die Luft belud beißender Ruß. In der Josefa schob ein Junge einen Greis im selbstgebauten Rollstuhl durch den Regen. Sie kamen heran. Der Alte, blind, murmelte etwas und streckte die Hand aus. Dann schlichen sie weiter.

Endlich fand ich den Eingang zum jüdischen Friedhof. Zwar hatten die Deutschen ihn verwüstet, aber der Ort war noch da und viele uralte hebräische Steine. Klatschnasse Briefe lagen darauf, sogar Faxe an diese längst versunkenen Kinder Israel. Für fünf Złoty ließ der Kustus in die bescheidene Remuh-Synagoge. Abends ging ich zur Allerheiligen-Messe in die Marienkirche, Veit Stoß' Schnitzaltar vor Augen und umflutet von Wärme und Gold. Wie ähnlich würden die Religionen, wenn man nicht ihre Häuser vergliche, sondern die stillen Gebete, die darin gesprochen werden.

12

Ich weiß gar nicht, was ein Jude ist. – Jurek Becker sagte das, als Jude, Deutscher und Autor von »Jakob der Lügner«. Natürlich wußte er's, wünschte aber keinen Gebrauch davon zu machen. Aus Becker sprach noch oder wieder der Traum der Assimilation, für den sein Volk von meinem fast vernichtet worden ist. Und heute wird Israel auch vom jüdischen Nationalismus bedroht. Man kann nicht beides haben – säkulare Demokratie und eine ethnische Staatsreligion.

Ich weiß nicht, was ein Jude ist. Deutschheit wie Christentum haben sich mit so fürchterlichen Folgen als Gegensätze zum Jüdischen etabliert, daß ich den Satz, den Jurek Becker sagen durfte, als mir auferlegt empfinde. Ich wurde nie antisemitischen Versuchungen ausgesetzt – wie auch, in einem *judenrein* gemordeten Land? Allerdings vernahm ich Ausläufer der Lehre, wonach *die Juden* unseren Herrn Jesus umbrachten – was folgern ließ, sie hätten den Grund zu ihrer Stigmatisierung selbst gelegt. Das Kind, das ich war, spürte die Passionsgeschichte anders. Da trat Pontius Pilatus, der römische Gouverneur, vors Jerusalemer Volk und ließ es entscheiden, wer freizulassen wäre – Jesus, den er für schuldlos erklärte, oder der Mörder Barrabas. Und das Volk schrie BARRABAS! BARRABAS!, was der Gouverneur so wenig fassen konnte wie das Kind. Aber nicht *die Juden* – der Pöbel, der ewige Mob brüllte den Mörder frei und Gottes Sohn ans Kreuz.

Was mir immer fremd blieb: der jüdische Glaube an Israel als Gottes ausgewähltes Volk. Gottes Volk war mir die christliche Gemeinde, die aus einzelnen bestand und deren Glaube kein ethnisches Bekenntnis vertrug. Ich liebte die Apostel-Geschichte von der Taufe Lydias, der ersten europäischen Christin. Jesus Christus galt mir als Individualisierer des ehedem exklusiv jüdischen Glaubens, der nun jedem angeboten war. Aber wirkt nicht die Geschichte des christlich verbrämten Nationalismus wie eine Kopie des jüdischen Volkserwählungsglaubens? Nationalität schien gottgewollt, als unterliege der Christ Stammesgesetzen von Blut, Boden und Führerschaft. Wie sollten einem nationalen Christentum Juden als Deutsche gelten? Mochten sie ihren Hebräerglauben verlassen und sich im Weltkrieg freiwilligst kaisertreu totschießen lassen – sie blieben *Zehrgäste*, die im *Wirtsvolk* nicht *Blutwurzeln* hätten. Demnach hieß deutsch sein in letzter Konsequenz, daß die Unvölkischen *auszumerzen* wären. Spätestens der Judenmord beendete den Nationalismus als menschenwürdigen Geschichtsentwurf. Nation ist profan, kein Ziel von Geschichte.

Ebendas verbietet auch blinde Parteigängerei für Israel. Niemals vergesse ich, wie am zehnten Jahrestag der deutschen Einheit der Palästinenserknabe Mohammed al-Durra in den Armen seinen Vaters erschossen wurde. Ich sah das in Ankara, auf einem französischen Sender, und begriff erst aus deutschen Zeitungen, daß dieses Kind gestorben war. Völker sind abstrakt. Spürbar wird der einzelne Tod. Darum hat sich Gott in *einem* Menschen offenbart. Denn einer, das meint kein Volk, das gilt jedem – wie die Menschenrechte.

Aber es gibt das Volk: die eingeborene Mehrheit, die sich immer mit sich selbst arrangiert. Wer das mit Berliner Weltbürgergebärde bestreitet, weiß wenig von den Homogenitätsbedürfnissen der Provinz. Dort wird oft gar nicht verstanden, was denn so schlimm sein solle am Begriff der deutschen Leitkultur. (Zitat von der Jenaer Fußballtribüne: Ja, solln wir denn Türken werden und Blutrache üben?) Überdies fühlt der Ossi Skepsis, wenn ihm Metropolenweisheit abermals als fertige Geschichte angetragen wird. Heinrich August Winkler meint, die Deutschen hätten mit der Staateneinheit ihren langen Weg nach Westen abgeschlossen; das Reichsdenken sei dem Demokratiebewußtsein gewichen. Der Amerikaner Francis Fukuyama setzte gleich nach Schluß des Kalten Krieges die törichte Parole vom Ende der Geschichte in seine Welt: Der westliche Liberalismus sei nun auf ewig die globale Rationalität.

Gerade die Globalisierung weckt völkische Gegengeister. Sie enthemmt den Kapitalismus. Sie kippt die nationalen Balancen zwischen Markt und Demokratie. Gesellschaften, die Sozialität verlieren, gewinnen an ethnischer Aggressivität. Was die von Fukuyama ruhmreich beendete Geschichte betrifft, so fing sie schon 1990 mit dem Golfkrieg wieder an. Ich erlebte damals in den USA über Monate, wie sich ein Volk zur Kriegsbereitschaft führen läßt. 1999 etablierte dann der Nato-Balkankrieg, was doch *der Westen* in Europa nicht mehr dulden wollte: ethnische Grenzen. Und wie konnten Europäer, die seit Jahrzehnten friedlich Jugoslawen waren, sich von ihren Nibelungensagen zu Brudermördern machen lassen? Sogar in unserem guten, vernünftigen Deutschland zogen kleinere und etwas größere Hoffnungen vom Rhein an die Spree: Es möge die *Berliner Republik* wieder nationaler werden als die nun Provisorium genannte von Bonn. Das war der eigentliche Grund des gewaltigen Kulturkampfes gegen Joseph Fischer, '68 und die undeutschen Folgen.

Wenn uns Deutsche ein Unvergleichliches bezeichnet, dann diese entsetzliche Höhle in unserer Vergangenheit. Wer kann, wer die vergessen möchte, Deutscher sein? *Ein Volk ohne Vergangenheit verdient auch keine Zukunft.* Es gehört aber zur Nachkriegspsychologie, daß die Täter ihre Schuld leugnen und verdrängen, daß die Kinder im Kampf gegen die Väter diese Schuld um so lauter beim Namen rufen und daß die Enkel alles Gewesene für Vergangenheit erklären und die Gegenwart für unbelastete Normalität. Die nationale Teilung als Sühne für unverlierbare deutsche Erbsünde – das hätten spätere Generationen nicht mehr hingenommen. Doch auch unsere Vorsicht fehlt den Jungen, unser Auschwitz-Reflex, das eingezeugte Nie wieder! Nicht jedes kahle Kind ist ein germanischer Rassenhetzer. Aber längst rufen sich die mißratensten Exemplare unseres Volkes als die wahren Deutschen aus. Warum lassen Linke und Liberale das deutsche Feld so völlig brach? Die linke Nationalverachtung und das neoliberale Flexibilitäts-Diktat treffen sich bei der Vernichtung von Geschichte. Wenn die Nation bröckelt, zerfällt auch das deutsche Gedächtnis.

Mich hat *die Wende* etwas über die Selbstentfaltung von Geschichte gelehrt. Sie atmet so langsam ein und aus, daß man denken könnte, sie sei friedlich entschlafen. Das täuscht. Die Gene der Völker sind nicht ein für alle Male demokratisiert. Eine verlorene Generation, die dem Rassismus verfällt, und schon reißt der Faden der Aufklärung, und jener andere der nordischen Norne wird wieder gesponnen. *Am Grunde der Moldau wandern die Steine. Es liegen drei Kaiser begraben zu Prag. Das Große bleibt groß nicht und klein nicht das Kleine. Die Nacht hat zwölf Stunden, dann kommt schon der Tag.*

Hat auch der Tag zwölf Stunden?

13

Jetzt fahren wir heim. Freude springt auf, wie immer, wenn aus dem Horizont die Halberstädter Türme wachsen: die Zwillinge des Doms, die ungleichen Brüder Sankt Martini, das gedrungene Geviert Unserer lieben Frauen. Gleich ist der Zug am Ziel – wir noch nicht ganz. Man holt uns ab. Weiter geht die Fahrt in Richtung Wald, immer leicht aufwärts, den Honigkuchenberg hinan. Links leuchtet das Harzvorland, ganz fern der Brocken. Der Wald beginnt, der Daneils Höhle birgt, die Huysburg, den Röderhöfer Teich. Und dann sind wir da. Und es laufen wahrhaftig noch Pferde durchs Dorf, und Noltes Windmühle steht (samt Gänsen) und am Ratskeller die Pumpe. Wir finden Ostenpforte, Badergasse, Schweinetor, die Üppelquelle, unser Haus (ohne Akazie), die Kirche und auf dem Friedhof den Muna-Stein. Ein anderer ist neu: Wolfgang Koennecke 30.3.1940–24.3.1996.

Du schaust übers Dorf, ins sanfte Land, und staunst, daß dieses Stückchen Welt dir das Älteste und Tiefste ist, Kern und Hülle deiner Selbstverständlichkeit. Als du zwölf warst und fortziehen mußtest, da hattest du einen Traum: Ich komme wieder. Mögen mich jetzt die Eltern verschleppen –

ich finde heim, ich kehre zurück und bleibe, woher ich bin. Natürlich kam es anders. Und wurde nie falsch.

Zehn Jahre ist Vater Dingelstedts Pfarrer gewesen. Der Ortswechsel gehört zu diesem seltsamen Beruf zwischen Nähe und Distanz. Der Pfarrer wird einer Gemeinde eingepflanzt wie ein Herz. Er tut, was kein Hiesiger vermag. Er predigt, unterrichtet, tauft, traut, senkt ins Grab und ist doch nur ein Gast der örtlichen Geschichte. Nach einer Weile verpflanzt man ihn, dann wieder, bis auch seine Zeit zu bleiben gekommen ist.

Kurz vor seinem Tod, den ich nicht ahnte, äußerte Vater ein befremdliches Gefallen an einem Sangerhäuser Beerdigungsunternehmen. Es sei so bescheiden, so geziemlich und diskret. Zeitlebens ehrten Vaters Werte ein idealisches Kleinbürgertum. Er hatte recht. Als er gestorben war, benachrichtigte Mutter besagtes Geschäft. Ein schlichter Mann von einigen dreißig Jahren kam in unser Haus. Er kondolierte eher unbeholfen als versiert, er sprach das irdene Mansfelder Deutsch mit Wärme und Takt, er konnte schweigen, er regelte das Nötige mit dem kargen Realismus ortsfester Menschen. Es war, als wollte das Volk Vaters Würde mit der eigenen vergelten. Einst hatte er gemahnt: Junge, Intelligenz ist nicht das Wichtigste im Leben.

Vater bekam einen Findling, einen Baum, eine bleibende Statt – auch das mußt du den Dingelstedtern nachher erzählen. Jetzt sitzt du im Dorfgemeinschaftshaus am Sportplatz und liest was vor. Die Bude ist voll – ein halbes Klassentreffen: Angelika natürlich, Christine, Ute (kam extra aus Magdeburg), Ulli, Konni, Eberhard, Reinhard, Rüdiger, Frau Schmädig, die Lehrerin, die Pionierleiterin Ilona Schwarz ... Dann wird das Buch zugeklappt. Nun viele Weißtdunoch-Gespräche, umrauscht vom Hasseröder. Einen Tag saufen, drei Tage krank, sagt Ulli. Früher war's umjekehrt.

Bei Ulli kannst du schlafen. Wenn wir allein sind, wird er dir erzählen, wie sein Vater starb. Wir leben, und wir trinken. Die Kneipe summt. Der Abend ist noch soviel jünger als all die Erinnerung, die der Mensch mit der Vergangenheit verwechselt. Kennste mich noch? fragt Tante Krems, die Nachbarin. Und nun sei ihr endlich gestanden, wie das wirklich war vor dreiunddreißig Jahren, was damals mit Birgits Puppe geschah. Ich kam zum Fußballgucken.

Das Spiel lief, Tante Krems hantierte in der Küche. Tochter Birgit, knapp anderthalb, präsentierte mir ihre Schlafaugen-Puppe, deren Mechanismus mein tätiges Interesse fand. Kracks, brach die innere Verstrebung, die Augen plumpsten in den Kopf, und Birgits Puppe umfing ewige Nacht. Ich setzte sie samt Birgit ins Ställchen. Als Tante Krems ins Zimmer kam und die Entäugte erblickte, kriegte Birgit eins hintendrauf. Empört schrie das sprachunmündige Kind. Ich schwieg.

Ach duuu warst das! ruft Tante Krems entrüstet und erinnert sich ganz genau. So alte Geschichten gibt es noch viele und auch eine aktuelle Sensation: Dieters Bruder hat im Radio-Quiz gewonnen. 100 000 Mark! Trotzdem kannst du nicht bleiben, doch bevor du gehst, umarmt dich Angelika und sagt: Paß auf dich auf.

Winter 2001

Wir waren das Volk

Am 9. November 1989 scheiterte die ostdeutsche Revolution

Müssen wir ihn denn feiern, diesen 9. November? Der feiert sich doch selber. Zehn Jahre WAHNSINN auf allen Kanälen, Schabowskis Pressekonferenz, der weltgeschichtliche Zettel, die schwellende Menschenflut am Grenzübergang Bornholmer Straße und dann, kurz vor Mitternacht, der Dammbruch. WAHNSINN! WAHNSINN! Trabis, Sekt und Tränen, und ein Freudetrunkener stammelt den Spruch der Nacht ins Mikrophon: Wer jetzt schläft, ist tot!

Ich schlief, in einem Genfer Hotel, auf kirchlicher Dienstfahrt. Es gilt als Reporterglück, einziger Chronist vor Ort zu sein, doch was am 9. November 1989 in Genf geschah, war für die Welt von mäßigem Interesse. Ich guckte in die Röhre, nach Berlin, und war sauer, wie mein Reiseprivileg in eine Strafe umschlug. Die Heimfahrt schenkte dann doch ein ureigenes Erlebnis der Zeitenwende. Wieder war Nacht. Ich teilte das Coupé mit einem Schnarchsack, der sein Begrüßungsgeld in eine Palette Bier der Marke Adelskrone investiert hatte. Kurz vor der Grenze flog die Abteiltür auf, eine Hand ratschte den Vorhang weg und knipste das Licht an. Wie zu allen Zeiten schnarrte das Grenzorgan: Paßkontrolle DDR! Der Suffke rührte sich nicht. Das Grenzorgan rüttelte ihn: Bürger, Ihr Dokument! Da schnellte der Bürger hoch und donnerte: Flossen weg, du Penner! Das Organ erstarrte. Der Bürger: Licht aus, sonst mach ich dich zum Honecker! Das Organ gehorchte und floh. Der Bürger brüllte hintendrein: Kannst mir die Füße küssen, daß noch einer wiederkommt in deine Piß-DDR!

Aufgebrochen war ich am 5. November aus einem Land, das tags zuvor auf dem Berliner Alexanderplatz eine Halbmillionen-Wallfahrt der staatsbürgerlichen Emanzipation gefeiert hatte. Zurück kam ich in eine andere Republik. Die Revolution ging ja weiter. Bonzen traten zurück, die Stasi wurde entmachtet, verbotene Bücher und Filme erschienen, Biermann kam wieder, Krenz verschwand, der Runde Tisch formierte sich. Doch all dies geschah nun bei offenen Grenzen, also ohne letzte Not und Anteilnahme des gesamten Volks. Der Druck war aus dem Land. Bärbel Bohley nannte die Maueröffnung einen Putsch der SED. Stefan Heym beschimpfte das Heldenvolk, weil es die Revolution unter den Ramschtischen von Westberliner Kaufhäusern begrabe. Aber wer darf dekretieren, was der andere zu verstehen habe unter Freiheit, Glück, dem *pursuit of happiness*?

Hier soll nichts weggemäkelt werden von der großen deutschen Freude des 9. November 1989. Und nur zitiert, nicht unterschrieben sei ein gängiges Ost-Wort späterer Tage: Mit der Grenzöffnung begannen die Wessis unsere Kolonisation. – Allerdings muß man sich wehren gegen die chronische Fälschung, es sei, als die Mauer fiel, die ostdeutsche Revolution an ihr Ziel gelangt. In Wahrheit fand sie ihr Ende. Der 9. November 1989 pulverisierte eine Bürgerrechtsbewegung zu Millionen Individualbegehren. Das kann man feiern, doch nicht als Sieg der Revolution.

Und was war deren Ziel? Nicht nationale Einheit, sondern – fast streikt der Stift – die Deutsche Demokratische Republik, der wahrhaftige Sozialismus. Das klingt heute absurd, zumal in Kenntnis der Wirtschaftslage der finalen DDR. Überhaupt tendiert ja das Urteil, was die Wende eigentlich gewesen sei, heute gern zum ökonomischen Befund: weniger Revolution als Staatsbankrott. Das ist ein altbundesdeutscher Defensiv-Reflex auf den Vorwurf, der Westen habe sich via Treuhand und Einigungsvertrag den Osten unter den Nagel gerissen. Wer 1989 dabei war, weiß, daß damals Moral demonstrierte, daß die Menschen für Ideale auf die Straße gingen: für Wahrheit, Öffentlichkeit, ehrliche Medien, Demokratie. Ausreiser wurden allerdings von den Dableibern ganz gern als Konsumflüchtlinge klassifiziert.

Die Reden vom 4. November 1989 sind das Kompendium des Wende-Moralismus. Kürzlich hat Amiga eine Doppel-CD mit sämtlichen 25 Alexanderplatz-Ansprachen ediert. Man hört sie wie eben gehalten. Die heutige Ratio moniert manch zeitgenössische Naivität, aber die Kraft, die hei-

Berlin, Haus des Lehrers, Herbst 1999

tere Zuversicht dieses unvergeßlichen Tages ist wie eine Sehnsucht konserviert. Es fällt auf, daß fast alle Redner sich als Volksvertreter gaben, als Gesandte des neuen Souveräns. Nicht jedem ging das durch. Markus Wolf und der Wendehals Schabowski wurden fast von der Rampe gepfiffen, Heiner Müller war so konfus wie Ekkehard Schall dramatisch pompös. Aber da traten neue Leute auf, die volksweit kaum einer kannte. Jens Reich reklamierte für das Neue Forum den Sendeplatz von Schnitzlers Schwarzem Kanal. Friedrich Schorlemmer rief den Stolz aus, vom Objekt zum Subjekt der Politik zu werden. Marianne Birthler sprach über die Polizei-Knüppeleien am Republikfeiertag. Konrad Elmer entschuldigte sich beim tschechoslowakischen Volk für 1968. Lothar Bisky propagierte die Ermutigungs- statt der Behinderungspädagogik, und der junge Anwalt Gysi erklärte, die beste Staatssicherheit sei die Rechtssicherheit.

Wie es lauschte, das Volk: *unsere Menschen*, die biederen, treuen Gesichter, die Anoraks und Schiffermützen, die Kutten, Bärte, Mähnen. Sie applaudierten lange, jedem der hochherzigen Sätze, denn von da oben, vom roh gezimmerten Gerüst auf dem W50-Laster, klang es, wie wir alle und schon immer dachten, wenngleich als einzelne und nicht so laut. Jetzt trat der Nestor auf. Es ist, als habe einer die Fenster aufgestoßen, sprach mit altfester Bibelstimme Stefan Heym. Nach all den Jahren der Stagnation, von Dumpfheit und Mief und Phrasengewäsch – welche Wandlung! Und das in Deutschland, wo sämtliche Revolutionen danebengegangen sind, wo die Leute immer gekuscht haben. Macht korrumpiert, absolute Macht korrumpiert absolut. Der Sozialismus – nicht der stalinsche, sondern der richtige, den wir endlich erbauen wollen – ist nicht denkbar ohne Demokratie, die Herrschaft des Volkes. Freunde, Mitbürger: Üben wir sie aus, diese Macht!

Da ging ein Beben durch die gewaltige Masse, als wollte sie Amen sagen. Dann sprach Christa Wolf, ganz froh und gelöst, und zitierte der Menge deren Demo-Dichtung: Ein Vorschlag für den 1. Mai: Die Führung zieht am Volk vorbei... Und dann die greise Steffi Spira: So wie es ist, bleibt es nicht! Und aus Niemals wird Heute noch! Ich wünsche für meine Urenkel, daß sie aufwachsen ohne Fahnenappell (Jubel), ohne Staatsbürgerkunde (Jubel) und daß keine Blauhemden mit Fackeln an den hohen Leuten vorübergehen! (Jubel) Aus Wandlitz machen wir ein Altersheim! Die über 60- und 65jährigen können dort wohnen bleiben, wenn sie das tun, was ich jetzt tue: Abtreten!

JAAAA!!! Nichts Schöneres konnte gefordert und bejauchzt werden an diesem grausonnigen 4. November. Mit Gesumm und Gebrumm versickerte die Menge in der Stadt. Wer gedachte da der Warnung Christoph Heins, die Euphorie dieser Tage nicht mit der Zukunft zu verwechseln. Wir haben es noch nicht geschafft! hatte Hein gerufen. Die Kuh ist noch nicht vom Eis! – Heute, zehn Jahre darauf, hängt am Alexanderplatz vom Haus des Lehrers eine gewaltige schwarze Stoffbahn, darauf steht gelb: WIR WAREN DAS VOLK.

Es war einmal ein Mann, dessen Name gehört ins Geschichtsbuch wie der von Jan Palach und Oskar Brüsewitz. Noch steht er nicht darin, denn was er tat, mißfiel denen, die derzeit Geschichtsbücher verfassen, falls sie überhaupt davon hörten. Am 4. März 1992 tippte der Mann – Detlef Dalk hieß er – einen zweieinhalbseitigen Brief. »Sehr geehrter Herr Bundeskanzler«, schrieb er. »Ich bin so weit, ich werde mein Leben opfern, damit meine Familie und andere Familien in den sogenannten Beitrittsgebieten ihr Leben friedlich dort verbringen können, wo sie heute leben. (...) Ein Vermögensabfluß von Ost nach West größten Ausmaßes wurde von Ihrer Partei, den Kräften, die hinter dieser Partei stehen, und Ihnen persönlich eingeleitet. (...) Sorgen Sie dafür, daß im politischen Handeln das Prinzip ›Rückgabe vor Entschädigung‹ nicht in so verheerendem Maße durchschlägt. (...) Heute bin ich Fraktionsvorsitzender für das NEUE FORUM/Bündnis 90 in der Gemeindevertretung Zepernick und im Kreistag von Bernau. Was ich in diesen Parlamenten erlebe, ist das Aufgeben jeder eigenständigen Politik, ich erlebe nur Anpassungsvorgänge an die Strukturen der alten Bundesrepublik. (...) Wir haben eine neue Gesellschaft. Wir erhielten sie vor die Nase gesetzt. Sie ist keine schlechte, aber nicht ›unsere‹. Wir werden gar nicht mehr gefragt.«

»Leben Sie wohl!«, so endete Detlef Dalk seinen Brief an Helmut Kohl, unterschrieb, nahm das Seil und ging auf den Balkon. Hatte er wirklich gehofft, sein Selbstopfer werde die Flut der Rückübertragungen stoppen? Das Prinzip *Rückgabe vor Entschädigung* wurde zum Henkersstrick der deutschen Einheit. Es zementierte den Anschluß der DDR: daß Ost und West nicht als zwei Gleiche ein Neues begännen, sondern daß der Westen über den Osten kam wie das Gesetz über die Sünde. Hier war alles falsch, weil dort alles richtig. Man könnte sagen: Der Osten hat das so gewollt, in freien Wahlen. Das wäre zynisch, aber wahr. Nicht Selbstbestimmung begehrten die meisten DDRler am 18. März 1990, sondern ihre Adoption zum Fünftelvolk. Nicht den wahren Sozialismus wählten sie, sondern die Wirtschaftspartei CDU. Gut, daß sie es taten. Denn wie sonst hätten wir so rasch all die unentbehrlichen Erfahrungen machen können mit dem Primat der Wirtschaft und den Grenzen von Politik und Demokratie im westlichen Parlamentarismus? Und wurde uns nicht tatsächlich mit Westgeld gewaltig geholfen? Und was wäre das für eine neuerliche DDR geworden? – Arm, häßlich, klein, regiert von Opfern des vorigen Systems, die ihrem Staatsvolk nichts zu bieten wüßten als die überlegene Idee. Das hatten wir schon. Das Volk will fressen, dann kommt die Moral.

Dann kam die große Kränkung. Jenseits der Eigentumsfrage ging sie vor allem aus von der christdemokratischen Selbstgerechtigkeit. Post festum DDR, via Sieg im Kalten Krieg, gefiel Kohls Westen sich in einer Gratismoral, die nach Belieben praktizierbar schien. Hier Kotau in Peking und Gekumpel mit dem altkommunistischen Tschetschenenschlächter Jelzin, dort der reinweiße Triumph übers blutrote SED-Unrechtsregime, bei gleichzeitiger Einverleibung der Blockflöten-CDU Ost. Natürlich obsiegte Kohls schamlose Weisheit über die bürgerrechtlichen Hygienevorschriften. Daß sich SPD und Bündnis 90/Die Grünen der DDR-Funktionselite verschlossen, trieb Tausende hochqualifizierter, tief frustrierter SED-Mitläufer zur PDS. Wer hätte das gedacht? – Helmut Kohl.

Und wer ahnte 1990, daß die einheitswilden Ostler derart auf sich selbst zurückfallen würden? – Jeder, der nicht übersah, wie wenig der Westen des Ostens bedurfte. Er war in sich komplett, personell wie ideell. Da sich der Osten dem Westen nicht gleichberechtigt assimilieren konnte, vernetzt er sich neuerlich mit sich selbst. Freiheit bemißt sich danach, ob man im Eigenen wohnen darf, in seiner Geschichte. Deshalb die Ost-Identität, die Wahlerfolge der PDS, die soziokulturellen Gräben zum Westen. Es gibt ihn noch nicht sehr lange, diesen Trutz-Stolz des *Born in the GDR*, der Folklore sein kann oder Rassismus oder jenes Selbstbewußtsein, ohne das keine Demokratie gelingt. Als Detlef Dalk sich erhängte, probten die Ostler noch ihr Glück als Mündel Helmut Kohls.

Karin Dalk wohnt immer noch in Zepernick, in dem bewußten Haus. Der Alptraum ist nicht zu Ende. Ihr Alteigentümer, vor Gericht schon mehrfach abgewiesen, prozessiert immer weiter. Aber nicht in eigener Angelegenheit sei ihr Mann gestorben, sondern aus Verzweiflung, wie wenig dieser Kapitalstaat seinen emanzipatorischen Hoffnungen entsprach. Immer sei Detlef Dalk ein Kämpfer gewesen – geradeaus, andere mitreißend, die oft nicht so wollten oder konnten. Noch in seinem Todesjahr habe er sich einen Traum erfüllt: den New-York-Marathon.

Dann gehen wir zum Grab. Mich ärgert etwas an dem Stein, sagt Karin Dalk nach langem Schweigen. Der Dr. vor seinem Namen, das hätte mein Mann nicht gewollt. Aber damals in meiner Not wollte ich zeigen, daß er was wert war, daß er kein Spinner gewesen ist.

Noch eine Bahnfahrt, von Ludwigsburg nach Stuttgart, am 24. September 1999. Drei alte Damen im Gespräch über den Osten. Ihr macht euch keinen Begriff, klagt Dame eins, die jüngst drüben gewesen. Die Leute dort, so anders als wir, so völlig anders!

Nein, was! Ja, wie denn?

Na, irgendwie, eben nicht richtig FEIN!

Auch Dame zwei weilte bereits in der Wildnis, in Weimar, was interessant gewesen sei, wenngleich kein ungetrübtes Plaisier: Ganz in der Nähe liegt doch dieses Auschwitz.

Dame drei: Buchenwald heißt das. Auschwitz liegt bei Dresden.

Lachen oder weinen? – Ersteres. So sind nicht *die Wessis*, nur diese drei Schwaben-Omis. Und *der* Westen existiert sowenig wie *der* Osten. Uns trennen fünf Jahrzehnte Unterschiedsgeschichte. Uns eint das Desinteresse aneinander. Das kann jeder ändern, nur kein Kanzlerwort. Westler muß verblüffen, wieviel zentralgewaltige Moral Ostler vom Staat erwarten. Westler leben multizentral. Der Staat ist *eine* Wirklichkeit; es gibt so viele – zunehmend auch im Osten. Wer definiert ihn? Ich anders als du, Leander Haußmanns alberne »Sonnenallee«-Verfilmung sehr verschieden vom Impressionismus der Ostkreuz-Photographen, zu besehen in dem wunderbaren Band »Östlich von Eden« (Brandstätter, Wien 1999). *Ein* Ost-West-Unterschied wird bleiben: die ostdeutsche Metaphysik, die eingezeugte Dissidenz, das Leben in zwei Welten. Vor 1989 hinterfing der erträumte Westen die tagtägliche DDR-Realität wie eine Aberwelt. Heute tut das die Erinnerung. Ein Teil von uns lebt hinter einem Zeitengraben, den der Westen nicht kennt: 1989. Das doppelt uns Gestern und Heute. Diesen breiten Begriff von Gegenwart hat der Osten dem Westen voraus, derweil der Westen denkt, der Osten hinke ihm Jahrzehnte hinterher.

Herta Müller, die deutschrumänische Schriftstellerin, sagte unlängst, in der Begegnung mit bundesdeutschen

Altersgenossen fühle sie sich zwei Generationen älter. – Ich nicht, aber manchmal freier. Die West-Bedeutungshubereien regieren mich nicht, die Debattendiktatoren, die Eitelsklaven der Fernsehprominenz, die Pfauen und Goldenen Kälber der Freien Welt. Freiheit, das ist: die Steilküste von Cornwall, Fra Angelicos Christusfresken im San-Marco-Kloster von Florenz, die Grateful Dead nachts auf dem Feld bei Tinley Park/Chicago, der alte Jim Reid, wie er im Tron Ceilidh House zu Edinburgh mit hundert jungen Schotten singt: *I saw the wild geese fly...* Freiheit ist, wenn hinter Mellrichstadt der Zug aus dem Rhönschen Grabfeld nach Thüringen hineinrollt, vorbei am leeren Grenzturm, in ein Land, das ich bis 1989 nur bewohnte. Jetzt ist es mein. Jetzt wächst zusammen, was zusammengehört.

Und was nicht zusammengehört?

Das eben nicht. Und nun wollen wir feiern.

November 1999

Volk bleibt Volk

18. März 1990: Deutliche Erinnerungen an die ersten freien Wahlen in der DDR

Herr Pfarrer! Herr Pfarrer! Nu wartense doch mal, Herr Pfarrer! – Herr Pfarrer stapft weiter und dreht sich nicht um. Die Stimme kennt er und weiß, wer ihn da erspäht hat durchs Thüringer Dorfkrugfenster, wer ihm nun nacheilt, die Kirchgasse hinan. Gleichfalls ahnt Herr Pfarrer, was ihm der fröhliche Zecher zujubeln will, wo er doch dringend allein sein muß mit seiner sozialdemokratischen Depression. – Herr Pfarrer, hörnse doch, es is ja so schön ...

Er war so schön wie schaurig, der 18. März 1990, und wer die Geschichte dieses unvergeßlichen Tages erzählt, ist Partei. Im Buch der linken Mythen steht geschrieben: Das Verlangen nach deutscher Einheit wurde den DDRlern von nationalkonservativen BRD-Gewalten eingetrichtert. Man lese die 25 Reden der Ostberliner Halbmillionen-Wallfahrt vom 4. November 1989: kein einheitsdeutsches Wort. Fünf Tage darauf fällt die Mauer. Fortan mutiert der ostdeutsche Emanzipationsaufstand zur nationalen Anschlußbewegung. Die Leipziger Montagsdemonstranten, umflattert von bügelfrisch importierten Deutschlandfahnen, skandieren ROTE RAUS! WIR SIND EIN VOLK! *Rot* ist zunächst, wer DDR bleiben will, bald jedweder Konkurrent der christdemokratischen »Allianz für Deutschland«. Wer war's, welche westlichen Dunkelmänner haben angestiftet zur Notzucht an unserer reinen Revolution?

Es kam in summa, wie es kommen mußte. Viele linksbehauchte Geister, die im Wendeherbst von freier Luft und Liebe lebten, entsetzte, was da im Ostvolk plötzlich hochschoß an Deutschfühlerei. Hatten wir denn nicht alle die Teilung verinnerlicht als dauerhafte Sühne für den Krieg? Gehörte nicht ohnedies der Nationalgottesdienst in die Modergruft der europäischen Unheilsgeschichte? Nein, offene Grenzen und Demokratie sollten uns reichen.

Aber Vater, Jahrgang 1920, sprach feierlich Willy Brandts Bekenntnis nach: »Jetzt wächst zusammen, was zusammengehört.«

Es geschah der Dresdner 19. Dezember 1989. Kohl schwebte ein und wurde schwarzrotgold umtost vom Sachsenvolk. Er sprach mit Modrow, er redete von Konföderation und Zehnpunkteplan. Abends trat er vor die Hunderttausend an der Frauenkirchen-Ruine und rief in die begleißte Nacht: »Mein Ziel bleibt, wenn die geschichtliche Stunde es zuläßt, die Einheit unserer Nation!« HELMUT, HELMUT! ROTE RAUS! DEUTSCHLAND EINIG VATERLAND! Vor diesem 19. Dezember hatten sich drei Viertel der Ostdeutschen gegen eine baldige Vereinigung ausgesprochen. Der Tag von Dresden belehrte Helmut Kohl untrüglich, wohin der Wagen rollte und wie steil es abwärts ging mit einer separaten DDR. Zur selben Stunde wurde in Ost-Berlin für die Erhaltung der DDR demonstriert. Und auf dem Westberliner SPD-Parteitag wetterte Oskar Lafontaine, sein Wahldesaster vorbereitend, gegen die Kohlsche Vereinigungspolitik.

Dann der 22. Dezember, die Öffnung des Brandenburger Tors. Dann nationale Weihnacht und Silvester grenzenlos – Daten fürs Herz, eine Pause. Rumänien entledigte sich der Ceauşescus, die deutsche Politik schlummerte unterm Lichterbaum. Sie erwachte spätestens am 3. Januar. Schon am 29. Dezember meldeten die Medien, nationalistische Vandalen hätten das sowjetische Ehrenmal in Treptow geschändet. »Besatzer raus!«-Gesudel im heiligen Hain des Antifaschismus, das war fürs DDR-Normalempfinden unfaßbar. Was folgte, ließ sich kaum besser ertragen. Die SED-PDS trommelte zur Schoß-ist-fruchtbar-noch-Demonstration. Eine viertel Million Menschen scharte sich um den bronzenen Rotarmisten mit dem Kind, gewiß nicht nur die Schwurkolonnen der Partei. Aber die Reden donnerten wie zur alten Zeit, Kinderchöre gellten EINHEITSFRONT! VERFASSUNGSSCHUTZ!, und Major Reichardt von den Grenztruppen der Deutschen Demokratischen Republik appellierte an die Regierung Modrow, unverzüglich Organe zu schaffen, die das Wirken der faschistischen Elemente unterbänden. Die Messe schloß mit dem Choral *Völker hört die Signale*!

Sie taten es. Der Aufmarsch in Treptow erschreckte landesweit als konterrevolutionäre Offensive der alten Macht. Die Schmierer wurden nie gefaßt. Unbewiesen, unwiderlegt blieb das Cui-bono-Gerücht, die Stasi selbst habe sich ein Exempel tschekistischer Daseinsberechtigung organisiert. Der Runde Tisch verlangte von Modrow, er möge bis zu den Wahlen den geplanten Aufbau des Stasi-Surrogats Amt für Nationale Sicherheit unterlassen. Nasi statt Stasi, das klang so beruhigend, als verspräche der Wolf den Geißlein, sich künftig die Zähne zu putzen. Ohne die Angst vieler Menschen vor der Restauration des alten Systems läßt sich das radikale Wahlergebnis vom 18. März nicht begreifen.

Modrow beharrt zunächst auf seinen Plänen. Am 11. Januar bilden 20000 Menschen eine Protestkette um den Palast der Republik, in dem die Volkskammer tagt. Modrow beugt sich. Am 15. Januar erscheint er erstmals am Runden Tisch und bestätigt den Verzicht. Trotzdem ruft das Neue Forum zur Demonstration vor der Stasi-Zentrale in Berlin-Lichtenberg. Man möge Steine mitbringen, um die Eingänge symbolisch zu vermauern. Statt dessen wird der mächtige Komplex gestürmt und verwüstet. Modrow erscheint als rettender Engel und begütigt die Randaleure. Fortan steht das Stasi-Erbe unter Volkskontrolle. Viel später in die Gauck-Behörde mündend, bleibt dies der einzig dauerhafte Revolutionserfolg.

Modrows DDR löst sich täglich weiter auf. Unvermindert entlaufen die Menschen gen Westen, längst auch zur großen Sorge der Bundesregierung. Allein im Januar gehen 73000. Am 21. Januar wandern 50000 Eichsfelder mit gepackten Koffern über den Grenzübergang Worbis-Duderstadt. Sie kommen wieder; für diesmal ist die Massenflucht noch symbolisch gemeint, als Appell zu rascher Einheit und Währungsreform: »Kommt die D-Mark nicht nach hier, ja dann gehen wir zu ihr.«

Überall im Lande schwinden die Arbeitskräfte, am schmerzlichsten vermißt in den Krankenhäusern. Grenznahe Bundesbürger ramschen kofferraumweise subventionierte DDR-Lebensmittel (nach Schwarztausch 1:10), und gern bepichelt sich der Hildesheimer in der Magdeburger Nachtbar Juanita mit Sekt zu einsfuffzich. Der museale Zustand weiter Teile der Industrie wird unleugbar, die

Produktpalette kann schwerlich konkurrieren. Vor dem Chemiewerk Bitterfeld stehen die Kumpel, abgelebte Männer unbestimmten Alters, und husten dem Westreporter ins Mikrophon: Nischt ändert sich, nach'n Krieje barfuß rumjeloofen uff de Stoppelfelder, dann vierzich Jahre beschissen, jetze noch mal Riemen enger fürs Scheiß-Alugeld. Mer sinn doch keine dummen Jungs. Am besten wär's, se hätten jar nich de Grenzen uffjemacht, dann hätten wir nich jesehn den Mist.

Und die Opposition? fragt der Reporter.

Diese fuffzehn neuen Vereine, die hamm ja nich ämal 'ne einheitliche Linie jejen de SED, da lachen die sich kaputt.

Und wenn die SED wieder an die Regierung kommt?

Dann müßter drüben zusammrücken. Völkerwanderung. Alles, was noch arbeiten kann, kommt. Hier, Bitterfeld, paar Bomben druff, Planierraupe.

Das ist Hans Modrows Land. Er erklärt sich zum parteiübergreifenden Premier und ernennt acht Oppositionsvertreter des Runden Tisches zu Ministern ohne Geschäftsbereich. Im Volk interessiert das kaum noch. Obwohl unablässig Parteien tagen, Komitees enthüllen, Vereine sich gründen, spalten, anderweitig verbünden, schert die Masse die Spaltung von Neuem Forum und Forum-Partei sowenig wie die oppositionelle »Andere Zeitung« und der neue Schwulenverband. Die DDR ist ein kaputter Marathonläufer auf der Stadionrunde. Am 28. Januar schlägt Modrow vor, die für den 6. Mai geplanten Wahlen schon am 18. März abzuhalten. Am 1. Februar spricht er dann, von Gorbatschow kommend, den unerhörten Satz: »Deutschland soll wieder einig Vaterland aller Bürger deutscher Nation werden.« Das ist das Ende, das Ziel: schrittweise Konföderation.

Am 7. Februar beschließt die Bundesregierung eine baldige Wirtschafts- und Währungsunion mit der DDR. Am 13. Februar ist Modrow in Bonn: kein Treffen wie in Dresden am 19. Dezember. Kohl, Gorbatschows Placet zur Einheit gewiß, kann es nicht lassen, Modrow »wie eine Art Herrenmensch« (Möllemann) zu zeigen, daß der Gast kein Partner mehr sei. Modrow wünscht 15 Milliarden Mark als deutschen Nachkriegslastenausgleich, um die Zahlungsfähigkeit der DDR zu erhalten. Nichts bekommt er.

Am 21. Februar verabschiedet die Volkskammer ein Parteien- und Vereinigungsgesetz. Westliche Wahlhilfe, schon vorher gang und gäbe, ist nun offiziell sanktioniert. Es läßt sich ja begreifen, daß sie gegen die logistische Übermacht der PDS beschlossen wurde, doch der Effekt deprimiert. Anfangs war der Wahlkampf ebenerdige Kommunikation, und wer sich dicke tat, erfuhr seinen Spott – etwa Wolfgang Schnur, der machtgeile Chef des Demokratischen Aufbruchs (DA), der dem Wahlvolk Cola-Dosen schenkte, dazu den Spruch: »Vor Ihnen steht der künftige Ministerpräsident.« Oder Pfarrer Hans-Wilhelm Ebeling, DSU-Vorsteher, mithin CSU-Filialleiter Ost und post festum der größte Zerschmetterer der SED; zur Wendezeit hatte er vor den Leipziger Demonstranten noch die Tür seiner Thomaskirche verrammelt. Und Ibrahim Böhme, der Operettenprinz der SPD – sie alle lachte das Volk sich zurecht. Aber nun braust die Westprominenz durchs Land und plättet die zarten Triebe der hiesigen Demokratie. Wer fragt nach dem Parteiprogramm, wer denkt an Verfassung, Nato-Beitritt, Ost-Kultur, wenn Hans-Dietrich Genscher in Halle trompetet: »Wie könnte ein Hallenser Halle vergessen!« (JAAA!!) Nächste Station: »Ich grüße die Bürger der deutschen Stadt Erfurt!« (JAAA!!) »Ich grüße die Bürger des deutschen Landes Thüringen!« (JAAA!!) »Thüringen gab es lange vor der DDR, und Thüringen wird es nach der DDR geben!« (JAAAAA!!!)

Ekel: Einer Masse, die sich neuerlich so unterwarf, wollte ich nicht angehören. Ein Volk, das seine Geschichte wegschmeißt, kann keine Zukunft haben. Geschichte, das meint nicht altdeutsche Abkunft, sondern Biographien, Milieus, DDR als Lebenswelt. Das sollte der PDS überlassen bleiben? Dann kam Genscher auch in unsere kleine Stadt am Harz. Hernach schrieb Vater in sein Tagebuch: »Der ganze Markt schwarz von Menschen bei Dauerregen. Viel Beifall, Hochrufe und Schwenken schwarz-rot-goldener Fahnen. Genscher ein guter u. geschickter Redner, der die Menschen zu nehmen weiß.«

Stoltenberg in Bad Doberan, die Grenzen der Realsatire forsch attackierend, weil ihm das Vaterländische mißrät. Kohl allüberall; wir schweigen. Rau in Stendal: pastoral, doch wenigstens brüllt er nicht wie Waigel, sondern warnt, die Wahl sei noch nicht gewonnen für die SPD (Prognose vom 17. Februar: 36 Prozent SPD, 7 Prozent Allianz für Deutschland aus CDU/DA/DSU, 5 Prozent PDS, 45 Prozent unentschlossen). Ach, und auch Willy Brandt ist unterwegs, Respekt und Rührung produzierend – aber Mehrheit? Brandts Erfurter Begleiterin Rosemarie Bechthum entsann sich in der ARD-Dokumentation »Chronik der Wende« ihrer sozialdemokratischen Sorgen beim Willy-Besuch. Erstens, was zieht man an? »Ich hab mich dann mit meiner Freundin beraten, und die sagte, du, ich leih dir meine neue Bluse, und auch meinen neuen schwarzen Hosenrock dazu, das ist zur Zeit ganz aktuell. Das hatte sie auch aus den alten Bundesländern geschenkt bekommen, da war ich sehr froh.« Dann die nächste Hürde: Essen mit Willy. »Die vielen Bestecke, die unterschiedlichen, und dann das Körbchen mit dem Brot, und dann war da auch noch Butter dabei. Wie geht man nun um? Wie ißt man nun? Welches Glas nimmt man nun? Da habe ich den Willy Brandt beobachtet und hab das dann einfach so nachgemacht.« Trotz dieser schönen Anpassungserfolge entging Frau Bechthum nicht, daß Brandt, der Erfurter Redivivus von 1970, keinen Kohl-Applaus bekam. Die alten Meriten, die Ostpolitik, die historische Unschuld der SPD – das war Geschichte, Archiv, nicht Wahl 90. Wir wollen die Westwirtschaftspartei!

Ein prächtiges Beispiel christdemokratischen Feinschliffs am Wähler hat »Chronik der Wende« von Heiner Geißler überliefert: 16. Februar, früh halb sechs vor dem Ostberliner Kabelwerk Oberspree. Da, der Arbeiter naht, Geißler desgleichen: Wie sieht's denn aus im Betrieb, läuft's noch?

Läuft noch, sagt der Arbeiter.

Läuft noch?

Läuft noch.

Kabelwerk ist ja auch 'ne bekannte Geschichte.

Umm, umm. Hat Tradition.

Hat Tradition, hat auch 'n guten Ruf, das ist ganz klar, nicht? Das läuft mit Sicherheit auch weiter. Sagense auch mal den Kollegen, sie brauchen keine Angst haben, ich hör da so Dinge.

Da muß auch 'n richtijes Signal kommen, behauptet unser Mensch.

Geißler: Wenn umgestellt wird, da müssen die Gesetze, die Renten müssen da richtig, das geht aber auch.

Na, wolln wa hoffen.

Alles Gute, gell? (Händedruck. Beide ab.)

»Kundgebung« rief es am 24. Februar von Seite eins des »Neuen Deutschland«. »Für eine souveräne DDR im Einigungsprozeß, gegen Vereinnahmung, gegen Sozialabbau«. Darunter, unglaublich: »Bürger, die den Wunsch haben, auf der Kundgebung zu sprechen, melden sich bitte telephonisch unter Berlin, 2071003.« Ich rief an.

Dann stand ich auf der Bühne. Nacht war, der Lustgarten rappelvoll bis hinüber zum Ministerrat, und ich entbot der Menge zwei frisch geschlüpfte Sätze von Markus Meckel/SPD: »Wir suchen die Macht. Wir wollen sie, denn wir sehen keinen, bei dem sie besser aufgehoben wäre als bei uns.« Die Nacht brüllte vor Wonne, mich grauste. Das war nur ein schreckliches Zitat! rief ich dem Meckelschen Machtwort nach und hielt dann – Beifall gab es keinen – meine Bußpredigt an die alte Diktaturpartei, die so schnell, wie sie tat, keine neue werde, aber zu ihrer Geschichte stehen müsse wie das ganze Land.

Was willst du? schrie die Nacht herauf. Ich sagte: Unser Stalinismus brauchte nicht nur seinen Unterdrückungsapparat, er brauchte auch sein Volk von Mitläufern. Was man verdrängt und nicht bewältigt, das wird man wiederholen. Ich fürchte die Konterrevolution durch kollektive Verdrängung, und es scheint, wir sind schon mittendrin. Und deshalb möchte ich, daß es in unserem Land eine politische Heimat gibt für jene Tapferen, die sagen: Wir waren es. Wir haben es mitgemacht, so oder so. Es reut uns, und wir trauern. Aber da sind noch unerprobte Ideale: ein wirklich demokratischer Sozialismus. Im Vertrauen auf die Besserlichkeit des Menschen wähle ich am 18. März die PDS.

Das war sehr jungromantisch, aber schließlich hatten wir immer noch Revolution, und wie anders als mit diesem Versprechen konnte ich meine Predigt befestigen in den dunkelroten Herzen?

So nahte der große Tag. Zuvor, am 2. März, spielte Helmut Kohl noch mit Pandoras Büchse. Die polnische Westgrenze werde nur anerkannt, falls Polen förmlich auf alle Reparationsforderungen verzichte. Genscher schlug Krach, Kohl zog zurück. Und am 14. März, vier Tage vor der Wahl, mußte Kirchenanwalt und DA-Chef Schnur seine 25jährige Stasi-Mitarbeit gestehen (»Mein Wirken und Dienst galt stets den Verfolgten, Unterdrückten, den Bedrängten, den Hilflosen. Durch mein Wirken ist kein Schaden...«). Auf der Leipziger Pressekonferenz der Allianz für Deutschland klärte Kohl, längst informiert gewesen, brutalstmöglich auf. Journalistenfrage: Herr Bundeskanzler, wie lange wollten Sie denn ursprünglich warten mit dieser Nachricht? Bis zum Sonntag? – Kohl: Wie können Sie denn überhaupt in diesem Zusammenhang zu der Frage kommen, das hätte bis Sonntag aufgeschoben werden müssen? – Journalist: Was hat der Mann ganz genau, konkret, an Informationsarbeit für den Staatssicherheitsdienst geleistet? – Brigitta Kögler (DA): Er ist Mitarbeiter der Staatssicherheit in den vergangenen Jahren gewesen. – Kohl: So, das genügt auch. – Peter-Michael Diestel (DSU): Danke. Noch Fragen? – Kohl: Nein.

Dann wallte er hinaus, vors Volk der hunderttausend Heldenstädter, und rief uns zu, die Einheit sei greifbar nahe. (HELMUT, HELMUT!) »Es stehen Tausende von Unternehmungen in der Bundesrepublik bereit, weltweit operierende Konzerne und kleine Handwerksbetriebe, hierherzukommen...« – Deutschlandlied.

Die Wahl: Allianz für Deutschland 47,8 Prozent (CDU 40,6; DA 0,9; DSU 6,3); SPD 21,8 Prozent; PDS 16,3 Prozent, Liberale 5,3 Prozent; Bündnis 90 (Neues Forum, Demokratie Jetzt, Initiative Frieden und Menschenrechte) 2,9 Prozent. Allianz und PDS jubeln, die SPD ist zerstört. Die Bündnis-Bürgerrechtler wissen wieder, was sie immer wußten: daß sie einzelne sind, nicht das Volk. Stefan Heym, der Ost-Weise vom Dienst, gratuliert »dem Doktor Kohl«, obschon er mit ihm nicht tauschen mag. »Denn nun wird er zu liefern haben, was er alles versprochen hat.«

Kohl appelliert ans DDR-Volk, im Lande zu bleiben. Dort aber, wo das Volk wohnt, in Thüringen, hat der glückliche Zecher aus dem Dorfkrug seinen sozialdemokratisch deprimierten Seelenhirten endlich eingeholt: Herr Pfarrer, Deutschland, mer hamm gewonn! De DDR hat de Kirche gewählt!

März 2000

In der Niemandszeit

Drei Kapitelchen über die ostwestdeutsche Ungleichzeitigkeit

1

Acht Sommer Seebad Heringsdorf, 1982 bis 1989. Folgendes geschah: 1983 gab es keine Kaffeesahne auf der ganzen Insel Usedom. 1986 wurden die Strände von Millionen Marienkäfern besetzt. Ansonsten bleibt die Erinnerung undatiert. Die Zeit stand still im Paradies der Villen und des salzigen Windes, der jahrein, jahraus durch die fügsamen Kiefern fuhr. Gleichmütig lagerte das Meer. Über den Horizont schlich die endlose Karawane von Schiffen, die nach Polen zogen, in den Hafen von Świnoujście; oder sie entfernten sich, verdunsteten im Silberlicht, verblinkten inmitten der Sterne. Heringsdorf war ein zyklischer Ort. Zukunft bedeutete Herbst, das Ende der Saison. Und Vergangenheit? Einst hatte das Bad als mondän gegolten: Kaisers Sommerfrische, Nizza des Nordens. Nun hießen die Feriendomizile »Erich Weinert«, »Camara M'Balia«, »Solidarität« und beherbergten proletarisches Volk. *Wo sich früher Herr Pfeffersack und seine Sippschaft aalten*, vermerkte ein Kurprospekt, *erholen sich heute jene, die die Werte schaffen.* Doch obwohl die Arbeiter-und-Bauern-Macht auf ewig herrschen würde, endete an der Ostsee die DDR. Am Meer ist Freiheit, und ein Meer bedeutet alle Meere.

1998. Die zyklische Ostzeit ist wieder Geschichte geworden. Aber welche, und wessen? In Heringsdorf, hörte man, sei der Kapitalismus explodiert. Der Kanzler, las man, habe dort gerade wahlgekämpft und den Ort zur blühenden Landschaft erklärt. Da, ein PDS-Fax: Gregor Gysi kommt nach Heringsdorf! Nichts wie hin. Gysi vor blühender Landschaft, das müssen wir erleben.

Die Usedomer Inselbahn ist immer noch ein Blümchenpflücker, der Heringsdorfer Bahnhof altvertraut. Aber das Zentrum: gläserne Handelskapellen, grellweiße Jugendstilfassaden. Hotels, Hotels. Das Kulturhaus: Spielbank. Neuzeitliche Massagen sind zu haben, wo einst Schwadronen von Wespen Bäcker Vielhabers Bienenstich attackierten. Schuster Jänisch hämmert noch in seiner Hütte. Der Konsum steht leer, die alte Eisdiele ist verschwunden. Brümmels Kino wurde *Kaiserpavillon*, wie überhaupt die Zukunft wilhelminisch einmarschierte. Heringsdorf, Bansin und Ahlbeck nennen sich nun *Kaiserbäder*, die Kegelbahn heißt *Bowling-Kaiser*, die neue Seebrücke *Kaiser Wilhelm*, das Lachssteak desgleichen, und untertänigst schaudernd gedenkt man des SED-Unrechtregimes, als man zum *Kaisergemüse* noch Blumenkohl und Mohrrüben sagen mußte.

Was blieb? Das Ostvolk. Sächselnd und berlinernd wie zu allen Zeiten promeniert es, vertilgt Eis, Wurst und Bier, kleckert Burgen am Strand und strömt zum Kurplatz, als die Musike beginnt: *Das ist immer noch mein Land*, der Wahlkampf-Rap der PDS. Da, jetzt besteigt der Star die Konzertmuschel. Gysi spricht frisch. Kein Ostgejammer, kein weher Balzruf nach der DDR. Lob fürs Gelungene der Einheit: Stadtkernsanierungen, Infrastruktur. Aber die Arbeitslosigkeit. Die sozialen Verwerfungen in Deutschland, unverkraftbar für die Gesellschaft. Die aberwitzigen Verdienste in der Wirtschaft, durch keinerlei Leistungsprinzip zu rechtfertigen. Die Asozialität des Kapitals. Daimler-Benz zahlt keine Mark an Steuern, und 100 Milliardäre gibt es in der Bundesrepublik.

Aaaah, stöhnt eine alte Dame vor Entsetzen. Betroffene Andacht ringsum. Sogar die rechten Glatzen haben ihre Trillerpfeifen weggesteckt und hören zu. Gysi empfiehlt, sie sollten mal vor der Deutschen Bank aufmarschieren statt vor den Asylantenheimen. Die Glatzen schieben ab, gewiß zur Deutschen Bank. Gysi fordert Vermögensabgabe und Umverteilung von oben nach unten. Sieben Jahre, ruft er, sah es so aus, als ob der Westen den Osten hochzieht. Das ist vorbei. Jetzt zieht der Osten den Westen runter. Die Menschen in den alten Bundesländern sollen darauf achten, was im Osten ausprobiert wird an Sozialabbau und Auflösung des Flächentarifvertrags. Dulden Sie keine Entsolidarisierung zwischen Ost und West! Helfen Sie dem

Gerhard Schröder! Am 27. September beide Stimmen für die PDS! Die SPD braucht Druck von links, sonst vergißt der Gerhard Schröder glatt, wer August Bebel war!

Gelächter, Beifall, Autogramme. Einer klatscht nicht, ein älterer Mann, der hat die ganze Zeit ein Schild hochgehalten, Wellpappe am Besenstiel, krakelig bemalt: GYSI GERICHTLICH ANERKANNTER STASISPITZEL. Schon mit achtzehn habe er demonstriert, am 17. Juni 1953 in Berlin. Verhaftung, vier Jahre Zuchthaus, dann raus, nach Westen, jetzt endlich rehabilitiert. Aber die Zeit zwischen Räubern und Mördern, die brächte ihm keiner zurück.

Haben Sie den Kanzler hier auch reden hören?

Jaja. Der macht's mehr so väterlich, der Kohl. Der Gysi sagt's direkter. Hat ja in vielem recht, der gute Mann. Aber warum sagt er nichts von den Geldschiebereien der PDS?

Wen wollen Sie wählen?

Ich weiß ja nicht, ob der Schröder das Gelbe vom Ei ist. Die ganzen neuen Bauten hier, alles Abschreibungsobjekte, damit bringen die Reichen ihre Steuern auf Null. Am besten wär's, wenn die Volksmeinung mal so richtig aufsteht.

Gysi nachts beim Bier: Falls ich meinen Wahlkreis gewinne, dann sicher nicht wegen, sondern trotz meiner Asylrechtsposition.

2

Ist die Volksmeinung denn noch nicht genug aufgestanden am 26. April 1998 in Sachsen-Anhalt mit 12,9 Prozent für die DVU? Deutschlands seltsamster Ministerpräsident, der Magdeburger Reinhard Höppner, hat danach einen dunklen Spruch getan: *Im Osten gehen die Uhren anders.* Umfragen zufolge fühlen sich Ostdeutsche zunächst als ostdeutsch, dann als deutsch. Paradoxerweise war es vor der Wende umgekehrt. Was ist passiert mit diesem Volk? – Es wurde, es wird nicht gebraucht. Der Westen empfand und empfindet sich als komplettes Deutschland. Mit dem Osten teilt er keine Gegenwart. Der Osten ist nicht Ausland, nur Protektorat, doch das Geld, das von West nach Osten fließt, heißt grenzbewußt *Transfer.* Wie heißt das Geld, das die Westwirtschaft auf ostdeutschen Märkten verdient?

Den Osten denkt der Westen sich als prämoderne Russenbrache. Keine Oststimme in der Goldhagen-Debatte? Kein Ostwort zum Holocaust-Mahnmal? Das fällt im Westen gar nicht auf. Das flattert und kräht nach *Berliner Republik, Generation Berlin, Hauptstadt-Tempo,* rattatta. Rings um Berlin ist Osten, ein stummes Land, ein schweigendes Volk. Es fährt rabiat Auto; das weiß der Westen. Es frißt und trinkt, es baut und kauft. Es hat eine Binnenkultur bis hin zur eigenen Fußball-Liga. Es bedient sich des Rechtsstaats und verachtet die parlamentarische Demokratie als Schattenboxen. Früher drohte dem Ostvolk die SED: *Die Machtfrage ist geklärt.* Das ist sie auch heute. Banken und Konzerne stehen nicht zur Wahl. – Aber doch ein Staat, in dem die Wirtschaft der Gesellschaft dienen möge, nicht umgekehrt.

Die Ungleichzeitigkeit von Ost und West gedeiht überall, wo der Westen den Osten weder als deutsches *Alter ego* noch als gleichaltrig begreift. Ost und West sind aber Kinder desselben deutschen Kriegs, und das eine konnte werden, was das andere deshalb nicht war. Beider Anspruch auf deutsche Geschichte ist halb. – Und auf Moral? – Natürlich ist Demokratie das bessere System. Wie sehr und wie wenig aber auch in Diktaturen die Geschichten von Regime und Individuum übereinstimmen, hat gerade wieder Martin Walser in »Ein springender Brunnen« beschrieben. Und ins Heute orakelt: »Wir überleben nicht als die, die wir gewesen, sondern als die, die wir geworden sind, nachdem wir waren.« Und: »Ist jetzt im Vorbeisein mehr Vergangenheit oder mehr Gegenwart?« Erzählung unterspült Ideologie. Auch die krummste Zeit begradigt sich zum Lebenslauf. Jede Vergangenheit legitimiert eine Gegenwart; dies ist noch kein moralischer Befund.

Was macht im Osten die Rechten so stark? Nicht nur die Massenarbeitslosigkeit, auch das historische Vakuum. Hier herrscht geschichtliche Brache, Baufreiheit für radikale Ideologien, die Selbstwertgefühle erzeugen und Sozialität völkisch definieren. Sich auf DDR-Tugenden zu berufen ist dem Osten durch christdemokratische Westdoktrin verwehrt: Da sei nur *die zweite deutsche Diktatur* gewesen, deren Totalitarismus lediglich begreife, wer in jeglichem Detail das teuflische Ganze erkenne, den kompletten Stalin in jedem subventionierten Viertel Quark. Ältere, deutschnationalistische Texturen scheinen dagegen willkommen. Wer vom *Kaiserbad* Heringsdorf nach Norden fährt, findet in Peenemünde die Entwicklungsanlagen von Hitlers *Wunderwaffe* V2, heute schöngeistig umgewidmet zur *Wiege der Raumfahrt.*

Man nennt, was in Heringsdorf so beispielhaft vonstatten geht, Restauration. Und steckt im Prinzip *Rückgabe vor Entschädigung*, in den Attacken wider die Bodenreform nicht auch westliche Begierde, der Zweite Weltkrieg sei nur auf Zeit verloren worden? Ist die gänzliche Bestreitung eines DDR-Antifaschismus analytisch oder reaktionär? Nicht der Antifaschismus war schlecht, aber daß er nicht erkämpft wurde im Streit der Generationen, sondern staatlich aufgestülpt: ein Medium zum Verschwinden ostdeutscher Nazivergangenheit. Seine westliche Entsprechung hieß Antikommunismus. Immanuel Kant zufolge gleicht der Klang von 100 eingebildeten Talern völlig dem von 100 echten, und so hat der staatsdoktrinäre Antifaschismus der DDR Millionen ihrer Bürger human grundiert, so wahr spätestens seit Stalins Schlächtereien Antikommunist auch zum Ehrentitel taugt. Diesen echten, individuellen Ost-Antifaschismus zu diskreditieren schafft Aufmarschplätze für rechts. Die christdemokratische *Äquidistanz* zu linkem und rechtem Extremismus ist ehrenwerte Theorie und schuldhafte Praxis, wo man, statt die Ausmaße rechter Subkultur zu begreifen, linke Gegenextremisten bastelt. Punks erschlagen aber keine Neger, und der Osten wird nicht rot. Er bräunt rapide. Die bürgerliche Ostgesellschaft hat kaum eigene Strukturen und Autoritäten zur Gegenwehr. Rechts sein ist Pop. Jungvolk marschiert, da muß der Kanzler unermüdlich vor den Kommunisten warnen, wie ja auch Genosse Schröder sicher einer ist und dieser Höppner sowieso.

Reinhard Höppner ist ein Pfadfinder der deutschen Einheit und, wie Gregor Gysi, ein Fähnleinführer ostdeutscher Emanzipation von westdeutschen Parteizentralen. Höppners PDS-tolerierte SPD-Minderheitsregierung steht in der sozialdemokratischen Erfolgsgeschichte des *Wandels durch Annäherung*. Zugleich hat Höppner östliche Politikerfahrung in bundespolitische Dimensionen überführt. Das war von anderem Kaliber als Manfred Stolpes brandenburgisches Identitätsgebrummel. Höppners Magdeburger Modell taugt nicht für Bonn, denn: *Im Osten gehen die Uhren anders.* Das ist meine größte Hoffnung für den 27. September: Ost und West mögen ihre Uhren auf dieselbe neue Stunde stellen.

3

Halb zwölf zeigt das starre Zifferblatt
Am Stumpf der Türme der zerstörten Stadt
Halb zwölf, oh helle lebensfrohe Stunde
Im Sonnenglanz des knospenden April
Halb zwölf, oh dunkler Ruf aus Todesgrunde …

Auf einer Bühne steht ein Redner, dem verschlägt's die Stimme. Ihm zu Füßen spenden Tausende ergriffen Applaus. Der Redner ist Johann Peter Hinz, Bildkünstler, seit 1990 Stadtpräsident von Halberstadt. Ich könnte vor Freude heulen, sagt Hinz und tut's. Unsere geliebte Stadt. Ein herzkranker Patient. Wenig Hoffnung wurde ihm gegeben. Aber der Aufenthalt auf der Intensivstation hat unerwartete Lebenskräfte geweckt. Und heute kann der Patient als geheilt entlassen werden.

Halberstadt, die schöne, die Vaterstadt, ein Rothenburg am Harz geheißen bis zum 8. April 1945, als der deutsche Krieg auch hier nach Hause kam. 2000 Menschen starben unter Trümmern und im Feuersturm der Phosphorbomben. Die Zeiger der Martinikirche schmolzen fest auf 11.28 Uhr. Wo die Fachwerk-Altstadt nicht verbrannte, verluderte sie in 40 Jahren DDR. Der SED-Staat ließ verfallen, schob zusammen, mauerte Gassen zu und klotzte Neubauten ins Revier. Statt eines Zentrums besaß Halberstadt ein riesiges Nichts.

Nach der Wende wollten auch die Halberstädter unverzüglich konsumieren wie im Westen. Die Stadtoberen behielten Nerven. Der ostübliche Monstermarkt auf der grünen Wiese wurde hier verhindert, damit ein künftiges Stadtzentrum nicht veröde, wie es im Osten jetzt so oft geschieht. Europaweit schrieb man die leere Mitte zur Bebauung aus.

Außer Roland alles neu: Halberstadt am 3. September 1998

Bedingung: Das neue Zentrum müsse Historie zitieren und den alten Grundrissen folgen. Und Wunder: Da steht's, nach 16 Monaten Bauzeit, nach 53 Jahren Wüstenei. Der Fischmarkt, schön gepflastert, die spitzgiebelige Buchhandlung Schönherr wie zur Gründung 1903, die Mittelstandszeile mit dem Stelzfuß-Eck, der Holzmarkt mit sprudelndem Brunnen, das Rathaus, schiefergedeckt – nagelneu und doch aller alten Zeiten eingedenk, denn vor gotischer Sandsteinfassade träumt wieder der sanfte Roland in 565jähriger Melancholie. Rosen liegen zwischen seinen Füßen.

Wem ist all dies zu danken? Der Einheit. Der Marktwirtschaft. Der Westfirma Wertkonzept. Deren Chef Reinhard Müller wollte zwar billiger bauen als für 180 Millionen – weniger historisch. Er drohte mit Ausstieg, donnerte Türen im Bauausschuß, kehrte reuig wieder und nimmt nun selbst

Wohnung in Halberstadt. Die Halberstädter hatten die Geschichte, Wertkonzept hatte das Geld. Verloren wird's nicht sein. Eher muß man bangen, wie sich die kleinen Geschäfte gegen die mächtigen Wertkonzept-Untermieterketten Promarkt, Wegert, C & A et cetera behaupten.

Das sind morgige Sorgen. Heute nacht gleißt und böllert Feuerwerk, und zum Jubel der Händelschen Musik schiebt durch die altneuen Gassen dicht gedrängt das Volk: lehmschwere anhaltinische Gesichter, selig, stumm, erlöst. Am anderen Vormittag geht das Fest weiter. Johann Peter Hinz weist zur Martini-Uhr empor, wo nun unter neuen Zeigern die alten für immer Halberstadts schlimmste Stunde bewahren. Die Glocken läuten, und Hinz spricht Kurt Klamroths Verse von 1945 zu Ende:

Halb zwölf. Des Lebens lichte Mittagszeit
Sie findet über Trümmern und Verwesung
Zu neuem Wachstum gläubig uns bereit
In frühlingsstarkem Willen zur Genesung.
Halb zwölf. Uns schlug der Tod, die Zeit in Bann.
Das Leben löst ihn. Blicket auf. Packt an.

September 1998

Gezeitenwechsel

27. September 1998: Ein Wahlsonntag zwischen Hoffen und Bangen

Könnte es denn passieren, daß er nicht wiedergewählt wird?

Die Klasse kichert und dreht sich nach dem Frager um. Dann grienendes Schweigen, erwartungsfroh. 23 anhaltinische Bauernkinder belauern ihre Lehrerin.

Wie kommst du denn darauf?

Na, es wäre doch möglich, daß diesmal ein anderer die meisten Stimmen kriegt.

Nein, sagt die Lehrerin langsam und reckt das Kinn, nein, das wäre nicht möglich.

Aber warum nicht?

Weil Walter Ulbricht der Beste ist. Der Reifste. Er hat die größte Erfahrung im antiimperialistischen Kampf. Oder möchtest du das bezweifeln?

Aber *theoretisch* könnte doch jemand ...

Theoretisch könntest du heute nachmittag die Übertragung vom Parteitag hören und deine Theorie anhand der Praxis überprüfen.

Samstagnachmittag am Röhrenradio. Keine Musik. Keine Fußballoberliga-Konferenzschaltung. Endlos rhabarbern die Psalmisten der Ideologie. Beifall, Rhabarber, Beifallssturm. Dann, nach Stunden, der entscheidende Satz: ... *brauche ich wohl kaum zu sagen, daß zum Ersten Sekretär der Sozialistischen Einheitspartei Deutschlands einstimmig unser hochverehrter Genosse Walter Ulbricht wiedergewählt wurde!*

Macht bleibt Macht, das ist ostdeutsche Ur-Erfahrung. Abwahl gelingt nur dem Tod. Honecker verdrängte Ulbricht 1971, doch begreiflich wurde dessen Sturz erst am 2. August 1973, als auf allen Zeitungen der DDR, von schwarzen Balken umsargt, das Porträt des Alten Lächlers prangte und daneben das finale Bulletin der Ärzte. So schieden auch die Zaren Breschnew, Andropow und Tschernenko.

Die Selbstachtung verbot zu zeigen, wie man diese Abtritte genoß. Die Fernseh-Trauerkarawane schlich in Richtung Kremlmauer. Überall in Lenins unendlichem Reich heulten die Sirenen. Tschernenkos Witwe warf sich auf die Leiche ihres Mannes und schlug über seiner Stirn das Kreuz. Aber die Macht lebte. Sie inkarnierte sich nur neu.

Dann kam Gorbatschow.

Dann kam der Herbst 1989, die friedliche Revolution. Sie war schön, solange es noch was zu stürzen gab. Und die Demonstrationen begannen immer pünktlich.

Dann ging die Mauer auf. Furchtbare Unordnung riß ein. Runder Tisch, Dritter Weg, Stasi-Hysterie und immer noch kein Westgeld.

Dann, endlich, kam Helmut Kohl und installierte wieder staatliche Autorität. Demselben Kohl hatten westdeutsche Ostbesucher seit Jahren den baldigen Rücktritt prophezeit. Unfähig sei er, eine Witzbirne, und Rot-Grün das sichere Ergebnis der nächsten Wahl. Jetzt war Kohl *Kanzler der Einheit*. Ja, er schien zu glauben, die ostdeutsche Revolution sei, falls nicht sogar von ihm begonnen, so doch restlos vollendet durch seine geschichtliche Tat. Und also nichts anderes gewesen als ein Präludium zur Kohlschen Reichseinigung.

»Kohl ist nicht der Kanzler der Einheit, so wie Bismarck seinerzeit der Kanzler der Einheit, nämlich der Architekt der kleindeutschen Lösung war«, schrieb Jens Jessen in der »Berliner Zeitung«. »Kohl stand sozusagen nur als erster am historischen Büfett, aus natürlicher Verfressenheit, und hat instinktsicher zugepackt.« Nachträglich lehrt zwar jegliche Geschichte, daß es kommen mußte, wie es kam. Schreiben darf sie aber, wer die Gegenwart besitzt. Mit Lenin: Die Idee wird zur materiellen Gewalt, wenn sie die Massen ergreift. In frappierender Weise hat die Kohlsche Geschichtsschau die Massen ergriffen. Kohl, der glaubensstarke Einheitsdeutsche, beschämte alle, die sich mit der Teilung abgefunden hatten. In der Ikonographie von Ost und West posiert Helmut Kohl als Beendiger der Nachkriegszeit. Menschlich ist es zu begreifen, daß er auf diesem Feldherrnhügel Wurzeln schlug. Leider dachten die Ossis, Generalissimus Kohl, da er die Weltgeschichte lenkte, vermöchte Gleiches mit der deutschen Wirtschaft.

Unablässig dreschen Erfolg und Desaster der Einheit aufeinander ein. Ja, der Westen hat im Osten gigantisch investiert. Ja, der Westen hat sich am Osten ungeheuer bereichert. Die Landschaften blühen, beweisen die CDU-Plakate. Die Opposition beziffert die Arbeitslosigkeit. Die Pastoralen beklagen die Mauer in den Köpfen, die Agilen bestreiten sie. Die Formalen schließlich erklären alles für geeint, was deutschdeutsch zu einen nötig war, weil das Instrumentarium des parlamentarischen Rechtsstaats nun hüben und drüben dasselbe ist. Jetzt muß man's nur noch richtig bedienen.

Voller Bauch – gute Politik, sprach einst weise wie ein Kanzler Klettermaxe Arnim Dahl; leerer Bauch – schlechte Politik. – Solange die Marktwirtschaft zum allseitigen Vorteil funktioniert, tut das auch die Demokratie. Wenn nicht, dann nicht. Das ist der Osten im Herbst 1998: politisch labil, zynisch, resigniert wie vor der 89er Wende. Hohn und Spott über die Scheindemokratie. Dumpfes Orakeln vom großen Knall. Die Wahrheit hat sich wieder im Privaten verbarrikadiert. Fenster zu, Türen dicht, draußen steigt die Flut. Hakenkreuze, Glatzen überall.

Fahrt durch Südbrandenburg, abseits der großen Straßen. In den Dörfern plakatiert meist nur eine Partei: DVU. Wir kommen in den kleinen Ort, dessen Menschen wir seit Jahren freundschaftlich verbunden sind. Hallo und Willkommen! Das neue Haus wird gefeiert, die Stimmung ist prächtig, das Leben schön, sofern es nicht die Ortsgemarkung überschreitet. Aber die Politiker! Schleimscheißer, Verbrecher, der Kohl, der Schröder genau nicht anders, kriechen den Konzernen hintenrein, da kommste nicht ran, die kannste ja nicht wählen, Kopper, Schrempp und dieser Gestörte von VW, Eigentum verpflichtet, ick lach ab. Und die Ausländer ruinieren die deutschen Löhne, und die Asylanten, und die Kinderschänder laufen frei herum. – Zur Mitternacht gibt dann Volkes Stimme ihre Regierungserklärung ab: GRENZEN DICHT! AUFRÄUMEN! DURCHGREIFEN! TODESSTRAFE, BEI DEN AMIS KLAPPTS DOCH AUCH! UMLEGEN, DANN IS RUHE IM PUFF!

Diese Menschen hat er einst erreicht, der Kanzler Kohl, und er besuchte sie immer wieder, auf den Märkten der kleinen Städte. Spitzgiebel, niedrige Traufen, am murmelnden Brunnen die Linde. Es brät die Wurst, es rinnt das Bier, das Kirchlein schlägt die Stunde. Deutschland, sagt Helmut Kohl, wie nur er es kann. Geschenk der Einheit, viel geleistet, schauen Sie sich um. Stolz sein können. Nicht kaputtreden lassen. Blühende Landschaften, obwohl auch ich. Arbeit, alle miteinander, wenn, Gott, Vaterland.

Das ist das Heimatdeutschland Helmut Kohls, und wer es kennt, wird wissen, daß Kohl hier eine Art von Wahrheit intoniert: die nichtterminologische Erfahrung der Provinz, die seit jeher jenseits dessen lebt, was die arroganten Metropolen unter Politik verstehen. Wieder schlägt die Kirchturmuhr, und all die sogenannten kleinen Leute, die Kittelschürzen, Beulenjeans und abgewetzten Anoraks, spenden Kohl ein letztes Mal ihren mürben Applaus. Und obschon sie keine Arbeit haben, ist er doch der Kanzler, und der andere, hat der Kanzler gesagt, ist ein Scharlatan, der gar nicht das Geld hat zu halten, was er alles verspricht.

Der andere beendet seinen Wahlkampf in Berlin, im Velodrom an der Landsberger Allee. Das Volk strömt reichlich, vorbei an den riesigen Postern des Kandidaten. Erfolgskinn, azurblauer Mörderblick – ja, der schlägt Kohl und nicht sich selbst wie die früheren Sozis. Da wir im Osten sind, spielen im Vorprogramm die Altrocker von City. Joro Gogow geigt bulgarisch, Fritze Puppel klampft, und Toni Krahl brüllt wie damals im Dämmer der vorigen Revolution: *Unter der Haut, da stöhnt das Blut so laut*, das Blut, das bitterschwere ostdeutsche Slawenblut. Da, jetzt erscheint der andere – nicht allein. Im silbernen Licht erstrahlt sein Schattenkabinett und lacht und winkt: Naumann, Riester, Thierse, der Ossi-Bär, und all die anderen Frauen und Männer der *neuen Mitte*. Oskar Lafontaine hält eine bretternde Rede für Steuergerechtigkeit und gegen ein Europa des Kapitals. Wenn das Sprichwort *Lügen haben kurze Beine* wahr wäre, ruft Lafontaine, dann könnte die Regierung Kohl unterm Teppich Fallschirm springen! – Jubel bis hart an den Rand des Machtwechsels.

Dann endlich Schröder. Hebt beide Arme zum Gruß. Orgelt gewaltig los. Liebe Freundinnen und Freunde! ruft er ohne Unterlaß und ringt betend die Hände. Innovation! Leistungsprinzip auch für oben! Materielle Barrieren verhindern Durchsetzung von Chancengleichheit! Wir werden das ändern, liebe Freundinnen und Freunde! Aber ich will Wahlen gewinnen, keine Umfragen! Gehen Sie zur Wahl! Und nehmen Sie auch Omma mit, jedenfalls wennse SPD wählt!

Zweierlei merkt man: Schröder will eine lupenrein sozialdemokratische Rede halten. Und: Lafontaine ist der Boß. Schröder spricht, wie Mick Jagger singt: mit gepumpter Emotion. Die 9000 jubeln ihm zu, immer wieder winkt er samt den Seinen, und Anne Haigis schmettert (playback): *Kannst du spürn, daß der Wind sich dreht?* Und Scharping, Schily, Müntefering schunkeln und wogen wie ein überreifes Kornfeld vor blutroter Sonne im sich drehenden Wind. Oh daß man auf der Stelle wählen dürfte!

Ein seltsamer Wahlkampf ist das gewesen. Auch ich erlag den Designstrategen, die als Programm die Kandidatenköpfe präsentierten. Auch meine Wechselargumente reduzierten sich peu à peu auf: Kohl muß weg! Schröder wäre ein Signal! – Wofür denn, in einer Großen Koalition? – Für Sozialität, gegen die Anbetung des Kapitals. Mit Hohn sehen die Ostdeutschen, wie die Ideologie des freien Marktes paßgerecht in die Leerstellen der SED-Staatsdoktrin eingerückt ist, als habe die Gesellschaft für die Wirtschaft dazusein. Es ist umgekehrt.

Aber ich dachte gar nicht oft an Lohnfortzahlung und Spitzensteuersatz. Ich dachte an Geschichte. Es möge, wünschte ich, in Ost und West am selben Tag etwas Neues beginnen. Gleichzeitigkeit sollte werden zwischen Ost und West. Und Schluß sein mit der christdemokratischen Bemündelung des Ostens, der keine eigene Geschichte habe als nur die der verbrecherischen SED, heute PDS, was ja dasselbe sei. Ich ertrug nicht länger die ahnungslos dümmelnde Selbstgerechtigkeit der CDU, die immer noch und noch einmal den Kalten Krieg gewinnen will. Ulbricht mußte weg!

Helmut Kohl hat die Ostdeutschen paternalisiert. Akzeptieren, von gleich zu gleich, konnte er sie nicht. Die Einheit vollzog und empfand er als Anschluß. Der Aufbau Ost wurde, auch ideologisch, zum Nachbau West. Es gelingt aber keine selbstbewußte Demokratie mit importierter Identität. Die weisen Römer beließen den beigetretenen Völkern die eigene Religion. Die SPD-Geschichte dokumentiert ein ungleich empfindsameres Ostsensorium, von Willy Brandt in Erfurt über Egon Bahrs *Wandel durch Annäherung* und Helmut Schmidts Ost-*Politik der kleinen Schritte* bis hin zum gemeinsamen SPD/SED-Papier, dieser wundervollen Zitiervorlage für DDR-Oppositionelle. Zudem hat die SPD ein Gedächtnis für ihren eigenen langen Kampf um alldeutsche Akzeptanz.

Am Sonntag früh um 8.01 Uhr habe ich Helmut Kohl abgewählt, hier in Berlin-Pankow. Ich wünschte Rot-Grün. Und auch noch die PDS in den Bundestag. Am Nachmittag bin ich dann mit dem Schreibzeug in die Schönholzer Heide gelaufen, zum sowjetischen Ehrenmal. Berlin hat viele Orte, an denen man den steten Wechsel der Gezeiten spüren kann, die Torheit der Ideologien, auch wenn sie Jahrzehnte regieren. Hier, unter dem Obelisk, zu Füßen der russischen Mutter Heimat mit dem toten Sohn, weiß man ganz sicher, daß sich Geschichte nicht zur Sieg-Sportart eignet. Auch die neowilhelminische Welthauptstadt der künftigen *Berliner Republik* wird das erfahren.

Dann dunkelte es. Also heim, zum Fernsehapparat. Ganz Deutschland kannte schon die Zukunft, außer mir und Harald Martenstein, der im »Tagesspiegel« schrieb: Daß Helmut Kohl nicht mehr Kanzler ist, glaube ich frühestens vier Wochen, nachdem er die Wahl verloren hat. – Ich konnte es kaum fassen. Nachts dann von Party zu Party. Am größten war der Jubel bei den wilden Demokraten von der PDS. Möge sie nicht bleiben, was sie ist: *die* Ostpartei.

Noch ist der Gezeitenwechsel virtuell. Aber endlich hat die deutsche Glocke in Ost und West dieselbe Stunde geschlagen. Unsere Geschichten werden nicht dieselben, doch sie sind gleich alt. Bringen wir's zusammen, sagte Gerhard Schröder: die Tugenden der Bonner Republik und die Zivilcourage der ostdeutschen Revolution.

Bomben auf Ankara?

Ostdeutschlands Nein zum Jugoslawien-Krieg

Das ist nicht unser Krieg. Diesen Krieg führt der Westen, die Nato, das Kapital. Man kennt das Kapital. Es geht über Leichen für seinen Profit. Wer verdient denn an den Bomben und Raketen und am Flugbenzin, und wer muß bezahlen? Viele Jugoslawen mit dem Leben, wir nur mit unseren Steuern, so wahrlich man uns abermals zur Kasse bitten wird, morgen oder doch etwas später, wenn *Europa Jugoslawien helfen muß, im Kreis der Demokratien anzukommen*. Milošević ist dann tot, ersetzt durch eine Marionette Washingtons, wie ja die USA diesen Krieg überhaupt nur führen, um die erstarkende EU unter ihrer Fuchtel zu behalten. Oder nein, Milošević wird bleiben, wie Saddam, und wie 1991 werden die Amis ihren Rückzug als Sieg ausposaunen. Ihnen sind ja auch die Medien untertan, die Bilder und Daten des Krieges. Wir glauben nichts mehr. Sie haben uns so oft belogen. Die angeblich ermordeten Albanerführer, die absichtsvoll *verschwundenen* Flüchtlingsmassen, der Todestreck, von der Nato selbst bombardiert wie der Personenzug und fast auch dieses Kinderkrankenhaus. Gewalt löst keine Probleme. Wir Ostler sind die friedlicheren Menschen; das sagen wir lieber nicht, aber fragen, mal so probehalber: Wo bleiben denn die *humanitären Schläge* zugunsten der Kurden? Wo sind die Bomben auf Ankara?

Und so weiter. Ostdeutsches Stimmengewirr im April 1999.

Nach einer Umfrage der Forschungsgruppe Wahlen werden die Nato-Luftangriffe von 64 Prozent der Westdeutschen akzeptiert. Nur 40 Prozent der Ostdeutschen stimmen zu. Die Profis des zu teilenden Deutschlands haben daraus flugs totale Voten gemacht: Der Westen sage Ja, der Osten Nein. Letzteres wurde vom Westen leichthin erklärt mit dem antiwestlichen Ressentiment der Ostler, dem Mangel an Freiheitswerten, den altsozialistischen Gefühlen für Jugoslawien, dem langen *Bruderbund* mit der Sowjetunion; und schließlich walte immer noch naives Gottvertrauen in den Pazifismus frommen Stils, der schon einmal, 1989, mit Kerzen und ohne Gewalt ein Regime davongesungen habe.

Die höherwertigen *appeasement*-Argumente wurden westdeutschen Kriegsgegnern zugeschrieben: Fehlendes UN-Mandat, Potenzierung der Flüchtlingsnot nach Beginn des Bombardements, der Ruin der Belgrader Opposition – all dessen bedürfe der Osten gar nicht für sein Nein. Zu außenpolitischer *Güterabwägung* sei er nicht imstande, nur zu apokalyptischer Geschichtsklitterei: Serbien 1999 = Serbien 1914. Oder Spanien 1937, das Probefeuer für den Weltenbrand. Der Dritte Weltkrieg drohe, warnt sogar Ostdeutschlands kühlste Kassandra, PEN-Präsident Christoph Hein.

Wie man den Osten anschaut, so schaut er zurück. Er hat dem Westen aber ein Entscheidendes voraus. Nein, keine Russenliebe; und Jugoslawien, in das die DDR ihre Bürger nicht reisen ließ, galt uns als westliches Land. Wie wenig überdies der Osten einig ist, bezeugt der Kosovo-Streit in der rot-roten Schweriner Koalition. Weder besitzt die PDS ein Copyright als *die* Friedenspartei, noch applaudierten alle ostdeutschen Nato-Kritiker Gregor Gysi für seine balkanische Wallfahrt zu Milošević. Wenigen behagte dieses Photo: Gysi blickt voll Hoffnung, Schiß und Eitelkeit zum jugoslawischen Diktator auf, ehe er den Weg zu dessen Opfern sucht. Heimgekehrt, wurde Gysi vom Krakeel der Parteireflexe empfangen. Kriegsgewinnlerin PDS! scholl es im Bundestag. Heuchler Gysi schüttelt Mörderhand! Das war doch endlich ein Volltreffer nach drei Wochen Bomberei. Milošević blieb zwar intakt, aber Gysi hatte man erwischt.

Dies hier wird ratlos geschrieben, aus Ambivalenz. Ganz Deutschland scheint Partei und übt sich in der Kunst, den Sack zu schlagen statt des Esels, der man selber wäre mit seiner angestammten Ideologie. Niemand sage, er sei ohne. Wie sie sich beleben, *die Intellektuellen*, jene aggressive Eitelschreiberkaste/West, der dieser Krieg bekommt wie eine Reise in die alten Schützengräben. Endlich geht es wieder los mit links und rechts. Der eine buddelt seinen Antiamerikanismus aus, der andere entsichert die Freiheitsglocke. Hans Magnus Enzensberger bewaffnet kraft seiner Wassersuppe die Kosovaren. Wenigstens György Konrád wandelt unbewehrt übers Brachfeld der Geschichte und sucht Brüder ohne Uniform.

Auch viele Journalisten rucken an: neue Straffheit, schicksalhaftes Timbre – die Friedhelm-Brebeckisierung eines Standes, der es leid war, sich mit Landtagswahl und Haushalt zu bescheiden. Da sitzt man, Friedenskind des Ostens, hilflos mittendrin und kann ja selbst nicht sprechen, wie man sprach. Gewalt löst keine Probleme, das ist die Wahrheit des Friedens. Aber was, wenn nicht Übermacht, beendet Gewalt? Schuldig wird doch auch, wer um des eigenen Friedens willen die Greuel der Vertreibung herunterspielt. Nur macht kein serbisches Verbrechen aus dem Nato-Bombardement den gerechten Krieg. Auch der Henker mordet. Der Fluch des Kriegs holt alle ein.

Auch die Henker sterben in Egon Günthers gewaltigem Revolutions-Roman »Der Pirat« (Aufbau-Verlag 1988). Der Scharfrichter Rosenfeldt, der auf dem Hamburger Grasbrook Klaus Störtebeker und die Seinen rechtens, aber allzu frohgemut enthauptet, wird auf Senatsbefehl den Todgeweihten zugesellt. Sein Stellvertreter Krumpholz drischt Rosenfeldt den Kopf herunter, mit einer Lust am Gehorsam, die dem Senator abermals mißfällt. Da greift er selbst zum Schwert und richtet auch Krumpholz. »Aber auch der Senator kam nicht davon, sein Gewissen plagte ihn vier Wochen lang, bis er sich eines Nachmittags im Juli, die Kuckucke riefen, im Stadtwald erhenkte.« Das ist der gerechte Krieg.

Als am 24. März 1999 die ersten Bomben auf Belgrad fielen, war ich in Atlanta. CNN verriet das Codewort fürs launige Feuerwerk: *Rock 'n' Roll*. Und *a funny feeling* erheiterte Bomberpilot Mark Thomas, wie er dem »USA Today«-Reporter Steven Komarow offenbarte. Endlich tue er, was er neun Jahre trainiert habe. Komarow wiederum schwoll der Kamm vor Pionierstolz. Nie zuvor hatte die US Air Force einem Reporter erlaubt, am Bombenangriff teilzunehmen. Zudem, äußerstes Glück, weilte Kollege K. auch noch an Bord jener B52, die als erste *das Ziel bediente*, wie es seit dem Golfkrieg gastronomisch heißt, wenn man vom Himmel hoch feindliche Organismen dekonstruiert. Was sind das für Soldaten, die nur töten und nicht sterben wollen?

Auch 1990, vor dem Golfkrieg, bin ich in den USA gewesen. Und erlebte, über Monate, die unaufhaltsame Präparation des Volkes. Die Medien schalteten auf Dauerfeuer. Die Enthüllung: Saddam ist Hitler. Die Heimatfront: Mütter und Ehefrauen backen und beten für unsere Jungs am Golf. Die Kampfbereitschaft und das Heimweh unserer Jungs: siehe Frontbriefseite. Das Versprechen: Es wird ein sauberer Luftkrieg, und hinterher ist alles gut und die Pax americana hergestellt für alle Zeit.

Seit der Ostblock zusammenbrach, war die Wiederkehr des Nationalismus die höchste Verblüffung und die tiefste Depression der amerikanisierten Welt. Mir ist noch etwas anderes zerfallen: der Glaube an ein Prinzip der Geschichte, in dem sich die Menschheit vernünftig zusammenschließt. Der Kommunismus hatte diesen Traum mit seinem Neuen Menschen pervertiert, der Westen hielt und hält am Alten Adam fest. Demokratien, das macht sie relativ gut, fördern ein realistisches Menschenbild, das den Kampf der gesellschaftlichen Kräfte nicht leugnet, sondern reglementiert. Nur kann keine Kultur als profanes Relativum überleben. Sie definiert sich als Wertegemeinschaft und straft den, der sich in diese Definition nicht fügt. Diese Strafe vollzieht derzeit West-Europa an dem Serbien des Nationalisten und Mörders Slobodan Milošević. Jugoslawiens Stiftungsmythos war Titos Partisanenkrieg. West-Europas Stiftungsmythen hießen bislang Euro und Fußball-Champions-League, also Geld und nochmals Geld. Jetzt führen wir unseren Gründerkrieg. Wir installieren eine EU-Moral gegen die Traumata westlichen Versagens (Sarajewo, Auschwitz), geführt durch eine nicht-europäische Supermacht von zweifelhafter Zivilität.

Ich gestehe, daß ich im März an mir selbst verspürte, wie *Amerika* den Intellekt zum Jähzorn stimuliert: Papiertiger Milošević, dem plätten wir das Lätzchen, dem braten wir was vor den Bug, dann dreht er bei. Das war bereits die komplette Luftkriegs-Strategie. Nun ist sie im Eimer, und wer nach Bodentruppen ruft, der geht am besten selbst ins Kosovo. Dreht Milošević den Hahn zu, aber stoppt den Luftkrieg! Er bringt nichts, außer Tod und einer Zukunft, die sich auf vorerst nur zu ahnende Weise gegen uns selbst kehren wird. In dieser Ahnung ist Ostdeutschland dem Westen ohnmächtig überlegen. Aus den Erfahrungen des Scheiterns wuchs dem Osten ein skeptisches Elefantengedächtnis, ein unwestlich weiter Begriff von Gegenwart, ein Wissen um die Neigung von Geschichte, vorzüglich jene zu verschlingen, die sich als ihre Sieger wähnen.

Amerikas Monopolanspruch provoziert unweigerlich Gegenspieler und -kulturen. Ich glaube an die ewige Wiederkehr der Bipolarität. Sie mag sich in ethnischen oder religiösen Rivalitäten organisieren, als Staatenkonkurrenz, als Klassenkampf – in den Phänomenen erscheint nur das Gesetz, daß sich die Widerspruchsgeschichte immer neu gebiert. Für jedwede Konstellation gilt der Satz des bipolaren Egon Bahr: Schlechte Beziehungen sind besser als gar keine.

Milošević ist unerträglich, nur wird er von den Nato-Bomben weniger getroffen als wir selbst und das, was wir fürs künftige Jugoslawien erhoffen. Es deprimiert im Jahre Zehn nach dem Mauerfall, daß auch dieser Krieg zum Ertrag der 89er Zeitenwende zählt, die ich doch als dauerhaftes Glück in Ehren halten wollte. 1989 endete Deutschlands Nachkriegsgeschichte, 1999 seine Vorkriegszeit. Was den Dritten Weltkrieg betrifft, so empfehle ich heilsame Angst davor sowie den Song »Rumours of War« des britischen Herzenssozialisten Billy Bragg. Er findet sich auf June Tabors Album »Angel Tiger« und intoniert sein Unheil so allgemach, so tückisch vertraut, daß die Gefahr sich als Beruhigung ins tagtägliche Leben schleicht. *Life goes on as it did before / as the country drifts slowly to war.* Diese Langsamkeit ist die Lava der Geschichte.

April 1999

In der Eisenzeit

Eine üble Nachrede auf den Nato-Sieg im Kosovo

Wir flogen an die Front. Jetzt Achtung, sagte der Pilot, die Luft wird eisenhaltig. Da knatterten sie heran, die stählernen Hornissen. Unter ihren Bäuchen pendelten Sandsacktrauben, die über der vordersten Linie ausgeklinkt wurden. Tief unten wimmelte es grün. Soldatenschwärme schanzten und türmten die Säcke wider den flutenden Feind, der weiter südlich bereits durchgebrochen war.

Am Samstagmorgen war die Schlacht gewonnen. Das gerettete Dorf restituierte unverzüglich die Gewohnheiten des Friedens. Sogar die Hochzeit fand statt. Die Soldaten stach der Hafer. Sie griffen die Braut, hievten sie auf eine Zugmaschine und karriolten durchs Dorf. Die Alten auf der Bank vor dem Spritzenhaus belächelten soviel verspielte Kraft. Jetzt kehrte die Fuhre zurück – quietschend die Braut, johlend die grünen Jungs, und der Schlachtreporter fragte den skinnigen Kommandanten von Mann zu Mann: Was seid ihr denn für welche?

Zwotes Panzerartillerielehrbataillon dreihundertfünfundvierzig aus Kusel.

Kusel.

Jawoll.

Mit K?

Jawoll.

Was liegt denn da in der Nähe?

Kaiserslautern. Mit K.

Da spielt ihr ja heute gegen die Bayern.

Jawoll. Die schlagen wir auch.

So geschah es, am 2. August 1997, im heiteren Sommer der Oderflut, als Deutschland einig wurde und die Bundeswehr zur Nationalen Volksarmee. Ihr Gebieter, Zivilissimus V. Rühe, resümierte den Feldzug mit dem gottvollen Wort, dies sei keine Verteidigungsoperation gewesen, sondern eine Offensive gegen das Wasser. Das Hinterland eroberte indes der *Deichgraf* Matthias Platzeck, damals Umweltminister von Brandenburg und bis dato allem Militärischen abhold. Der Einsatz der Bundeswehr, sagte er nun, habe ihn diesbezüglich ins Grübeln gebracht. Wie Platzeck fühlten viele. In jenem Sommer schien es, als vereinten sich Wehrdienstgegner und Militärs zu einer Spezies der dritten Art: dem deutschen Friedenssoldaten. Dammbauer und Sanitäter würden die Deutschen sein, Ruhestifter, Volksfürsorger – die sanfteste Armee der Welt, weil aus Geschichte klüger geworden als alle anderen. Nun dieser Krieg. Nein, er ist nicht vorbei.

Dies schreibt, damit kein Zweifel bleibt, a) ein Drückeberger, Simulant und ungedienter Patriot, b) ein Ostdeutscher, der die letzten Wochen in ratloser Ambivalenz zugebracht hat. Letzteres hieß im Osten auch: Verteidigung der Nato gegen Simpelhuberei. Die Hegemonial-Interessen, die der vulgäre Antiamerikanismus den USA so oft zu Recht unterstellt, waren im Kosovo schwer nachzuweisen. Und was ist das für ein Pazifismus, der am Pankower Tresen auf Frieden anstieß mit dem Satz: Solln doch die Jugos da unten ihren Völkermord machen, dit jeht uns nischt an!

Es ging uns an. Auch daß Liberia, Ruanda, die Türkei sich nicht befrieden ließen, war kein Argument, Milošević die Albaner metzeln zu lassen. Und wen verschonten die klammheimlichen Gefühle, als dieser Krieg nun endlich dorthin kam, von wo er ausgegangen war? Dennoch kaschiert der *Sieg des Westens* ein Desaster. Der Nato-Einsatz riß Pandoras Büchse den Deckel weg. Er hat die Vertreibung angefeuert und abertausende Menschen verbrannt. Er hat den Krieg als Mittel der Politik rehabilitiert und die Zivilregierungen zu rückwärtigen Diensten degradiert. Ein neuer Medienstern ging auf und referierte täglich grinsend die nächtlichen Wohltaten des gerechten Kriegs: Nato-Sprecher Jamie Shea. Kälte wurde cool. Da stand das ZDF-Korrespondentenbürschlein in jungprofessioneller Glätte vor dem Nato-Sitz in Brüssel und bestätigte: Jawohl, 400 bis 800 jugoslawische Soldaten seien rechtmäßig, da uniformiert, ums Leben gekommen, als in Kumanovo die Friedensverhandlungen stockten und die Nato noch ein bißchen Feuer machte. Wen das nicht grauste, der ist kein Mensch.

Was man uns jetzt als Sieg verkauft, ist unsere eigene Erleichterung über das Ende des Bombardements. Dennoch scheint es angebracht, vor weiteren *Kollateralschäden* zu warnen: Die Zivil-Errungenschaften des deutschen Pazifismus geraten unter Impotenzverdacht. Gutmenschen zu verspotten zirkuliert schon länger als intellektueller Herrenwitz. Nicht nur unter Ostdeutschlands Jugend sprießt die Clansmoral der Glatzenkultur, alimentiert durch die allfällige Killervergötzung der Filmindustrie. Was dem Osten an Gemeingeist blieb, das wird vom Westen gern denunziert als Diktaturschaden und Mangel an Freiheitswerten. Sagen wir's doch rundheraus: Diese Kirchen*peacenics*, Kerzenhalter, Psalmodierer mit ihren Friedensgebeten drücken sich in beschämender Weise vor Deutschlands gewachsener Verantwortung in der Welt ...

»Vierzig, fünfzig Jahre nach einem tiefen Sturz«, schrieb Günter Gaus prophetisch im Sommer 1989, »erhebt sich der Mensch als historisches Wesen wieder zur gewöhnlichen Größe. Er reckt sich und wittert die metaphysische Morgenluft. Die Alten haben ihre bösen Erfahrungen überlebt und sind wieder aufgeschlossen für historische Gelegenheiten. Die Jungen wollen endlich ihre eigenen Erfahrungen machen. (...) Das Ende der Geschichte (...) mündet in einen neuen Aufbruch der Gefühle. (...) Der Unerschrockene mag es eine Normalisierung nennen.« An einer geschichtlichen Pause habe er mitgewirkt, fand der West-Ost-Vermittler Gaus und machte keinen Hehl daraus, daß er die Unterbrechungen der Großgeschichte für menschliche Gnadenzeiten hielt. Zehn Jahre später spricht der deutsche Bundeskanzler das Narrenwort, der Nato-Sieg im Kosovo werde in die Geschichte als Gründungsmythos des geeinten Europa eingehen.

Eher geht Europa ein, vermutlich an turbokapitalistischer Entsozialisierung. Ich wünsche kein Europa, das als kulturellen Stiftungsmythos einen Krieg verehrt. Krieg ist, wenn nicht Wille, Verhängnis, soldatische Anthropologie pervers und jeder, der getötet hat, ein Mörder. Auch die Henker verfallen dem Fluch der Taten, die sie richten. Ich fürchte ein Berliner Richard-Schröder-Mahnmal, das nur zu morden verbietet und das Töten für eine Option der Gerechtigkeit hält.

Bahnhof Neudietendorf, Thüringen

Dem unsichtbaren Krieg folgten die Bilder der Befriedung: Der tapfere Major Dr. List, wie er in Prizren dem Serben das Gewehr entreißt. Die toten »Stern«-Reporter Grüner und Krämer. Die deutschen Soldaten, wie sie den serbischen Lada zusammenballern. Die winkende Hand des Sterbenden, entsetzlich, ich gucke da weg.

Die Jungs waren nervös, lacht ein robusterer Kollege, die sind das noch nicht wieder gewöhnt. – Ich auch nicht, doch wir fliegen an die Front. Jetzt Achtung, sagt der Pilot, die Luft wird eisenhaltig.

Juni 1999

Schaden, Freude

Die CDU-Spendenaffäre: glückliche Tage der Demokratie

Wahrhaftig, das Unfaßbare geschieht. Am 29. Januar ist es soweit. Im Morgengrauen öffnet sich die Tür. Heraus, wenngleich nicht ins Freie, tritt jener Mann, der so lange Inbegriff der Macht gewesen, daß er am Ende zwischen sich und seinem Staat nicht mehr zu unterscheiden wußte. Dann der jähe Sturz. Heute stützt den Altgewaltigen nur noch seine Frau, und auch sie hat nun den Arm des Gatten loszulassen, weil die Polizisten ihres Amtes walten. Der Wagen, den der Mann besteigen muß, fährt ihn ins Zuchthaus Berlin-Rummelsburg.

Seit einiger Zeit strahlt die ARD an jedem Abend zwei politische Dokumentarserien aus. Die eine reportiert den CDU-Skandal. Die andere heißt »Chronik der Wende«, ist ein Tagebuch des ostdeutschen Umbruchs vor zehn Jahren und nähert sich justament einem düsteren Höhepunkt: der Verhaftung Erich Honeckers am 29. Januar 1990. Es ist ein beliebtes Spiel geworden, zwischen Honeckers Fall und dem von Helmut Kohl Parallelen zu ziehen. Darf man das vergleichen? – Ja, vergleichen muß man alles, was man unterscheiden will. Aber sagen wir's doch unumwunden: daß im Osten Deutschlands eine gar nicht so klammheimliche Schadenfreude kichert darüber, wie a) Helmut Kohl, b) die CDU, c) der Westen vom hohen Roß geplumpst ist. Wie a), b) und c) sich unterscheiden, darüber müssen wir reden. Und ob nun auch der Westen sein 1989 erlebt.

Wer hat 1990 die zerfallende DDR zur Bundesrepublik adoptiert? Helmut Kohls CDU, via *Allianz für Deutschland*. Drei Punkte gab es, über die Kohl den Osten mit sich handelseinig machte: Er pflog einer antikommunistischen Nationalrhetorik – wie sollte die nicht verfangen nach Jahrzehnten kommunistischer Verhunzung jedweden Nationalgefühls? Er präsentierte sich als Staatsmacht – das mußte greifen, da das allzeit untertane Ostvolk zwar nicht seine gestrigen Bedrücker vermißte, jedoch die regelstiftende Obrigkeit. Aber mehr noch als für Thron und Vaterland stand Helmut Kohl für Geld. Den bedauernswerten Bürgerrechtlern wurde Mitleid zuteil, der SPD Sympathie, aber, sprach die Wählermehrheit, wir können uns euch derzeit nicht leisten, wir brauchen den Kohl, die CDU, wejen dem Gelde.

Das Bündnis zwischen Kohl und Kapital schien *der* Segen für den Aufbau Ost. Leider entfiel den Ossis in ihrer begreiflichen Freude über Helmut Kohl Lenins oktoberrevolutionäre Frage *Wer – wen?* Sie hielten es für selbstverständlich, daß in einem ordentlichen Staat die Politik bestimmt, was die Wirtschaft auszuführen hat. Rätselhafterweise ging es, Günter Mittag sei's geklagt, im Westen eher andersrum.

1994 haben die Ostdeutschen ihr Abkommen mit Helmut Kohl unter vielem Murren noch einmal verlängert. Inzwischen darbte die Ostindustrie in ihren kümmerlichen Resten, die Arbeitslosigkeit stieg und stieg, die Mißachtung der Ostgeschichte inmitten der einheitsdeutschen wurde schmerzlich empfunden. Aber viele Lebenswünsche hatte Kohls Geschenk, *die Einheit*, erfüllt, marode Städte blühten auf, die PDS desgleichen, und Kohls Adlatus, Pfarrer Hintze, warnte bitterlich, es sei die Rote Socke fruchtbar noch, aus der einst die SED gekrochen. Endlich, 1998, kündigten die Ostler ihren Kohl-Vertrag. Dies bedeutete keinerlei Bekenntnis zur SPD oder zu den hierzulande unbekannten Grünen. Das Ja zu Gerhard Schröder war bloß ein Nein zu Helmut Kohl. Es beendete eine ostdeutsche Unterwerfungsstrategie, die dem Beitrittsvolk nicht länger profitabel schien.

War die Abwahl Helmut Kohls ein Akt der Ost-Emanzipation? Zumindest eröffnete sie Zukunft – auch der CDU, die sich von der autoritären Kanzlerfirma zur polyzentralen Kraft regenerieren wollte. Was sie dann 1999 in die Scheuer fuhr, verdankte sie allerdings weniger der eigenen Saat als dem desaströsen Ackern der rot-grünen Koalition. Und ach, schon im frühen Herbst überschimmerte das Ostland eine zarte Kohl-Nostalgie. Als dann zum zehnten Jahrestag des Mauerfalls nicht Bärbel Bohley oder Jens Reich oder Wolfgang Ullmann oder Heino Falcke aus der Kanzel des Vaterlandes sprach, sondern der Unentthronbare, da wurde endlich aller Welt bewußt, daß Helmut Kohl nicht nur immerdar *Kanzler der Einheit* ist, sondern auch der einzig legitime Eigentümer der ostdeutschen Revolution.

Wie soll man denn trennen zwischen Kohl und der CDU, da doch die CDU sich weiter hinter Kohl verbirgt? Nun ist er der unentbehrliche Böse, der die Partei zu seiner Geisel nahm und sie, da er sich nicht retten kann, mit in den Abgrund reißen will. Aber wehe, er nennt die Spender: Die CDU verlöre ihren Sündenbock. Wie soll man denn keine Parallelen ziehen zur Agonie der SED? Hier wie da der Starrkopf von Patriarch, der erst geht, als jene, welche glauben, sie könnten dann bleiben, ihn verstoßen. Da wie dort der Kronprinz, der als letzter merkt, daß seine Uhr mit der des Alten abgelaufen ist. Und auch ein hessischer Schabowski hat sich gefunden und bringt *brutalstmöglich* Licht in das Dunkel, aus dem er bislang regierte. Selbst auf Gysi müssen wir nicht warten, da es Angela Merkel gibt.

Natürlich, die Bundesrepublik ist nicht die DDR. 1989 implodierte mit *der* Partei das gesamte Regime. Heute erfreuen wir uns bislang nicht einmal einer Staatskrise. Und selbstverständlich ist die CDU ungleich der SED. Aber beide hat dieselbe Zeit geboren, beider Moral wurde gezeugt in der Polarität des Kalten Kriegs. Der Westen siegte. Die Klassenmoral der SED fuhr zur Hölle, wo sie hingehörte. Die Selbstgerechtigkeit der CDU verblieb hienieden, in stiller Trauer um den Feind und blind für die blinden Flecken im eigenen Auge. Nie hat die CDU öffentlich begriffen, daß der DDR-Sozialismus ein pervertiertes, aber logisches Stück deutscher Geschichte war, entstanden aus einem imperialistischen Krieg als antikapitalistische Alternative zur braunfaulen Bundesrepublik. Die Assoziation der Politik mit den kapitalischen Mächten – nicht nur laut SED-Doktrin der Jauchequell des Imperialismus – scheint der Christdemokratie niemals ein hygienisches Problem geworden.

Und die anderen Parteien? Nun fürchten sie alle, daß man in puncto Finanzierung ihre ungeschützten Flanken findet. Die SPD, um nur von ihr zu reden, verharrt im betretenen Stolz eines eben noch abgeschlagenen Fußballteams, das der Gegner durch eine Serie von Eigentoren unverhofft in Führung geschossen hat. »Menschliches Fehlverhalten wird es immer geben«, offenbarte Hans Eichel dem »Tagesspiegel« und verbot sich Schadenfreude. Sigmar Gabriel, Niedersachsens neuer Ministerpräsident, gestand demselben Blatt auf die Frage, wie seine Partei den pekuniären Versuchungen der CDU entgehe: »Wir haben weniger Zugang zu solchen Einnahmequellen.« Und fügte, anthropologisch zutiefst beruhigend, hinzu: »Außerdem sind wir anders gestrickt als die Christdemokraten.« Dies zielte wohl aufs Altsozi-Underdog-Profil, als wäre es nicht Gerhard Schröders morgenkühle Strategie, die SPD in jener wirtschaftsnahen *Neuen Mitte* zu etablieren, wo ansonsten die CDU ihre Wahlen gewinnt. Nein, auch die SPD weiß, daß ihr altes Fundament bröckelt: die Gewerkschaften, die NRW-Milieus, die erblichen Biotope. Die Marktgesellschaft quirlt. Immer weniger fügen sich ihre Prozesse in die Parameter der parlamentarischen Demokratie; stetig mindert die Globalwirtschaft die nationalpolitischen Kompetenzen. Und was andererseits die sogenannte Politik-, nein: die Politiker-Verdrossenheit betrifft, so bezeugt sie nicht ein allgemeines Desinteresse an der *Res publica*, sondern Abscheu vor den Rochaden von Geld und Macht.

Es ist dieser Abscheu, der öffentliche Ausbruch von Moral, der Ostdeutsche in diesen Tagen so verblüfft. Noch stehen wir ja inmitten der Affäre, deren Dimension und Ende niemand kennt. Was wir aber genau wissen, ist, was wir nicht länger zu ertragen wünschen. So war es auch 1989: Wir siegten nicht planvoll und auf Dauer, aber nahmen die Verschrottung des SED-Systems als dauerhaften Sieg. Daß wir den Westen dazu brächten, mit uns gemeinsam etwas Neues anzufangen, diese wundergläubige Naivität wich alsbald der Einsicht in die Realitäten der Macht. Den moralischen Bankrott der DDR mißbrauchte Helmut Kohl zur Rechtfertigung jener Bundesrepublik, die ihm zu Gebote stand: Weiter so, Deutschland!

Kohls Abwahl aus sozialstaatlicher Sorge war die erste konzertierte Ost-West-Aktion. Endlich einte sich Deutschland im selben Gefühl: So geht es nicht weiter! Und heute sehen wir abermals, daß der alte Westen keineswegs zynisch, satt seiner Demokratie, den krummen Touren der Erwählten ihren geraden Lauf zu lassen denkt. Dieses

Deutschland, falls wir's in bewährter DDR-Resignation bereits vergaßen, ist ein Rechtsstaat mit unabhängigen Gerichten und freien Medien, auch wenn die Medien keineswegs so frei sind, sich vom Markt zu absentieren. Aber *wir* bilden den Markt. Unser Moralismus ist zur Zeit *der* Renner.

So plötzlich? Nie geahnt, wie unfein Politik funktioniert? Steckt nicht auch viel Heuchelei in dieser Affäre, spätes Nachtreten und säuerliche Rache jener, die Kohl so lange den Stiefelknecht machen mußten? Noch etwas kulminiert im Tanz um den Gefallenen, den der Spott nun *Bimbes-Kanzler* ruft. Ein Ekel weht durchs Land: der Ekel vor dem Gelde. Uns beleidigt längst das allgegenwärtige Gieren und Geilen, das merkantile Hurengrinsen, die Börsen-Theologie, das sklavische Psalmodieren der *Flexibilität* von allem und jedem. Wir ertragen nicht die Vermarktung unserer Substanz, die Käuflichkeit unseres Lebens. Aus purem Selbstschutz wünschen wir, Moral solle nicht käuflich sein. Und zum Stern unserer Wünsche küren wir ausgerechnet die Demokratie. Welche Naivität! Welches Glück für Deutschland, daß wir die Käuflichkeit von Fußballspielern eher ertragen als die unserer Politiker!

Ich war nie käuflich, sagt Helmut Kohl; dieses Plädoyer lassen wir stehen. Wir hören auch jene, die an Kohls Verdienste mahnen, wobei das Wort Verdienst neuerdings so ein Geschmäcklein verströmt. Nein, Kohl hat sich persönlich nicht bereichert. Es ist, schrieb Stefan Heym, »dem Dr. Kohl außer um seine regelmäßigen reichlichen Mahlzeiten nie ums Materielle gegangen. Ihm ging es stets nur ums Ideelle und um dessen Höchstes: Macht. Und Macht erkauft man, in der Partei, in der Nation oder global, mit Geld.« Im Restaurant des Bonner Bundestags, entsinnt sich Heym, sah er, damals Alterspräsident, den Kanzler samt Entourage den Raum durchschreiten. »Nein, er schritt nicht, er schwebte eher: ein Ballon, gefüllt mit dem Gas des Glaubens an die eigene Größe und Macht. Aus dem Winkel seines Auges erblickte er mich, und sein Kopf wandte sich sofort zur Seite, ganz leicht nur, mehr war die Begegnung nicht wert; dann enteilte er, den Lorbeer der deutschen Einheit über der Stirn.«

Kohl hat uns *die Einheit* nicht geschenkt. Gorbatschow

wagte Perestroika, die Ungarn zerschnitten ihren Grenzzaun, das DDR-Volk entlief und stand auf und so weiter. Daß die Russen ihr deutsches Land in Frieden entließen, war nicht Helmut Kohls Verdienst. Aber, das bleibt ihm, als der Weltgeist vorüberwehte, griff er ihn am Mantelsaum. Leider ist auch die Demokratie keine Kohlsche Gabe an den Osten, dafür das, was er unter Demokratie verstand: sein Partei-Patriarchat, seine landesväterliche Moral, die zu unterscheiden wußte zwischen deutscher Sitte und den Bräuchen seiner auswärtigen Diktatoren-Freunde.

Ich habe ihn auch gesehen, anderswo als Stefan Heym. Nacht war. Er stand vor Tausenden und sprach zu einem Volk, das er nicht ohne Gründe für das seine hielt. Ihn wollten sie ja, ihm trugen sie ihre Hoffnungen und Wünsche zu. Hinter ihm ragten die Türme der Severikirche und der urmächtige Dom, und ich fragte mich, was er wohl wüßte von unserer alten Stadt, in die er da mit seinem Troß hereingebrochen war. Okkupant! dachte ich – sonst keiner? Aber da schwang noch etwas anderes als Propaganda in seiner biederen Rede – eine Gemütskenntnis derer, die er doch gar nicht kennen konnte, ein Mehrheitliches, eine Volksgewißheit und ein Deutschlandhaftes: die Provinz. Kohl wußte, was Deutschland zusammenhält.

Dies ist kein linkes Volk, aber ein tugendsames. Es braucht ein integeres Medium seines Konservatismus, eine leidlich saubere CDU. Darum muß die ganze Wahrheit auf den Tisch. Je mehr von dieser Wahrheit Helmut Kohl offenbaren kann, desto größer ist die Chance, daß er etwas für sich behält von der wendezeitgenössischen Heldengröße, nach der er sich mehr sehnt, als das einem Demokraten zukommt. »Unglücklich das Land, das Helden nötig hat«, sagt Brechts Galilei. Wir sind nicht unglücklich in diesen Tagen.

Januar 2000

Bitte nicht aussteigen!

Zehn Jahre Deutschland.
Eine kleine Festrede aus dem Beitrittsgebiet

Da stand das Opfer, und es schrie. Brüllte sich die Lunge aus dem Hals. Grölte, als befände sich's in keiner Kirche, als predigte nicht eben ein Klassiker der DDR-Opposition. Ich gedenke, hatte der Klassiker ein ums andere Mal gesagt und in gemessener Litanei die Opfer der SED-Herrschaft vorübergeführt: die Ermordeten und die Verschleppten, die Eingekerkerten, die Beraubten, die Bespitzelten, die Erpreßten ... All jener gedenkt der Ex-Pfarrer und -Verteidigungsminister Rainer Eppelmann (CDU), da hastet dieser Mensch zum Altar, trägt Häftlingsuniform und Handschellen am linken Gelenk, baut sich vor Eppelmann auf und erhebt, schier fünf Minuten lang, sein Wutgeheul: Heuchler! Verräter! Die Armee haste verscherbelt, die NVA-Panzer anne Türkei, scheißen tuste auf die Opfer, und die Stasis kassieren und die alten Bonzen und du! Ick bin arbeitslos, ick hab Zeit, ick helf dir Knete zählen! Mit zwanzigtausend im Monat kann ick ooch anne Wand pinkeln!

So brüllt der Erregte, dann bleibt ihm die Stimme weg. Eppelmanns Seele scheint eine Regenhaut. Ja, ölt er ungerührt, an dieser Reaktion merken wir wieder, daß die DDR-Geschichte nicht vergangen ist, daß sie noch qualmt.

Dies geschah am 11. Juni 2000 in der Berliner Gethsemanekirche. 250 Unversöhnte wollten »Erinnern und nicht vergessen«, daß die Mißhandelten des SED-Regimes oft auch in Einheitsdeutschland zu den Verlierern gehören. Im Fernsehen sprechen Herr Gysi und Herr Wolf, sagte Bärbel Bohley, und die, die gelitten haben, werden langsam verrückt, weil sie nicht zu ihrem Recht kommen. Jetzt ist die Politik gefragt. Jetzt helfen keine schönen Reden. Das war vor 1989 deine Stärke, Rainer, das ist vorbei.

Hier irrte Frau Bohley. Es naht der 3. Oktober – kein

normaler. Es ist Rosenhochzeit zwischen Ost und West. Den Reden wird an Schönheit nichts ermangeln, auch wenn der deutsche Völkervater, der *Kanzler der Einheit*, der zum zehnten Jahrestag des Mauerfalls unpassenderweise geredet hat, bei der Dresdner Einheitsfeier unpassenderweise schweigen muß. Ihm zum Gedächtnis, uns zur Mahnung sei beschworen, was sich am 3. Oktober 1990 ereignet hat: die Wiedervereinigung der Deutschen in Frieden und Freiheit. Feuerwerk? Moment noch, ein paar Minuten Gehör. Eine kleine Chronik wollen wir skizzieren, für jedes Jahr der Einheit ein Geschehnis aus ostdeutscher Sicht.

1990: Mit der raschen Währungsunion zum Kurs 1:1 beziehungsweise 1:2 vernichten die Ostdeutschen ihre Volkswirtschaft, mit dem Einigungsvertrag unterwerfen sie sich der bundesrepublikanischen Besitzordnung. Die eben gewonnene »neue Identität aus erlebter Volksbewegung« (Bischof Werner Leich) verlischt.

1991: Die DDR-Sender werden zerschlagen und den ARD-Strukturen angepaßt. Dem Beitrittsvolk verbleiben nur regionale Medien.

1992: Die Stasiakten werden geöffnet. Millionenfach begehren die Ostdeutschen Einsicht in ihr MfS-Dossier, verwahren sich allerdings dagegen, als Volk von Spitzeln denunziert zu werden. Der Osttrotz kommt auf und erwählt sich eine Lichtgestalt der schummrigen Vergangenheit: Manfred Stolpe.

1993: Aus Gründen der *Marktbereinigung* schließt die Kasseler Kali+Salz AG den rentablen Thomas-Müntzer-Schacht von Bischofferode. Der halbjährige Hungerstreik der Kalikumpel bleibt ohne Erfolg. Thüringens CDU-Ministerpräsident Bernhard Vogel spricht von der *Fratze des Kapitalismus*. Ein unvergeßliches Lehrstück über den Primat der Wirtschaft vor der Politik.

1994: Bundestagswahl. Die Rote-Socken-Kampagne der CDU restauriert die Fronten des Kalten Kriegs und etabliert die PDS als Ostpartei auf Kosten der SPD. Helmut Kohl wird noch einmal gewählt, auf daß er die blühenden Landschaften vollende – möglichst mit Menschen darin, denn die Abwanderung nach Westen hält an.

1995: Politbüroprozeß. Egon Krenz präsentiert sich als Opfer von Siegerjustiz, Saulus Schabowski als Paulus. Die meisten Ostdeutschen empfinden das Verfahren als westdeutsche Angelegenheit.

1996: Acht DDR-Bürgerrechtler treten demonstrativ der CDU bei und legitimieren deren Bemühungen um eine Delegitimierung der DDR.

1997 überspült die Oderflut viele Gräben zwischen Ost und West – bis die Wasser wieder sinken. Und dann kommt 1998, das Jahr der Wende.

Bis hierher klingt alles wie Opfergeschichte. Wir hätten noch mehr davon. Wir könnten auch die Kirchenleute klagen lassen, die schwunghaft entsorgte Ostintelligenz, das geschaßte Proletariat, die zu Heimchen degradierten Frauen, Künstler, denen Volk abhanden kam, Publikum, das seine Kunst vermißt: Metaphysik des Alltags, Verdichtung erfahrenen Lebens mit einem Abgrund, einem Ernst. Statt dessen umgrinst uns die Affenparade der Lauterbäche und Ochsenknechte, der Naddeln, Veronen und Arabellen, der Schimmis und Schumis, wie sie einander überholen, schwängern, prügeln, vom Urineur Ernst August ganz zu schweigen, nein zu reden davon, wieviel blaues Blut *Rückgabe vor Entschädigung* verlangte. So sind wir Ossis nicht? Wir grinsen doch mit, falls man uns läßt, zumindest aus der »Super Illu«. O Ost-Stolz, als unsere Kati Witt zur Beilägerin des US-Serienhelden McGyver promovierte, als der Potsdamer Arbeitslose John die Pop-Stasi-Show »Big Brother« gewann. Wahrlich, fände sich ein Autor, der die große Mahd, Umpflügung und Neusaat Ostfünflands zusammenbrächte, er schriebe nicht »Ein weites Feld«, sondern »Früchte des Zorns«. Und es dürfte kein Jammerepos werden. Und es müßten auch die Fratzen des Ostens hinein, von Hoyerswerda bis Rostock-Lichtenhagen, und die wirklichen Opfer, von Antonio Amadeu, totgetrampelt am 24. November 1990 in Eberswalde, bis vorerst zu Alberto Adriano, Dessau, 11. Juni 2000.

Aber wir sind ja noch im Jahre 1998. Das ganze Land ist einig: Mit dem Kohlschen Weiter so! geht es nicht weiter. Die Arbeitslosenstatistik explodiert. Die Abwahl Helmut Kohls wird zur ersten konzertierten politischen Handlung von Ost und West. Gerhard Schröder bindet seine Kanzlerschaft an das Versprechen neuer Arbeitsplätze. Daß er das Beitrittsgebiet zur Chefsache erklärt, ist ein gerngehörter Witz. Helmut Kohl bereiste den Osten als antikommunistisches Gemütsereignis und inszenierte Weisheit und Wärme der alldeutschen Provinz. Für Schröder scheint Ostelbien Terra incognita, aber diese Unbelecktheit ist konstruktiver als das Lagerdenken Kohls, der hinter jedem Busch *Sozen* und die PDS am Wühlen wähnte. Falls ihm der Feind deutsche Übelstände vorhielt, vertrieb ihn Helmut Kohl mit seiner Siegesposaune, der Einheit. Da blieb nur Dankbarkeit.

Gerhard Schröder besaß weder Posaune noch Sieg, und er folgte dem Parteihistoriker Kohl als Ungeschichtler. Schröder stellte neues Deutschland aus: Hauptstadt Berlin, Modernismus, demonstrative Normalität. Deutschland sollte sich nicht länger aus Vergangenheit erklären. Aber Geschichte duldet keine verlassenen Räume. Wo die eine auszieht, marschiert eine andere ein. Wer vergißt, woher er sei, dem wird diktiert, von wo man gerne käme, und wohin. Schon zwei Wochen nach Schröders Wahlsieg erhob diese Art von Zukunft ihre Stimme, im Timbre urdeutscher Raunung, und sprach, von Beifall umtost, aus der Vaterlandskanzel zu Frankfurt am Main den Heidegger-Satz: »Das Schuldigsein gehört zum Dasein selbst.« Und, kurz zuvor: »Auschwitz eignet sich nicht dafür, Drohroutine zu werden, jederzeit einsetzbares Einschüchterungsmittel oder Moralkeule oder auch nur Pflichtübung. (...) Aber in welchen Verdacht gerät man, wenn man sagt, die Deutschen seien jetzt ein ganz normales Volk, eine ganz gewöhnliche Gesellschaft?«

Die Intellektuellen sind empört, sagte eine Freundin, die normalen Leute finden, Walser hat recht. – Was für ein schöner Satz, wie geschaffen, beiden Seiten beizuspringen. Längst ist ja die Hitler-Serie Unterhaltungsfernsehen und Guido Knopp ein Thomas Gottschalk der Bebrillten. Und dennoch gibt es nie wieder deutsche Geschichte ohne Auschwitz, so wahr wir Nachgeborenen in Vorigem wurzeln. Das sei nicht bloß nach rechts gesagt, sondern auch den *Deutschland-halt's-Maul!*-Rufern wie den grenzenlos flexiblen Globalisten, die Volk und Nation für Käsesorten halten. Ohne Nation existiert keine Verantwortungsgeschichte, so wie ein Dorf verludert, das alle drei Jahre die Bewohner tauscht. Ostdeutsch ist ein Unterparagraph von deutsch. Daß aber Deutschtum relativ sei, ein Zählerchen des Nenners Europa, das ist rot-grüner Protestantismus, das ahnt nicht, welch mythischer Reichsbegriff noch immer im Deutschinneren Kyffhäusergefühle entflammt: *ethnos* statt *demos* Volk – da stört Auschwitz. Walser störte nicht.

So wären wir beinahe in der Gegenwart. Als dies geschrieben wird, sind die Neonazis Deutschlands Thema Nummer eins. Endgültig, so möchte man glauben, ermannt sich die Mediendemokratie, doch die nächste Ladenschlußdebatte naht gewiß und Schumi immerzu, und ist mit Steffi und André etwa schon wieder alles aus? Eins wenigstens scheint vergangen: das untätige Salbadern von *Äquidistanz gegenüber jeder Art von Extremismus*. Punks, das erfuhr sogar die CDU, schlagen keine Neger tot.

Wenn ich mir was wünschen dürfte zu diesem 3. Oktober: daß wir den asozialen Brauch beenden, den Müll der Gegenwart im Gestern abzukippen, bei unseren wechselseitigen Geschichten. Die Neonazis sind Heutige. Weder hat sie Margot Honeckers Volksbildung gezeugt, noch prügeln sie als Büttel des Monopolkapitals. Neonazis sind individuell verantwortliche Schänder der Menschenrechte und des deutschen Namens (und eine Linke, die Heimat und Nation verachtet, läuft bei Rot über die Straße).

Tragischerweise blieben die deutschen Antifaschismen unvereinigt. Kohls Ideologie hat alles unternommen, den Ost-Antifaschismus zu entmutigen. Er existiere gar nicht oder sei bloß staatsverhängt gewesen, Faschismus in Rot. Das CDU-Ziel wie seit Adenauer: die Aberkennung der DDR bei deutschnationaler Akzeptanz ihrer Bewohner. Doch die DDR war legitim – nicht als Demokratische Republik, aber aus der deutschen Schuldgeschichte, an der die Ostdeutschen viel schwerer schleppten als ihre Westverwandten. Die SED-Kommunisten häuften neue Schuld und mißbrauchten den Antifaschismus als Diktaturlizenz. Dies hinderte nicht, daß Millionen von Ostdeutschen sich mit ihrem Staat im Blick auf die Hitlerei einig fühlten. Bloß als Zivilcourage, als Gegenwartsverpflichtung mußte sich der Antifaschismus kaum bewähren, da ja nur der Westen Nazis haben durfte. Nun haben wir sie auch, und sie locken das Ostvolk mit jener wärmenden Binsenwahrheit, die ihm der Westen vorenthielt: Die DDR, die Lebenszeit und -welt ihrer fleißigen Bewohner seien volldeutsche Geschichte. Und Sozialismus (aber bitte ein nationaler!) wäre ein trefflicher Wehrsport gegen Asylmißbrauch, Globalisierung und Bankentyrannei.

Letzteres glauben die wenigsten Ostler. Doch wie Mehltau liegt ein Satz über dem Land: Mit diesem System heute kann ich mich auch nicht identifizieren. – Weithin gilt der Parlamentarismus als Schoßhund der Höllenfürstin Kapital. Politiker dürften Renten regulieren, Bahnabschnitte übergeben, Fallschirmspringen und sogar mal einen Holzmann retten, aber wer der Politik den Primat vor der Wirtschaft zurückgewinnen wolle, der ende wie Oskar Lafontaine. Da steigt's dem Ostler antikapitalistisch auf, und er ruft: Die Welt ist schlecht! – War sie immer, sagt der Westler, aber davon geht sie nicht unter. Und entzieht, mitten im CDU-Finanzskandal, den Christdemokraten bei der Schleswig-Holstein-Wahl gerade mal zwei Prozent. Da möchte der Ostler verzweifeln, und Roland Koch scheint ihm ein Klon der SED-Bonzokratie. Dagegen trinkt man am besten ein schönes Köstritzer auf die innere Emigration.

So war's 1999: Der Osten mehrheitlich gegen die Nato-Bomben auf Jugoslawien, verschanzt hinter einem Pazifismus, der den Namen nicht verdiente, weil da bereits ein Völkermord im Gange war. Der Westen größtenteils für den Krieg, die Regierung naiv von Erfolgen schwadronierend, statt davon, wie die Amerikaner Geostrategie betrieben und Europa an die Kandare nahmen, wie sich die Russen freie Bahn erhandelten für ihr tschetschenisches Schlachtefest.

Ein Weilchen ist es her, da schrieb Klaus Harpprecht (aus Südfrankreich), der Osten sei geistiges Niemandsland. Das ist er keineswegs, aber zu sehr auf Homogenität bedacht. Parteiengezänk widert uns an. Die Welt soll moralisch sein, das System sozial, Identität ein Wir, und manche Leute passen einfach nicht in unsere kleine Stadt. (Natürlich gibt es auch anständige Ausländer.) Der Westen hält Konflikte für normal und lebt in vielerlei Systemen – hier ein bißchen, da ein Stück. Der Osten hat die Westbeweglichkeit nicht internalisiert; die eigenen Werte kann er kaum noch praktizieren. Da rät ihm der Westen: Sei nicht immer so offen, denk an den Chef!

Es gibt viele Ostler, die reden von Fremdheit im eigenen Haus. Vielleicht müßte Klaus Harpprecht selbst erlebt haben, mit welcher Marktgewalt der Westen sich den Osten ebenbildlich machte. Die Ratio sagt: Das mußte so kommen. Die Seele erfährt den heutigen Osten als fremdbebildertes Land. Hier soll kein Eifern folgen, nur eine Reihe ostdeutscher Namen: Heiner Carow, Gottfried Forck, Rolf Ludwig, Gerhard Gundermann, John Stave, Dieter Erler, Reinhard Lauck, Stephan Hermlin, Klaus Piontek, Gerulf Pannach, Jürgen Fuchs, Heiner Müller, Rudolf Bahro, Tamara Danz, Rolf Römer, Norbert Bischoff, Marianne Wünscher, Kurt Böwe, Eberhard Cohrs, Manfred Streubel, Karl Mickel... Dies ist eine einheitsdeutsche Totenliste. Wen kannte der Westen? Wieviel Tod fiel auf?

Auf Krummes mußt du setzen das Gerade / Sprach Meister Kung, dann steht es wohl im Staate, so schrieb Karl Mickel, der Weltkundler und Ästhet von Dresden. *Die immer soviel Danke sagen und Bitte / Bescheißen dich auf jedem Schritt und Tritte / Und die nur immer knicksen und sich bücken / Sprach meine Mutter, dulde nie im Rücken.* Es gibt wenig zu beschmeicheln am deutsch-deutschen Status quo, doch hoffnungslos ist er nicht. Der Rechtsstaat ist in allen Bundesländern installiert. Die SED-Diktatur stand vor Gericht und wurde deutlich und mit souveräner Milde abgestraft. Die sterbenden Innenstädte des Ostens erstrahlen neu. Fast jeder hat Telephon. Alle Musiken, alle Bücher sind zu finden. Die PDS hat sich demokratisch legitimiert. Die Gauck-Behörde löste weder Mord noch Totschlag aus. Das wahre Leben im falschen der Ostbiographien wird anerkannt. Unsere Kinder erfahren Deutschland neu. Eine ganze Bibliothek zur DDR-Geschichte ist erschienen, und der Ostfußball scheint endlich drauf und dran, sich aus den verderbten Reihen der Hochfinanz zu verabschieden.

Vergessen wir nicht die vielen stillen Helfer der Verständigung: Martin Weskott, den Bücherpfarrer von Katlenburg, Manfred Klostermann, Kulturreferent zu Hameln, Bernd Feldhaus aus Münster mit seiner »Agentur Deutsche Einheit«, die ZDF-Leute von »Kennzeichen D« ... Aber das Wunderbarste bleibt die Öffnung der Welt, die Freiheit zu reisen (wenn man sie bezahlen kann). Daß wir erleben, was wir ehedem nur wußten, macht den Osten zu einem reichen Land. Und siehe, Portugal ist nicht nur Tejo, Belém-Kloster, Lissabons Kathedralen, da sind auch die proletarischen Notgäßchen der Alfama und das Atlantik-Fort Peniche, Zwingburg des Salazar-Faschismus, aus der 1960 Álvaro Cunhal entkam; und in Coimbra, gegenüber der Sé-Velha-Kirche, fandest du im Abendschein das porzelline Bildnis von José Afonso, dem Sänger des *Grândola, vila morena*. Und lasest endlich die Volksbücher von Saramago und Lobo Antunes, deren emanzipatorischer Herzenssozialismus nichts gemein hat mit dem Dreck von Stalin bis Honecker. Und in Finnland, im Lenin-Museum von Tampere, schrieb der dicke Ami vor dir ins Gästebuch: *Great man! Tremendous ideology!* Da donnertest du drunter: *Thank God I survived Leninism!*

Am 27. April 2000 hielt auf dem Mannheimer Bahnhof ein seltsamer ICE. »Behelfs-Zug« stand DDR-artig an den räudigen Waggons, und die Wartenden zogen Gesichter. Aber die Rumpelfuhre raste mit Affenzahn gen Hamburg. Minuten vor dem Hauptbahnhof quarrte wonnigstes Sächsisch aus dem Abteillautsprecher: Drotz Bähälfs-ICE ärraischn mier dos Fohrziel bünktlisch. Dos is doch 'n Abblaus wärt for unsern Loggführer und dos ganze Gollegdief! – Es gibt keine pikierteren Mienen als die der so ermunterten Hanseaten. Stumme Fassungslosigkeit im Abteil. Jäh stoppte der Zug. Neue Durchsage: Nu hakt's doch noch ä bissl. Bidde ni ausschdeigen, draußen is Brärie. Dor Zielbahnhof wurde noch ni ärraischt.

Bidde ni ausschdeigen! – dieser sächsische Imperativ sei unsere Kampflosung zum Dresdner Tag der Deutschen Einheit. Und nun, wenn's sein soll: Feuerwerk ab! Hymne los! *Denn es muß uns doch gelingen, daß die Sonne schön wie nie über Deutschland scheint.*

September 2000

Die grüne Grenze

Krieg und Frieden im Speckgürtel von Berlin

Zehn Jahre ist es her, da rief der oberste Westberliner zur Landpartie. Stunden nachdem die Mauer barst, proklamierte Bürgermeister Momper von den Stufen des Schöneberger Rathauses sein *Berlin, nun freue dich!* Jubelnd eilten die Ostberliner zum Kurfürstendamm und verbuddelten ihre Revolution unter den Grabbeltischen von Hertie. Die Westberliner schwärmten aus und entdeckten, was Krieg und Nachkriegsgeschichte ihrer Halbstadt genommen hatten: das Umland. Sie fanden im Norden die Barnimer Wälder, im Osten die Seen der Märkischen Schweiz, die Urstromtäler im Süden; und überall empfingen die Älteren, nach einem Wort von Günter Gaus, Erinnerungsschläge vors Herz. Altdeutsch lagerten die Dörfer, verbunden durch schattig bestandene Chausseen, getrennt durch die wogenden Felder – fast wie zur Zeit Fontanes, dessen »Wanderungen durch die Mark Brandenburg« nun eine späte Renaissance erlebten.

Dann kam die Zeit der beleuchteten Äcker, der Monstermärkte auf der grünen Wiese, der Wohnparks; und sie hält an. Berlins Speckgürtel prosperiert. Die Hauptstadt verliert Menschen. 170 000 Berliner sind schon ins Umland gezogen, 400 000 werden prognostiziert. 200 000 Brandenburger pendeln täglich zur Arbeit nach Berlin. Dieser Austausch gilt als Musterbeispiel dafür, daß die deutsche Einheit funktioniert. Und doch mehren sich die Berichte soziokultureller Unverträglichkeit von Metropole und ländlichem Brandenburg, dessen Ministerpräsident Manfred Stolpe stolz erklärte, nirgends sonst sei die Ostidentität derartig ausgeprägt.

Als am 5. Mai 1996 die Regierungen zu Berlin und Potsdam das Ja ihrer Völker zur Länderehe erheischten, da kam aus Brandenburg ein markiges Nein. Die Ost-West-Umarmungsphase endete auch deshalb rasch, weil sich die Westberliner massenhaft entsannen, daß sie oder ihre Ahnen einst im Umland Grund und Häuser besessen hatten, die nun Ostdeutsche bewohnten. Unter denen machte ein Angstwort Karriere: Alteigentümer. Im ORB-Fernsehen verkündete der Ostliedermacher Reinhard Lakomy, es werde ihn nicht wundern, wenn demnächst der erste Alteigentümer erschossen würde.

Derlei geschah nicht. Es köchelt und raucht im Labor der deutschen Einheit; was knallt, sind die Klischees. Periodisch liest man, gern im Westberliner »Tagesspiegel«, daß einem bürgerlichen Leben Brandenburg kaum tunlich sei. Überall Nazis, poststalinistische Schulen, totalitäre Kindergärten (Photo dazu: Kindergruppe auf Töpfchen, in den verängstigten kleinen Gesichtern schwere Hämatome, oder sind das doch Nutella-Flecken?). Auch bedrückt es Westberliner, daß Brandenburgs kulinarische Wüste immer noch zu wenige Oasen bietet, wo der Urbanist sein Pfauenzungen-Parfait an Mint-Chutney dauphinoise bekommt oder wenigstens Beelitzer Spargel. Wie zu Fontanes Zeiten scheint für Berliner ihr Umland bestimmt zur Sommerfrische, zur bukolischen Provinz, wo man ostländlichen Vier- und Zweibeinern in freier Wildbahn begegnen kann. Aber wie finden die das? Fahren wir mal nach Schönwalde. Dort soll es knallen zwischen Ost und West. Hier, die »Berliner Zeitung« vom 25. Juni 1999: Hauen und Stechen in den lauschigen Alleen! Zugezogene hetzten! Arrogante Westler! Pulverfaß!

Von Spandau durcheilt ein stündlicher Bus die Waldallee, die erst seit 1994 wieder bis Schönwalde führt. Plötzlich Stop an der Steinernen Brücke. Wo früher die Russen standen, ist eine Schwadron treudeutsch Uniformierter aufmarschiert – Gamsbärte, Schärpen, Ordensbrüste und Standarten. Der schimmernden Wehr entgegen eilt ein Zivilist: Bodo Oehme, der Bürgermeister von Schönwalde. Majestät, ruft Oehme, Herr Vorsteher, sehr geehrte Schützengilde von Spandau, ick darf Sie recht herzlich begrüßen auf Schönwalder Gemarkung zum 215jährigen Jubiläum unseres Schwanenkrugs!

Jips och 'n Kuß? fragt Majestät.

Es gibt den Schlüsselanhänger von Schönwalde, welcher

dann auch Oehmes CDU-Freund Konrad Birkholz ausgehändigt wird, dem Bürgermeister von Spandau. Das is nett, sagt Birkholz mit schwerer Zunge. Ich freu mich, daß die Schützengilde den Weg versperrt hat, so daß ich jetzt doch noch mitlaufen kann, obwohl ich das gar nicht wollte.

Nach diesen dunklen Worten geht es dorfwärts, mit Bumbum und Tschingtrara. Der Spielmannszug Staaken bläst uns den Marsch, die Kinder rennen vorneweg. Halt! Schon sind wir angelangt im fachwerkumstandenen Wirtsgarten, und Spandaus Oberschütze hebt zu reden an. Wir kommen in lauterster Absicht! ruft Dr. Leichter. Wir haben unsere Waffen zu Hause gelassen. Wahrscheinlich war vor 215 Jahren auch die Schützengilde zugegen. Wenn wir heute wieder hier sind, so kann man im Grunde schon sagen, ist eine, äh, Tradition gegründet worden, und wir sollten diese weiter fortführen, so daß wir einen ähnlich feierlichen offiziellen Anlaß dann in dem nächsten 215-Jahre-Rhythmus feiern. Wir wollen aber trotzdem den Schwanenkrug öfter aufsuchen, weil so eine Truppe immer irgendwo ein Zeichen braucht, nach dem sie sich, äh, richten kann.

Dr. Leichter überreicht Wirt Schuknecht einen Maßkrug samt Maßgabe, diesen Humpen jedem, äh, einkehrenden Spandauer Schützen gefüllt zu kredenzen. Stürmischer Beifall, sodann die brandenburgische Nationalhymne *Steige hoch, du roter Adler*. Wirt Schuknecht verkündigt Freibier, der Spielmannszug schmettert *Das ist die Berliner Luft*. Dann spricht Oehme: Was dem Berliner sein Brandenburger Tor sei und dem Spandauer seine Zitadelle, das sei dem Schönwalder sein Schwanenkrug. Dessen Geschichte vernehmen wir nun, wozu leider auch gehört, wie 1908 an einem Novembermorgen der bezechte Kellner Bruschwitz mit brennender Kerze in einen Haufen Reisig fiel. Chorgesang:

Die dichten Buchenwälder rauschen,
Die Vögel zwitschern fröhlich und hell.
Das Eichhorn springt von Ast zu Ästen,
Die Eule verbleibt auf der Stell.
Die Bleßhühner und auch die Reiher im Schilf,
Die Vögel in Heide und Feld,
Sie wollen das Eine uns immer nur sagen:
Schön ist die Welt.

Spandauer Schützengilde, entwaffnet

Ich freu mich, ruft sodann zum Halali Bürgermeister Birkholz, ich freu mich, daß die Feierstunde bald vorbei ist. Weil ich nämlich durstig bin. Ich freu mich auch besonders, daß hier in meiner Begleitung eine Gruppe von Landsmännern, sicherlich im Laufe der 250 Jahre, der 215 Jahre, 'tschuldijung, gelegentlich hier mal vorbeigekommen, die Freunde vom Don.

Hussa! Da pfeift's und knallt's im Wald. Die Russen kommen! Das Original-Donkosaken-Ensemble fegt aus dem Gehölz – blitzende Säbel, fliegende Röcke, balzende Balalaika, unkender Baß. Spandauer und Schönwalder verschmelzen im slawischen Moll. Wieder einmal dient die Sowjetunion der Völkerverständigung.

Warum feiert man denn ausgerechnet das 215jährige des Schwanenkrugs?

Na, damit wa ürjendwatt zum Feiern ham.

Ich denke, hier herrscht Krieg zwischen Ossis und Wessis?

Krieg? Ich bin Spandauer, ich hab hier jeerbt, ich laß die Mieter drinne bis auf Lebenszeit. In Ruhe sinnse einjezogen, sollnse auch in Ruhe mit de Vorderbeene wieder raus, das is die anständije Form.

Ich bin von Schönwalde, klar gab's Schweine, richtich böse Dinger sind da abjejangen, so mit: Los, raus!, oder die Miete jing hoch, die Pacht, und wenn so 'n Ossi dann vom Grundstück muß, hat er den Bungalow abzuräumen. Is ja keen Haus, is ja bloß Dreck für 'n Wessi, wo unsereiner Jahrzehnte dran jemacht hat und jetan und nach Baustoff jerannt und drinne jelebt. Und viele Alteigentümer wollten ja jar nich zurück, die hatten doch schon längst woanders ihre Wurzeln, die ham das hier bloß zu Jeld jemacht. Und jetzt wollnse uns noch den Sportplatz verbieten, die Bekloppten, die WOGE.

WOGE?

Wessi-Organisation gegen Einheimische. Sagen wir dazu. Diese Typen, Jensen, der jrößte Spinner, der hier rumläuft.

Die Geschichte von Schönwalde ist exemplarisch für das Umland von Berlin. 1437 erstmals urkundlich erwähnt, befand sich das Gutsdorf seit 1747 im Besitz derer von Risselmann. Der letzte Risselmann geriet in wirtschaftliche Nöte und übertrug um 1930 seine Liegenschaften der Berliner Grundstücksfirma Schrobsdorff zur Parzellierung. Es war die Zeit des berlinschen *Go West!* Die Wohlsituierten drängten fort aus der Metropolis der Mietskasernen und des Proletariats. Die Nazis fusionierten dann diesen Zug ins Grüne mit ihrer Blut-und-Boden-Ideologie. »Der Nationalsozialismus will vom Lande her, vom deutschen Boden aus, unser Volk sittlich, moralisch, eugenisch und völkisch erneuern. Diese Aufgabe haben wir auch mit dem Kleingarten und der Kleinsiedlung zu lösen«, so Parteigenosse Dr. Kammler, Führer des Reichsbundes der Kleinsiedler, im Schrobsdorff-Blatt »Die Groß-Siedlung« (Nr. 2/1934). Parteigenosse Selzner von der Deutschen Arbeitsfront erkennt, mit der Siedlungspolitik werde »für alle Zeit der verheerende marxistische Begriff des Besitzlosen, des Proletariers, vernichtet«. Beachten wir auch, daß schon 1934 »im Landesverteidigungsinteresse (Luftschutz) bei zukünftigen kriegerischen Verwicklungen, deren Möglichkeit doch leider durchaus nicht ausgeschlossen ist, eine weiträumige Bebauung zur Verminderung der erheblichen Gefahren bei Gas- und Bombenangriffen erforderlich scheint«.

Die »Losreißung aus der Tod bringenden Verstädterung« ist keineswegs nur Begüterten möglich gewesen. Die Schrobsdorff-Parzellen waren erschwinglich; ihr Preis entsprach etwa zwei Berliner Jahresmieten. »Bezahlung des Grundstücks in Raten kostet weniger Geld, als täglich zwei Straßenbahnfahrten. (...) Es ist für niemand gut, den Ruf der Scholle erst zu vernehmen, wenn sie ihm auf den Sargdeckel poltert«, so werden die Berliner zum Siedeln gemahnt. Schließlich war auch Goethe Siedler und Parteigenosse, wie man ja im »Wilhelm Meister« liest:

Wo an wohlgebahnten Straßen
Man in neuer Schenke weilt,
Wo dem Fremdling reicher Maßen
Ackerfeld ist zugeteilt,
Siedeln wir uns an mit andern.
Eilet, eilet, einzuwandern
In das feste Vaterland!
Heil dir, Führer! Heil dir, Band!

Dann kam der Krieg. Dann kam er nach Berlin. Auch in der Schönwalder Siedlung wurden Ausgebombte einquartiert. 1945 zogen ostpreußische Flüchtlinge in die dafür beschlagnahmten Parzellen, deren (West-)Berliner Eigentümer 1953 durch die alliierte Teilung der Stadt vollends von ihren Zweitwohnsitzen abgeschnitten wurden. Die DDR als deren Verwalterin schien von ewigem Bestand; die Neusassen fühlten sich wie Eigentümer. Doch im Grundbuch verblieben die Namen ihrer Vorgänger, die sich per 1. Januar 1993 wieder in allen Rechten befanden. Die Schönwalder Restitutionsrate lag bei 80 Prozent. In vielen Fällen einigten sich Eigner und Bewohner auf Mietverhältnis, Kauf oder Pacht, doch jeder Vierte der damals 3000 Schönwalder mußte fort. Viele Alte fühlten sich zum zweiten Mal vertrieben.

Ein paar Tage später, auf der Kaffee-Couch von *Spinner Jensen*. Die WOGE (Wählergruppe für Offenheit und gemeinschaftliche Entwicklung) entpuppt sich als kommunalpolitischer Zweig eines »Vereins zur Erhaltung und Förderung des Charakters von Schönwalde«, dem Hagen Jensen vorsitzt. Jensen ist kein Wessi, sondern ein Ex-Lichtenberger, der nun hier mit Frau Elke ein kleines Unternehmen, »Gesundheit und Reisen«, betreibt. Dann tritt dezent Martin Möllhoff-Mylius herein, der Vereinsschriftführer, Jurist aus Heidelberg, jetzt beim Berliner Senat. Und sie klagen: über gemeindeamtlichen Schlendrian, die sinnlose Abholzerei von 200 Pappeln, die Russenbrache am Erlenbruch, die havelländisch-sturköpfige Betulichkeit, die typisch Dorf sei, typisch DDR, dieser allgemeine Mangel an kommunalem Engagement. Und wie sie so vernunftgeladen reden und in säuberlicher Mappe die vielen belehrenden Druckschriften offerieren, die sie in die hiesigen Briefkästen stecken, damit die Schönwalder begreifen, was der Charakter von Schönwalde sei, da dämmert dem Reporter, daß hier nicht Ost gegen West steht, sondern das Gewachsene gegen das Zugereiste.

Was gibt's denn hier im Wald für die Jugend?

Für die ist das die grüne Hölle, sagt Möllhoff-Mylius sanft.

Zwangsläufig folgt das Thema Fußballplatz. Der jetzige muß weichen. Er liegt auf Privatland, dessen Besitzer bauen will. Dafür möchte die Gemeinde den alten Bolzplatz am Strandbad erneuern, den seit anderthalb Jahrzehnten eine Kiefernschonung deckt. Ein wunderbares Landschaftsensemble würde zerstört, sagt Elke Jensen und zeigt uns ein Photo puren Abendfriedens. Ihr Mann führt uns zum See, damit wir das Idyll sehen. Wir sehen es. Am Ufer sitzt ein Junge und angelt.

Sind denn da Fische drin?

Das Wasser ist saudreckig, sagt der Junge. Kommt von den ganzen Berlinern, die kacken hier wahrscheinlich rein.

Der Fußballplatz erweist sich als Schönwaldes Bekenntnisartikel: Bist du Schönwalder, oder bleibst du Berliner, nur an deiner Ruhe interessiert? Der Städter im Dorf sei oft schwierig mit seiner Wochenendmentalität, findet Karla Ehl, die »Zeit«-Leserin von Schönwalde (pro Sportplatz). 1993 aus Schwaben zugezogen, leitet sie heute den Chor, empfindet jedoch die Ortsgemeinschaft als recht lose. Die Kirche fehle, die im Westen vieles konzentriert, und der Staat DDR veranstaltet ja nichts mehr. Zum Behufe des Zusammenhalts in nichtsozialistischer Zeit hat die Kinder-

Schönwalde-Dorf: das Ehepaar Gering

gärtnerin Monika von Wittkowski einen Heimatverein gegründet und dem Schönwalder Jahreslauf einen Festkalender angemessen: Osterfeuer (mit dem legendären Feuersprung von Bürgermeister Oehme), Maibaumklettern (mit Spendenaktion), 1. Juni (Kindertag), Erntedankfest, Weihnachtsmarkt. Gefeiert wird drüben, hinterm Kanal, im alten Dorf, dem *richtigen* Schönwalde. Dort gebe es noch Gemeinschaft, sagt die Ärztin, Frau Dr. Krieg. Vierhundert Einwohner, viele alteingesessen über Generationen, die Gerings, die Kühnes, da weiß noch jeder, wie's dem andern geht und hütet im Urlaub dessen Haus und nimmt auch mal das Kind und fragt nicht nach Geld.

Ärztin, das ist in Schönwalde ein Seelsorgeberuf. Geldsorgen, Grundstücksprobleme – auch damit kommen die Menschen in die Praxis. Die Leute hier sind arm, sagt Uta Krieg, und viele Zugezogene – nun, da wird manchmal gern gezeigt, was man hat.

Was trennt stärker: Ost/West oder Dorf/Stadt?

Ich stelle einen gewaltigen Ost-West-Graben fest, sagt Uta Krieg. Gerade gesundheitlich. Herzinfarkte werden immer jünger – 30-, 35jährige. Die Krebshäufigkeit: fast nur Ostler. Ich bin kein Onkologe, aber ich kann rechnen. Die Wende ist zehn Jahre her. Viele Krebserkrankungen sind auf Wendeschicksale zurückzuführen, auf die Einschnitte ins gesamte Leben. Einer meiner Tumorpatienten, Schwerarbeiter, zehn Mann in der Brigade, davon vier Ostler, diese vier haben Krebs.

Wir sind dann ins Altdorf hinübergewandert, zu Gerings, die uns in der Bauernstube von früher erzählten, zum Bauunternehmer Lüdtke, dessen Laden (40 Leute) branchenunüblich brummt, und in die Fliegersiedlung, zum Ehepaar Brodde, Zuzügler aus Berlin-Hellersdorf, die sich hier im Grünen endlich angekommen fühlen und von den Dörflern freundlich akzeptiert. Der Unterschied zur Siedlung Schönwalde? Im Altdorf lebt man von gleich zu gleich. Hier gab es keine Restitutionsansprüche. Die zuzogen, wohnen in neuen Häusern, deren Bauland den Alteingesessenen abgekauft wurde.

Frieden. Nur die Hähne schreien, die Hunde argumentieren, und über all den Grillen, Ziegelscheunen und schwerhäuptig verträumten Sonnenblumen vergißt man fast, daß 1936 vom Fliegerhorst Schönwalde Hitlers Legion Condor in Marsch gesetzt wurde und 1939 die Luftwaffe nach Polen. Auch Deserteure wurden hier erschossen. Den Flugplatz deckt Geröll und Kraut. Man sieht nur, was man weiß; auch das steht bei Fontane.

Jetzt, nach soviel Impression, muß Analyse walten. Wir treffen Dr. Ulf Matthiesen vom Institut für Regionalentwicklung und Strukturplanung Erkner. Matthiesen, Spätling der Kritischen Theorie, ist ein Wessi, der den Osten fühlt. Ihn nervt das Westcredo, demzufolge der Osten, via Markt, nachholend werde wie der Westen. Man müsse zweierlei Entwicklung unterscheiden, sagt Matthiesen. In Ökonomie und Verkehr sei Berlins Speckgürtel Vorreiter der Fusion von Metropole und dünn besiedeltem Flächenstaat. Aber gegen die funktionalen Verflechtungen ständen schroffe Grenzmarkierungen der Ost-West-Milieus. Auf der alltagskulturellen Ebene, sagt Matthiesen, sehe ich das Gegenteil von rauschenden Vergemeinschaftungen. Neue Renitenz. Tiefere Gräben. Man fetzt sich.

Ja, wissen Sie denn nicht, Herr Matthiesen, daß wir

Ostler die besseren Menschen sind? Wir denken ans Kollektiv.

Die DDR, sagt Matthiesen, war ein völlig verweltlichter Staat. Dieser Transzendenzausfall wurde mit anderen Kulturtechniken aufgefangen – durch extreme Solidarhaftung, durch die Betriebe mit ihrer Rundumversorgung. Das wirkt fort, zum Beispiel in der enormen Vereinsbildung. Die technokratische Angleichungstheorie des Westens ist soziokulturell blind. Der Osten hat seinen eigenen Individualisierungspfad, in den die Reste der Solidarstruktur neu integriert werden.

Hätten Sie doch recht, Herr Matthiesen!

Natürlich geht es auch den Ostlern schwer ums Geld, sagt Matthiesen. Sozialität bleibt aber ein Thema bei der hiesigen Modernisierung.

Matthiesen beobachtet auch, wie sich das Umland mit sich selbst vernetzt, ohne Bezug auf Berlin. Die rechte Glatzenszene ist das traurigste Exempel. Das haarige Gegenteil erlebten wir in Hohen Neuendorf, wo, wie die Welt weiß, in diesem Sommer das Woodstock-Revival stattfand. An der Havelbaude spielten Canned Heat. Unmengen alter Blueskämpfer kamen aus den Randberliner Wäldern, mit Parka, Fransenjeans und Jesuslatschen. Arschlang wallten die ergrauten Matten, es rauschten Kiefern und Bier, als der alte Fito de la Parra wie vor 30 Jahren auf Max Yasgurs Farm seine Trommelstöcke in die Felle hieb und fragte: *Do you feel like Woodstock? – Yeaaahh!* schrie das Waldvolk mit vollen Backen (es mampfte Nackensteak). Dann kam »Let's Work Together«, »Goin' Up The Country«, »On The Road Again« und was das altblaue Herz sonst noch braucht. Das war auch ein Fest gegen Berlin, seine Techno-Glatzen und das urbane Neugeilcool-Diktat.

In manchem ähnelt Hohen Neuendorf Schönwalde. Grenzlage (im Norden, gleich hinter Berlin-Frohnau), Waldnähe, Schlaf- und Gartenkommune ohne Industrie. Wir wanderten durchs Städtchen, von den verschilften Rotpfuhlen übers Mädchenviertel und die Schönfließer Ladenstraße bis zum neuen, höchst gelungenen Frohnauer Wohnpark mit seinen Hügeln, Gärtchen, Findlingswällen. Ein Stadtzentrum fanden wir nicht, aber das Rathaus. Wir stiegen in den Keller zu den Archivaren Jürgen Radtke und Dietrich Raetzer, hinab in Hohen Neuendorfs 650jährige

Geschichte, die aber erst 1877 recht in Gang kam, als Berlin die Nordbahn baute. 1848 hatte Hohen Neuendorf 180 Einwohner, heute, im Verbund mit Bergfelde und Borgsdorf, 17527. Wachstum ist die Politik des prosperierenden Orts. Die CDU-Bürgermeisterin Monika Mittelstädt und Gerd Solik, ihr Bauamtsleiter, erklärten Ost-West-Probleme schlicht zur Erfindung von Journalisten. Beschämt entwichen wir und besuchten im alten Stellwerk Karin Kudoke und ihr Familienzentrum. Hier treffen sich Alte, Neue, Ost und West. Der größte Ost-West-Unterschied liege in der Sozialisation, sagt Frau Kudoke. Westler dächten oft in Gleichschaltungsklischees über Ostler; diese wieder hätten häufig Probleme mit der Selbstbestimmung und mit Konkurrenz. Da dachten wir an einen Satz der Schönwalder Kindergärtnerin Monika von Wittkowski: Berliner Kinder kämpfen und kämpfen, das dauert, bis die hier zur Ruhe kommen.

Auch die Umlandkinder seien anders als vor der Wende – unruhiger, aggressiver. Die sozialen Probleme der Eltern schlügen durch. Das erzählen uns in der Hohen Neuendorfer Waldschule Direktorin Hanna Kunke und die Deutschlehrerin Kerstin Soehring. 15 Prozent der Kinder kämen aus dem Westen; die Eltern seien schulisch ausgesprochen engagiert. Allerdings gebe es auch Zugezogene, die ihre Kinder jeden Morgen zur Beschulung nach Westberlin chauffieren, über die Kulturgrenze sozusagen.

Haben Sie auch Westlehrer?

Die Tür fliegt auf, zwei junge Leute stürmen ins Direktorat: Robert Bittner mit den kurzen Hosen und Claudia Abdalla, die lacht wie die liebe Sonne, und sie schnattern, wie sehr es ihnen hier gefalle. Ja, es gehe hier ruppiger zu im Team als an Westberliner Schulen, aber kameradschaftlich und ohne endlose Profilierungsdebatten. Frau Kunke spricht: Das zu hören macht uns stolz.

Unheimlich viele Gardinen und Tischdeckchen gab es, als wir kamen, sagt Frau Abdalla.

Frau Kunke: Es sind aber schon weniger geworden.

Jetzt tritt Angelika Jucknies herein, ehemals Hamburg, dann Westberlin, mitsamt ihrem zweitklässlerischen Sohne Morten. Hier im Osten, sagt sie, werde doch mehr aufs Lernen geachtet und auf Disziplin.

Hohen Neuendorf

Hatten Sie gar keine Angst, Morten in den Rachen von Margot Honeckers roten Hyänen zu werfen?

Solche Aussprüche, sagt Frau Jucknies streng, müßten der Vergangenheit angehören.

Hiermit hat Frau Jucknies den Hohen Neuendorfer Gesellschaftsvertrag ausgesprochen: Die Vergangenheit ist vergangen. Wir wachsen miteinander, Berlin nährt uns, der Blick zurück stört nur die Zukunft. Das irritiert den Reporter, der Vergangenheit für die Wurzel verläßlicher Identität hält und von Ost-West-Unterschieden nicht so leichthin lassen will. Ja, der Frohnauer Wohnpark ist schön, aber befinden sich nicht 99 Prozent seiner 458 Wohnungen in westdeutscher Hand, häufig erworben zur Steuerabschreibung? Ostlern fehlt dazu das Geld; ihre Lebensleistungen akkumulierten kaum Kapital. Konzipiert hat den Wohnpark ein zurückgekehrter Hohen Neuendorfer: Horst Golm, Jahrgang 1934, 1958 weggegangen, als die DDR den väterlichen Gartenbaubetrieb enteignete. Das Prinzip Rückgabe finde er in Ordnung, sagt Golm, nur hätte es sozial besser gepuffert werden müssen. Und die nächste Welle der Eigentumsbildung werde wieder fast nur Westdeutsche erreichen.

Wir haben uns bis zum letzten gegen den Restitutionsanspruch eingesetzt, sagt Brandenburgs SPD-Innenminister Alwin Ziel, gleichfalls Hohen Neuendorfer. Das kam ja wie eine Naturkatastrophe übers Land. Da ist mancher seelisch kaputtgegangen. Manfred Stolpe, Regine Hildebrandt, Richard Schröder, Markus Meckel, ich – wir haben alles versucht. Es war nichts zu machen gegen die Kohl-Regierung.

In Hohen Neuendorf, hören wir immer wieder, sei die große Hinauskehre relativ zivil verlaufen. Anders als in Schönwalde wurde beizeiten Ersatzwohnraum gebaut. Der emeritierte Pfarrer Fred Bormeister, 1990 Moderator des Kommunalen Runden Tischs, kennt dennoch genügend bittere Fälle. Daß es nur ums Geld ging, sagt er, daß da Leute ohne Bindung hierher, teils aus Amerika, ihre Ansprüche an Immobilienfirmen abtraten, *shocking*. Wir Kirchenleute kannten ja nur freundliche Westler. Nun kamen sie alle, mit Schlips und Hemd, um uns den Boden unter den Füßen wegzuziehen.

Buchstäblich am 10. November 1989 klingelte es bei der Lehrerin Helga Garduhn. Zwei Westberliner: Wir sind die neuen Verwalter. 1967 hatte Frau Garduhn das Haus von einem Arzt gepachtet, der nach West-Berlin zu seinem Sohn zog und ihr auftrug, das Haus als ihr Eigen zu betrachten. Jetzt wohnen seine Stiefenkel drin. Wir haben soviel investiert, sagt Frau Garduhn und will, da ihr die Augen glänzen, gar nicht detailliert erzählen, wie sie rausgeekelt wurde. Nur soviel: Mein Ökokeller – mit Lauge vollgesuppt. Meine Wildwiese – planiert. Mein Walnußbaum – abgeholzt.

Helga Garduhn ist in Hohen Neuendorf eine grüne Übermutter, obwohl sie nun in der Frohnauer Invalidensiedlung wohnt. 21 Hektar Wald hat sie vor der Säge bewahrt durch 5 000 Unterschriften gegen einen Supermarkt. Zur lebenden Legende machte sie ihr Grenzturm. Im Übergabeprotokoll vom 25. Juni 1990 beurkundet Major Kuntze von den Grenztruppen der Deutschen Demokratischen Republik die Schenkung von »1 Stck. Führungsstelle«: »Garantieleistungen, Ersatzteillieferungen und Instandsetzungen werden durch den Übergebenden nicht gewährt.« Wir fahren hin, mit dem Taxi auf dem Todesstreifen. Das Trumm kommt in Sicht. Unser Türmchen! ruft Frau Garduhn. Das

Stolpe: Cordula und Marcus Wolbrandt heiraten im Gasthof Zur krummen Linde

Türmchen ist nun Grenzmuseum und Naturschutzstation der Deutschen Waldjugend und wird umlagert von einem Biotop mit Schilfklärwerk, Regenwurmzucht, Wildkrautzoo, Solaranlage und ähnlichen Paradiesereien. Außerdem hegt Helga Garduhn 20 Waldjugend-Kinder. Und sehen Sie dort, die Hochzeitsbäume, unser neuer Volksbrauch, die Brautpaare pflanzen sie und müssen sie pflegen, weil sonst die Ehe nicht hält.

Frau Garduhn, Sie sind nicht richtig unglücklich, stimmt's?

Nö. Muß ich auch nicht.

Helga Garduhn gehört kein Haus, doch blieb ihr Geltung, die eigene Welt. Allen gebeutelten Brandenburgern wurde nach der Wende ein ungetümes Geschenk angeboten: die brandenburgische Identität. Der Schenker hieß Manfred Stolpe. Er wurde Landesvater, weil er sich im Unterschied zur CDU der DDR-Vergangenheit nicht schämte, sondern sie zu einem Kapitel der märkischen Chronik relativierte. Klein wurde Honecker und der Kurfürst wieder groß, der Alte Fritz, Fontanes Schlösser, Luch und Bruch, Kiefernwälder, Seen, Sand, heil dir, mein Brandenburger Land!

Bis dato war dies Landesheil vor allem das von Stolpes SPD. »Radeln mit Innenminister Alwin Ziel« steht im Schaukasten. Treffpunkt: Autohaus Petzke, Bergfelde, Sonntag, früh um 9. Da müssen wir hin. Ein gutes Dutzend SPD-Anhänger trudelt ein. Ziel wartet schon am Start, ein spröder, uneitler Nordostler vom Jahrgang 1941, der bereits ein Leben gelebt hatte, als er mit der Wende in die Politik geriet.

Guten Morgen!

Morjen, Alwin!

Jeder empfängt: 1 Antirassismus-T-Shirt, 1 SPD-Basecap, 1 SPD-Ballon (für den Lenker). So illuminiert, juckeln wir nach Summt am See und besuchen Helga Schweizer, die Blumenfee. Am Zeltplatz lauscht Ziel geduldig einer campenden Seniorin, deren Dobermann an Wirbelsäulenschwäche laboriert. Dann nach Zühlsdorf, zum Sägemüller Helmut Evers. Daselbst ein frischgesägtes Hasseröder. Weiter, mit mahlenden Rädern im märkischen Sand, zur Revierförsterei, wo Förster Lemke Begrüßung tutet und Frau Katja den Magenbitter Mümmelmann kredenzt; und als die zahmen Rehe uns im SPD-Outfit erspähen, verschwinden sie schreiend im Wald. Förster Dominik geleitet uns durchs dunkle Briesetal. Wir lernen Mannigfaches über die Tücke des Blauen Kiefernprachtkäfers und daß die Traumkirsche nur keimt, wenn ihr Same durch einen Vogelmagen gegangen ist. Endlich erreichen wir den Gedenkstein, wo am 21. März 1993, dem Tag des Waldes, Landwirtschaftsminister Edwin Zimmermann den Baum des Jahres pflanzte: einen Speyerling, welcher sich, je größer er wuchs, um so deutlicher als Mehlbeere entpuppte. Überhaupt gewinnen wir auf dieser Tour nur Bäume für die SPD, aber Sozialdemokratie ist ja in Brandenburg bis dato ein Naturzustand. Huch! schreit es aber doch von Zeit zu Zeit vom Wegesrand. Was man für hohe Herren sieht, wenn man schon mal spazieren geht! – Für solche Wegelagerer hält Alwin Ziel denn doch ein Autogrammphoto parat, als minderer Manfred Stolpe.

Als wir hörten, wie der spröde Ziel ganz natürlich mit den einfachen Leuten sprach, und sahen, wie er glücklich war, als Sägemüller Evers' Enkeltöchterchen ihn bei der Hand nahm, da spürten wir Stolpes Brandenburg: schlicht, aber selbstbewußt, mit den Vollgefühlen der Provinz. Dieser Stolz hat nichts gekostet, nur die Länderehe mit Berlin. Einst

Ur-Stolper: Fritz und Erna Matthes. Der Dorfkrug war von 1850 bis nach der Wende Matthes'scher Familienbesitz

werde sie kommen, sagen alle, auch Ziel. Schon passierten wir die CDU-Plakate, von denen der Westberliner General Schönbohm mit »Leidenschaft für Brandenburg« drohte. Dann war Wahltag, und Schönbohm stürzte Stolpe vom Thron der absoluten Mehrheit. Auch so kommt Berlin übers Land.

Zum Schluß haben wir Stolpe besucht – nicht Manfred, sondern das 375-Seelen-Dörfchen nahe Frohnau. Dort, versprach man uns, fänden wir Ost und West in reinster Scheidung: hier der Wessi-Gasthof Zur krummen Linde, da, für die Stolper, der Dorfkrug.

Man fährt mit der S-Bahn nach Frohnau und läuft dann ein Stündchen durch die Felder. Die S-Bahn rattert von fern, durchs Riedgras fächelt der Herbstwind, da taucht landabwärts ein Absurdum auf: 34 nagelneue, identische Häuser, der Wohnpark zum Golfplatz Stolper Heide. Davor sitzt Westvolk, pichelt und schwatzt: Zugezogen sind wir, aus Schöneberg, aus Wilmersdorf, herrlich hier draußen, die Ruhe, das Grün, wenn ich Leben will, bin ich in 20 Minuten am Kudamm.

Kennen Sie Leute aus dem Dorf?

Nö.

Das Dorf: uralte Bäume, Backsteingehöfte, das verfallende Gut, das goldgekrönte Kirchlein, wo 1810 die Königin Luise in ihrem Sarg eine Nacht verbrachte. Der malerische Gasthof Zur krummen Linde: Terrasse, Sommerhof und Wintergarten und ein Wirt, der ein bißchen wirkt wie aus dem Boxmilieu, aber früher Polizist war.

Ick bin, spricht Karl-Heinz Werner, ein Mensch aus der Westberliner City. Und ick bin jerne Jast. Bei mir lacht der Kellner, ansonsten … Ick mach hier knallhart regionale Küche. Und ick setze voll uff Berliner Publikum. Die Krumme Linde war schon vor dem Krieg ein Knaller. Die alten Frohnauer erzählen, wie sie an Opas Hand durch die Felder herjewandert sind.

Stimmt es, daß die Stolper Sie meiden wie die Pest?

Der Zaun hier is 'ne klare Grenze. Ick bin hier nur jejen Mauern jelaufen. Hör ick so Dinger: Wat glauben Sie, wer Sie sind, daß Sie sone Preise nehmen? Sarick: Hab ick jesacht, daß Sie herkommen müssen? Neulich war der Vorstand von Daimler-Benz bei mir, 50 Leute, Gänseessen, *das* is'n Kompliment. Jetzt muß ick springen, wir ham heut 'ne Hochzeit.

Die Gäste waren bereits eingetroffen – Manschetten, Einstecktüchlein, Siegelringe. Nun nahte das fröhliche Brautpaar, Cordula und Marcus Wolbrandt aus Berlin-Tempelhof, die waren vor zwei Jahren im Regen nordwärts gefahren. Sie kamen durch Stolpe, da rissen die Wolken auf. Sie kehrten in der Krummen Linde ein und beschlossen, in diesem Elysium dermaleinst Hochzeit zu feiern. Wir aber wechselten in den Dorfkrug, wo uns der Wirt, Bernd Birkner, versicherte, auch er lebe gut, durchaus auch von solchen Westberlinern, die es rustikaler liebten, und von den Stolpern sowieso, weil der Dorfkrug zu Stolpe gehöre wie auf dem Anger die Eiche.

Dann, am Stammtisch, gab's Tobak: Die Wessis, die Berliner, scheißen das Dorf zu mit Autos, parken auf den Grünanlagen, Picknick aufm Friedhof. Krumme Linde, da jehste rin, wirste serviert, die Wessis spielen Krösus, sitzte da wie doof. Alleene kommste, alleene jehste, na toll. Hier im Dorfkrug jips keene Hierarchie. Hier kloppt jeder

Neubauer am Wohnpark Stolpe

uffn Tisch. Hier kann ick quatschen und wat hörn und wat loswern, na, und wat saufen natürlich ooch.

Und wie sind die Leute aus dem Golfdorf?

Haben wir sehr nette Gäste dabei, sagt Wirt Birkner.

Kein Stolper spielt Golf; dennoch ist der Golfplatz nicht einfach die Domäne der Kolonialmacht Westberlin. Er bringt den Stolpern ordentliche Pacht. Sie wollten ihn auch, um die Wiesenlandschaft vor Bebauung zu retten.

Ick bin Grienkieper uffm Golfplatz, sagt einer der Stammtischler. Mein Chef benutzt dauernd englische Wörter. Sarick: Ausländer. Sacht er: Du bist hier der Ausländer, lern erst mal Englisch.

Sollte vielleicht lustig sein.

Bei dem ja. Ham sich aber schon Berliner beschwert, daß die Vöjel hier zu laut sind. Vöjel singen nu mal, Hähne krähen, Pferde stinken. Mann, ick kann doch nich uff Dorf ziehen und die Tiere verachten.

September 1999

Die lustige Witwe

Bonn überlebt den Regierungsumzug

Es schien sogar, als freute sich die kleine Stadt, daß ihre große Zeit vergangen war. Sie döste in der Sonne, behaglich durchtrödelt von Touristen, die entmachtete Paläste knipsten, das schrullige Rathaus, die berühmte Brücke über den Strom. Am Theater schwebten bunte Pferdchen um ein antikes Karussel. Vor den Lokalen harrten weiß beschürzt die Kellner in jener ruhigen Gewißheit, die dem ganzen Ort zu eigen schien. Denn der Ruhm der Stadt war ja besiegelt und von keiner Gegenwart zu irritieren, seit sich die Päpste wieder nach Rom verzogen hatten. Die glückliche Stadt hieß Avignon.

Deutschlands Rom: Berlin. Nur hier spielt Gegenwart. Nur Berlin gewährt Vereinigung von Ost und West. Im Bedeutungshof von Reichstag und Brandenburger Tor, bald auch des Holocaust-Mahnmals, sproßt endlich eine selbstbewußte Politik, die Deutschlands wirtschaftlicher Größe angemessen ist. Und die Berliner Szene: unsere Urbanität, unser souveräner Ick-hau-dir-um-Humor, unser babylonisches Treiben rund um die Uhr! Du bist verrückt, mein Kind, du mußt nach Berlin, wo die Verrückten sind, da jehörste hin.

Höherentwickeltes Leben jenseits der Hauptstadt ist also nicht zu vermuten. Wir aber reisen zeiteinwärts, von Pankow nach Bonn, und suchen die Ruinen der vorigen Welt. Wir lesen in der Eisenbahn all die erregten Reden, mit denen am 20. Juni 1991 im Bundestag der Umzug vom Rhein an die Spree erkämpft und verhindert werden sollte. Bonn, schmähten die Pro-Berliner, stehe für altbundesdeutsche Saturiertheit und retrospektives *Weiter so!* Berlin, orakelten die Bonner, werde der Rückschritt vom multizentralen Europa zum Zentralstaatsnationalismus. Es gab die Geschichtsstundler und die Spesenzähler. Es gab die

Schmeichler: Berlin sei Hauptstadt doch auch ohne Kanzler. Bonn bleibe doch immerdar die Stadt der glücklichsten 40 Jahre. Auch Humoristen traten auf: Eine Berliner Regierung werde Ostdeutschlands Probleme tagtäglich vor Augen haben. Als es dann ans Stimmenzählen ging – 336:321 –, da hatte die deutsche Geschichte einen köstlichen Witz gerissen: Berlin wurde Hauptstadt von Gnaden der PDS.

Und Bonn? Absturz, Elend, Wüstenei? Schaudernd lasen wir beim Zeugen unseres Vertrauens, Meinhardt Graf Nayhauß, in »Bild«: »Bundeshausfrisör. Die Tür zum Laden, wo der Kanzler geschoren wurde, weit offen, der Sessel verwaist. Das Pförtnerhäuschen neben dem ›langen Eugen‹, dem Abgeordnetenhochhaus, verwaist, die dazugehörige Gegensprechanlage aus dem Sockel gerissen, umgestürzt. Die Eingangstür mit einem primitiven Holzkeil versperrt. Der einst helle Teppich schmutzig und abgetreten. Draußen bläst ein Herbstwind. Kastanien knallen auf Dächer. Der gütige Herr Heyer, der mit vierundachtzig Jahren immer noch in seinem Geschäft für Zeitungen, Schreib- und Tabakwaren in der Hausdorffstraße bedient – der für Kohl, Struck, Ben Wisch immer den richtigen Pfeifentabak bereithielt –, ergreift mit traurigem Blick aus hellblauen Augen unter schlohweißem Haar meine Hand: ›Aber Sie bleiben uns hoffentlich erhalten.‹ Mir fehlt der Mumm, ihm reinen Wein einzuschenken.«

Man tut Bonn unrecht, mit der Bahn zu kommen. Man steigt aus und fällt ins Bonner Loch, ein Tiefplateau der Bettler und Fixer. Man läuft zum Münsterplatz, wo Beethoven nebst der romanischen Basilika residiert, dann durch allbundesdeutsche Geschäftspassagen zum Rathaus. Um die barokken Treppen haben sich damals die Radikalbonner zusammengerottet. Einem Esel hängten sie ein Schild um: ICH BIN EIN BERLINER. Jetzt tummelt friedlicher Markt, und wir fragen, so zwischen Obstfrau und Matjesmann: Was hat sich denn geändert ohne die Regierung?

Nichts, sagt der alte Herr.

Nichts, sagt die Studentin. Ich studiere weiter gemütlich in Bonn und amüsiere mich in Köln.

Kein Stau mehr draußen in Godesberg, sagt der Bilderhändler. Und der Einzelhandel ist rückläufig, aber das ist ein bundesweiter Trend, seit sieben Jahren schon.

Die Kuchen-Omis sagen: Jott sei Dank sind die dauernden Demonstranten weg und die Absperrungen.

Und der Glamour, die winkende Queen auf der Rathaustreppe?

Junger Mann, darauf könn wir jut verzichten!

Wir werden sehr anderes hören. Der Taxifahrer beklagt Geschäftsrückgang, der Makler fallende Mieten. Den Edelrestaurants fehlen die Spesenritter, den Herrenausstattern die Beamten, den Ärzten die Privatpatienten, den Anwälten die Prozesse gegen den Bund. Der Schmetterling wird wieder zur Raupe, sagt Dietmar Herz, scheidender Professor für Politologie an der Uni Bonn; er geht nach Erfurt. Flair und Internationalität seien verlorengegangen, die englischen Buchläden, die Diplomaten. Und die Vertreter jener Drittweltländer, die sich den Umzug nicht leisten konnten, empfänden sich als degradiert, möglichst noch durch das wohlmeinende Argument: Das Entwicklungshilfeministerium zieht ja auch nicht nach Berlin.

Bonn als geistige Größe hat aufgehört zu existieren, sagt Hans-Joachim Veen von der Adenauer-Stiftung. Das Bonn der politischen Diskussionen, der Kommunikation zwischen Mächtigen, Lobbyisten, Journalisten, sei tot, und das schmerze all jene, die dort ihre kleine Rolle gespielt haben. Aber der Umzug nach Berlin war nötig, sagt Veen. Städte haben ihren Genius loci. Bonn hat den Deutschen einen pragmatischen Politikbegriff geschenkt, aber Bonn stand auch für Nischenpolitik und Scheckbuchdiplomatie. Ich spreche, wohlgemerkt, von Bundesbonn. Das kleinstädtische Bonn hat immer daneben gelebt.

Dies wird Reporters größte Überraschung: Bundesbonn war ein auswärtiges Emblem. Die Symbiose zwischen Stadt und Regierung blieb eine lösbare Verbindung. Das läßt sich auch räumlich erklären. Bundesbonn lag extern, rheinaufwärts gen Bad Godesberg, und installierte dort sein inzestuöses Treibhaus. Dort klagen die Wirte, die Edelboutiquer, falls sie nicht schon starben. Das Godesberger Hertie-Kaufhaus steht seit Jahren leer. In seinem Theater sitzt Manfred Beilharz, Generalintendant der Bonner Bühnen, und enthüllt, wie der Bund erst in Bonn Hauptstadttheater aufzog und sich nun aus dem Etat stehlen will. Der Bund, spricht Beilharz mit Tragödenstimme, hat mit der

Stadt gevögelt, und nun will er die Kinder nicht alimentieren.

Spielende Kinder, *mixed race*, am Beerdigungsinstitut: Hallo, warum knipsen Sie uns, kommen wir in die Zeitung, wo sind Sie denn her?

Aus Berlin.

Gibt's da auch Schlecker?

Na klar.

Und Aldi?

Aldi auch.

Aber in Berlin sind sie rassistisch. Wir sind nicht rassistisch.

Die alte Dame an der Redoute: Wissen Sie, Godesberg ist ja Idylle, aber Politiker gehören an die Front. Ich kenne Berlin, ich war da ausgebombt, das solln die ruhig auch mal erleben.

Die Chefin der Boutique »Champs Elysée«: Ja, hier sind viele weggezogen, doch mein Mann sagt immer, wenn die einen Menschen gehen, kommen andere.

Aber was für welche? Die Stadt erlebt einen Kulturumbruch. In dieser Woche verschwinden vom Dach des Konrad-Adenauer-Hochhauses die roten Leuchtlettern CDU. Jahrzehnte haben sie ins Land gestrahlt: drei Ewige Lampen der Christdemokratie und ihrer rheinischen Republik. Mit allem weiten Land ringsum gehört nun das Adenauer-Haus der Telekom; ob sie es abreißt, ist noch unentschieden. Ein neues Initial prangt überall in Bonn: das rosa T. 9000 Arbeitsplätze hat die Telekom geschaffen, weitere 5000 das Konglomerat von Telekom-Töchtern und artverwandter Industrie, die sich nahe dem Branchenriesen im Rheintal angesiedelt hat. Für Beamte und Diplomaten kommen Technokraten. Es ist, als demonstriere Bonn paradigmatisch, was in Deutschland überall geschieht: Die Wirtschaft ersetzt die Politik. Der Markt verdrängt den Staat; und diese Entmachtung der parlamentarischen Demokratie soll Zukunft heißen.

Das müssen wir Ron Sommer melden. Anruf bei der Telekom. Ausführlich plätschert die Weichspülkantate aus Telekom-Vierklang und erotisierenden Hallos. Endlich fragt Herr Ehnert, Pressesprecher, nach unserem Begehr. – Herrn Sommer! Bitte, Gespräch über die tiefe Beziehung der Telekom zum Standort Bonn! Böse Zungen behaupten, so schleimen wir, die Telekom könne ebenso in Münster sitzen oder in Buenos Aires. – Das sei nicht falsch, gesteht Herr Ehnert, erlaubt aber neuerlichen Anruf mit dem sinnlichen Satz: Ich muß sehen, ob ich den Chef freischaufeln kann.

An diesem Abend weint Bundesbonn seine letzte Träne. Finales Sommerfest in der Ländervertretung von Nordrhein-Westfalen, einer ungetümen Betonburg, die sich künftighin wohl nur mitsamt Bagger vermieten läßt. Noch einmal ist der Garten voll wichtigen Volks, die Tische biegen sich, derweil drinnen der steinalte Exfinanzminister Diether Posser Ufa-Melodien klimpert und episch erzählt, wie Goebbels den Hitler-Hasser Victor de Kowa zur Ergebenheitsadresse nötigte. Und de Kowa – genial! – telegraphierte: Ich glaube an den Endsieg, wie ich an den Führer glaube. Ich wiederhol's noch mal, ruft Posser. Ich glaube an den Endsieg ...

Klaus Staeck knipst Prominente. Der Kabarettist Konrad Beikircher erklärt NRW zum Europa im kleinen und daß ein Land nicht untergehen könne, dessen Regentenduo WC und BH heißt. Alles lacht, außer W. Clement. Wir fliehen nach Tannenbusch, in Bürgerbonns Problembezirk; dem DDRler scheint dieses Neubaughetto leidlicher als so manches daheim. Im City-Treff läuft der Fernseher, Fußball-Europameisterschaft, Deutschland gegen Portugal, ortstypisch kommentiert: Wenn der Somaljer so wat bieten tät wie unse, dem würd de Kopp abjeschlagen, un dem Nigerjer jenauso. – Wir erfahren im Verlaufe eines langen Abends, daß im Tannenbusch 65 Nationen anzutreffen seien, was aber jrößtenteils janz jut jehe, weil die meisten irjendwie an Jott glaubten. Ohnehin hätten im Rheingraben schon immer alle durchziehenden Völkerschaften irjendwelche hier abjeladen, zuletzt de Rejierung. Wir ham hier picobello Koreaner und sogar Nejer, die sind top! Und nu drink noch ene mit, stell dich nich so an.

Man kann auch nach dem dreizehnten Kölsch noch gut mitschreiben, wenn man ein Auge zukneift, damit die Zeilen nicht verschwimmen. Am nächsten, einem schweren Morgen müssen wir aufs Rathaus. Bärbel Dieckmann, die SPD-Oberbürgermeisterin, spricht fraulich patent und

Vor der Fronleichnamsprozession auf dem Bonner Markt

agil von Übergangsphase und Strukturwandel: Dienstleistungsmetropole werde Bonn, Kultur- und Wissenschaftsstadt, Telekommunikationszentrum und ein Campus für UN-Filialen. Nein, sie klage nicht, außer um die vielen Freunde, die sie an Berlin verloren habe. Ja, und die Demonstrationen vermisse sie, Bonns Wallfahrten eines toleranten Deutschland. – Natürlich hört auch Bärbel Dieckmann die Bonner Spatzen vom Berliner Rutschbahneffekt pfeifen: Bald zögen bestimmt auch die sieben am Rhein verbliebenen Ministerien an die Spree. Der Umzugsbeschluß, sagt sie fest, war 1991 nur als Kompromiß zu haben, und ich vertraue darauf, daß die Politik Wort hält. – Dann dürfen wir im Goldenen Buch schmökern und ins Horrorkabinett der Staatsbesuchsgeschenke: Haile Selassis Elefantenstoßzähne, die silberne Ziege des Emirs von Qatar, Leonid Breshnews hölzernes Teeservice …

Es kommt ein Berliner und spricht gegen seine Stadt. So klingt es vielen in der Aula der Universität, als Günter de Bruyn den Ernst-Robert-Curtius-Preis für Essayistik entgegennimmt und sich mit einer Rede wider die Kyffhäuserhaftigkeit des neuen Berliner Bauens erkenntlich zeigt. Besonders grause ihn vor der Kolossal-Trauer des Holocaust-Mahnmals. Jeder Rest KZ-Stacheldraht, jeder gelbe Stern auf einem Kindermantel bezeuge stärker die deutschen Verbrechen. – Viel Beifall. Ein Hauch von Walser liegt in der Luft, doch das Publikum dankt de Bruyn ein anderes. Es waltet in Bonn der kaum eingestandene Wunsch, Berlin möge sich unwürdiger, wilhelminischer betragen als Bonn in seiner Rhöndorfer Bescheidenheit, wie sie in Adenauers Domizil immer noch besichtigt werden kann: Schuhabkratzer, Standuhr, Gardinchen, Bouleplatz und Putten im Rosengarten und – Symbol der ganzen jungen Bundesrepublik – der Zeitschalter an der Nachttischlampe, der das Licht ausmachte, wenn der Hüter Bonndeutschlands beim Lesen eingeschlafen war. *Herr, nun breit die Arme aus und segne unser liebes Haus.* Wir braten Adenauer trotzdem ein BERLIN-PANKOW ins Gästebuch.

Als Bonn, das Provisorium, sich dann endlich für von Dauer hielt und seine Pyramiden baute – die Museumsmeile entlang der Adenauerallee mit dem vorzüglichen Haus der Geschichte als Walhalla der praktischen Vernunft –, da machte die Weltgeschichte in ihrer Ironie auf dem Hacken kehrt und ließ Bonn allein. Allein? Es kam ja die Telekom. Leider hat Herr Ehnert Ron Sommer nicht freischaufeln können, aber dafür das Vorstandsmitglied Gerd Tenzer. Hoch oben, im gläsernen Schloß des Konzerns, referiert uns Herr Tenzer über TeleBonn und Telekom Valley am Rhein. Die Wachstumsbranche. Der Segen für Bonn, für das man sich bewußt entschieden habe, als 1990 das Postministerium in Telekom, Postbank und Post AG geteilt wurde. Wir sind vom Aktienpotential das größte Unternehmen in Europa, spricht Herr Tenzer und daß die Selbstfürsorgepflicht des Bürgers den gesamten Aktienmarkt belebe. Denn der Obhutsstaat gehöre ins vorige Jahrhundert. – Falls Herrn Tenzer sein Besucher ähnlich fremd vorkam wie er diesem, so war er doch haltbar genug, dies nicht zu bemerken. Man traf sich im Bekenntnis: Bonn ist lebenswert, ja liebenswert.

Wir pilgerten auf den Kreuzberg und erlebten an Balthasar Neumanns Heiliger Stiege ein Hubertusmesse geheißenes, denkbar unpreußisches Open-Air-Potpourri aus

Waidmannsheil, Barock und Großer Gott, wir loben dich – letzteres auch für dat schöne Wetter, wie Ehrwürden Kreutzwald ausrief, worauf die Gemeinde dem lieben Jott applaudierte. Wir sahen den Fronleichnamszug durch Bonn prozessieren; die Burschenschaftler, voller Wichs, winkten den Punks am Hofgarten, und die Punks riefen: Nich den rechten Arm so hoch, Kammraden! Eben begann die Bonner Biennale, Europas bedeutendstes Festival zeitgenössischer Dramatik. Intendant Beilharz pries fortissimo das Bonner Publikum und beförderte uns in »De Sade« von Dick McCaw und Silviu Purcarete und in Cesare Lievis »Der Tag der Worte der anderen«. Dann schlug bei der Europameisterschaft die Türkei Belgien. Autokorso, Hupkonzert, wehende Halbmondfahnen. Wir kauften am Uni-Grill einen Döner und gratulierten zum Sieg. Der Dönermann vereiste: Ich bin nicht froh. Ich bin Kurde. Können Sie verstehen? – Ja, natürlich. – Wo kommen Sie her? – Aus Berlin. – Er verhielt einen Augenblick, dann griff er ein Küchlein und wickelte es ein: Kleines Geschenk für Berlin, weil Türkei gewonnen hat.

Es ging uns gut in Bonn, besser als oft in Berlin. Bonn offenbart eine Freundlichkeit, eine seelische Intelligenz, die vielleicht nur gedeiht, wenn eine Stadt aus ihrer Landschaft lebt. Wandere durch die Beueler Uferwiesen zum Doppelkirchlein nach Schwarzrheindorf, schau vom Drachenfels über Strom, Eifel und Siebengebirge, schwimm mit dem Dampfer »Moby Dick« von Königswinter in William Turners Abendlicht, und du spürst, daß diese rheinselige Stadt Größeres als sich selber kennt und ehrt. Das fehlt Berlin und, ist zu fürchten, bald auch seiner Politik.

Es war dem Reporter gesagt, Bonn sei das westliche Pendant zum Untergang der DDR. In Bonn werde leidvoll verstanden, was Abwicklung heißt. Wir waren also schier gefaßt auf Potsdam, ja, auf ein rheinisches Bitterfeld und kamen in ein leicht besorgtes Avignon. Statt einer Todgeweihten fanden wir eine lustige Witwe. Aber am letzten Tag entdeckten wir doch ein verschwiegenes Bonner Symbol der deutschen Einheit, das zudem lehrt, wie wenig 40 Jahre vor der Geschichte gelten. Am Rande des Alten Friedhofs liegt der Gott, der Eisen wachsen ließ: Ernst Moritz Arndt, Choraldichter, Franzosenfresser, Nationalist.

1834 ertrank sein achtjähriges Söhnchen im Rhein. Arndt, von Rügen stammend, ließ von der Ostseeinsel einen Eichenschößling kommen und setzte ihn dem Kind aufs Grab. 1860 legte er sich selbst hinein. Die Eiche aber wächst gewaltig, und der Trostvers an der Mauer hätte auch der Exbundeshauptstadt aufs Grab gepaßt:

Gute Nacht, ihr meine Freund
Alle meine Lieben
Alle die ihr um mich weint
Laßt euch nicht betrüben
Diesen Absteig den ich thu
In die Erde nieder
Seht die Sonne geht zur Ruh
Kommt doch morgen wieder.

Juli 2000

Erniedrigte und Beleidigte

Rathenow. Ein Bericht aus der Brandenburger Normalität

Ihr Völker der Welt, schaut auf diese Stadt! Seht, wie sie nazidumm und böse im Havelland kauert, kaum ein Stündchen westwärts von Berlin. Ward ihr nicht Zeuge, als die braune Jauche aus dem Magazin »Kontraste« schwappte? Schriebt ihr nicht Briefe, stapelweise, an den SFB und danktet für die »prima Sendung über dieses Scheiß-Kaff in Brandenburg«? Und gar aus Chile fragte es, ob man in Rathenow nun wieder Juden verfolge. Nein, Juden haben sie wohl nicht, aber 1300 Ausländer (Übersiedler inklusive). Und 27000 Deutsche.

Diese Geschichte begann zu Silvester – und schon erzählen wir sie falsch. Begonnen hatte sie längst, bevor Rechtsradikale den pakistanischen Asylbewerber Mahmood Khalid zusammendroschen. Seit jeher verzeichnet Brandenburg die höchste Rate fremdenfeindlicher Gewalt. Jetzt war das Maß voll. Die Rathenower Asylanten verfaßten ein Memorandum. Es beschrieb die dauernden Übergriffe, die Impotenz der Behörden und schloß für den Fall, daß Besserung nicht möglich sei, mit der dramatischen Petition: »Bitte, bitte, bitte, bringen Sie uns vom Land Brandenburg weg.«

»Kontraste« entsandte Gabriele Probst, Reporterin vom Typus flammendes Herz. Ihr Beitrag »Ratlos in Rathenow« zeigte braunfaules Jungvolk, das *Deutschland-den-Deutschen*-Gesülze erbrach, ratlose Eltern, einen, wie es schien, verstockten Schuldirektor und einen Fettsack, der im »Kaufland« einen Pakistani *Scheiß-Ausländer* titulierte. »So denken hier alle«, erfuhr der Betrachter. Dann entließ ihn die Moderatorin Petra Lidschreiber mit touristischem Rat: Wer keine Lust habe, in Haiders Österreich Ski zu fahren, dem sei sicher auch die Freude am Wanderurlaub in Brandenburg vergangen.

Rathenow, das darf man sagen, heulte auf. Wir haben

die Pest überlebt, wir haben den Weltkrieg überlebt! rief am Antirassismustag Bürgermeister Lünser einem Völklein Demonstranten zu und schwor, Rathenow werde auch diese Heimsuchung überstehen. Und obgleich Lünser von *Chaoten* sprach, klang es vielen, als wohnten sie einer Anti-»Kontraste«-Demo bei. Das Zehn-Minuten-Filmchen schwoll zum Stadtgespräch. Zuhauf empfing der SFB die Dokumente tiefster Rathenower Kränkung: Quotengeil und mit schlampiger Recherche habe das Magazin die Stadt zur *browntown* heruntergesaut. »Ja, wir sind ratlos in Rathenow. Dies aber eher aufgrund Ihres diffamierenden Berichtes. Mit wenig freundlichen Grüßen ...« *Ausländer-raus*-Post gab es ebenfalls, gern auch aus dem Westen.

Es kommt wie schon öfter, wenn heimtückische Westmedien über den barbarischen Osten berichten. Die Stadt lädt, falls nicht zum Tribunal, zur Podiumsdebatte. 300 Rathenower strömen in die Weinbergschule. Generalsuperintendent Schulz macht den Friedensrichter: Rassismus sei ein hochwirksames Gift, nicht einmal in Spuren tolerabel. Die Abwehrkräfte gelte es zu stärken. – Ebendies, das Gute zu erwähnen, habe der Film versäumt, moniert Almuth Berger, die Ausländer-Beauftragte von Brandenburg. Bürgermeister Lünser, Cherub seiner Stadt, leugnet nicht die Existenz von Rechtsradikalität; schließlich habe die Shell-Studie 27 Prozent aller Jugendlichen als hoch ausländerfeindlich eingestuft – in *ganz* Deutschland! Beistand aus dem Publikum: So wie hier ist es doch überall! Darauf ruft der Antifaschist Friso Kegel, laut Verfassungsschutzbericht führten hierzulande alle rechten Wege nach Rathenow.

Alsdann rückt Reporterin Probst ins Visier: Antirassistische Äußerungen hätten sie gar nicht interessiert. Das »Kontraste«-Team versetzt, man habe kein Reisejournal Rathenow fabrizieren wollen, sondern den Hilfeschrei der Asylbewerber verfilmt. Aufgeregt überreicht der Schüler Stefan Lüdke Petra Lidschreiber fünfhundertzehn antirassistische Unterschriften aus der fälschlich als rechts inkriminierten Bruno-H.-Bürgel-Schule (600 Schüler). Spitz dankt die Beschenkte: Ob man die Signaturen nach dem Memorandum der Asylbewerber gesammelt habe oder nach der »Kontraste«-Sendung?

So zickt es hin und her. Der Bürgermeister begreift das

Medium nicht als Chance, die SFBler überhören die humane Potenz der einheimischen Empörung. Wechselnder Applaus – was ist das wahre Rathenow? Endlich beschließt Generalsuperintendent Schulz das Gestocher. Als wär's ein Kreismissionsfest, als spräche er den Segen, senkt er die Formel *Total normal in Rathenow* mild mahnend in die aufgewühlten Herzen. Da aber, als das Volk schon heimwärts strebt, ruft aus dem Publikum Pater Koch, was bislang niemandem eingefallen ist: Ich entschuldige mich bei den Ausländern, die von den Deutschen verbal, nonverbal und tätlich angegriffen wurden!

Mehr Beifall kriegte keiner. Ja richtig, ging's nicht um die Asylanten? Einige waren im Saal, und auf der Bühne stand ihr Sprecher Christopher Nsoh, ein junger Jurist aus Kamerun. Nsoh ist pikiert: Die Stadt hat den Dolmetscher vergessen. In drei Tagen mögen wir nach Potsdam kommen. Dort gebe er mit seinen Freunden eine Pressekonferenz.

Potsdam, Diakonisches Werk. Wir hören von einer märkischen Reise, wie sie wohl kein Fontane-Freund je anzutreten wünscht. Zwei Wochen lang ist Christopher Nsoh mit ein paar Schicksalsgenossen, unterstützt vom Flüchtlingsrat, umhergefahren und hat Asylbewerberheime besucht. Nun sitzt er neben dem Kameruner François Koron aus Stolpe Süd und dem Algerier Hasni Abdel-Hamid aus Frankfurt an der Oder, und sie erzählen von der fast alltäglichen Gewalt, von behördlicher Schikane, von der Sprachbarriere, der Residenzpflicht, dem Einkauf mit Coupons, vom Waldasyl Verlorenwasser, wo nur zweimal in der Woche ein Bus die 15 Kilometer nach Belzig fährt, von Heidefeld, wo man wohne wie in zerbombtem Gebiet, von Cottbus, wo das Sozialamt beim Arzt anrufe: Die Behandlungskosten pro Asylbewerber dürfen zwanzig Mark nicht überschreiten ...

Sechs Quadratmeter Raum gesteht man jedem von uns zu, oft weniger, sagt Nsoh. Und da sitzen wir dann, drei Jahre, fünf Jahre, acht Jahre, bis der Bescheid kommt. Arbeiten dürfen wir nicht, auch das trägt zum deutschen Rassismus bei. Laßt uns arbeiten, damit wir Steuern zahlen; das schafft Jobs. Und wenn wir zu dritt in einer Wohnung leben könnten, dann wäre das für den Staat billiger als die Asylantenheime. Und warum liegen die Heime meistens im Wald? Sind wir Tiere? Ist es gewollt, daß man uns in den Städten fragt: Fremder, was willst du hier?

Nachdem die Berliner Mauer gefallen ist, sagt François Koron, haben die Deutschen sie neu gebaut: um uns herum. In meiner Heimat bekommt der Gast das beste Bett, hier das schlechteste.

Groß war die Hoffnung, groß ist die Enttäuschung, sagt Hasni Abdel-Hamid. Alles, was uns widerfährt, geschieht in einem Land, wo Menschenrechte und Demokratie die Essenz der Politik bilden.

Rassismus ist eine Doktrin, die sich auch in den Köpfen mancher Amtsinhaber findet, sagt Christopher Nsoh. Und weil sie nicht selbst zuschlagen können, schicken sie den bewaffneten Flügel des Rassismus: die Jugend.

Dem Reporter will diese Drastik nicht gefallen. Doch so empfinden die Fremden im Deutschland des rassischen Nationalbegriffs und der CDU-Kampagnen. Und herrscht nicht tatsächlich, wie Almuth Berger sagt, in Brandenburg ein eisiges Klima der Ausländerfeindlichkeit? Was setzt es für ein Zeichen in Rathenow, wenn Bürgermeister Lünser den mißhandelten Mahmood Khalid nicht im Krankenhaus besucht, weil er, wie er der »Märkischen Allgemeinen Zeitung« sagte, ja nicht zu jedem gehen könne, der zusammengeschlagen wird? Ist nicht ein gemäßigter Rassismus mittlerweile ins Normalempfinden integriert, weil die deutsche Mitte sich nach rechts verschoben hat? Münzen nicht die Volksparteien Volksgefühle in Opportunismus um, kühl oder klagsam bedauernd, daß sich für eine Änderung der Asylgesetze *derzeit keine Mehrheit* finde? Ist nicht das Asylrecht deshalb so rigide, damit es dem Flüchtling Deutschland verleide? Zurück soll er wollen in sein Drecksland, das er vermutlich nur aus wirtschaftlichen Gründen verließ. Und falls es *da unten* wirklich Krieg gibt oder was *unsere ausländischen Gäste*, die Fidschis, die Briketts, an Schauergeschichten erzählen – was geht's uns an, was können wir dafür? Sollnse ihre Sachen klären da unten. Sind wir für allen Jammer dieser Welt zuständig, bloß weil Adolf nicht nett zu den Juden war?

Im Westen ist die Ausländerfeindlichkeit nicht kleiner, sagt Markus Kniebehler, Rheinländer, jetzt »MAZ«-Redakteur in Rathenow. Man zeigt's aber nicht so offen, weil die Gesellschaft das weniger akzeptiert. Hier regt die Glatzen-Grölerei kaum noch auf.

Das ist die eine Wahrheit. Die andere erfahren wir alsbald. Friso Kegel sagt: Die Rathenower können doch froh sein über die Ausländer, da kriegen sie selbst weniger auf die Fresse.

Die rechte Jugendszene ist die Geißel der gesamten Stadt, zugleich die einzige straffe Instanz jugendlicher Sozialisation. Jahrgang um Jahrgang wird nach Art von Kindersoldaten zur Szene rekrutiert, hört Nazimusik, lungert am Märkischen Platz vor der klassizistischen Säulenfront des Kulturhauses »Johannes R. Becher« mit der goldenen Giebelschrift WIR ERHOBEN UNS, GESTALT ZU SEIN. Mit zwölf Jahren beginnt die Erhebung zum deutschen Volksgenossen. Allein ist man so allein in Rathenow. Kameradschaft gibt Schutz und Prestige. Wer dazugehören will, muß sich beweisen. Das tut man durch nationale Kampferfolge: Punks aufmischen, Ausländer klatschen.

Ick sare nischt, redet das proletarische Rathenow. Ick hab noch alle Zähne. Ick misch ma nich ein mit die Rechten. Jabs früher nich und jenauso nich die janze Arbeitslosigkeit, heute wirste wegjeschmissen, wennde nich mehr kannst. Wenn ick nach Hause komme, sarick: Mutter, mach Bude dicht!

Filme wie »Kontraste«, das ist doch nur Reklame für die Rechten, spricht das bürgerliche Rathenow. Die saufen und pöbeln am Multistore, die pinkeln in die Stiefmütterchen, die sprech ich nicht an, die schlagen Sie zusammen, bis Sie tot sind, ohne jede Hemmung. Ich hab auch nur ein Leben.

Woher kommt die Rathenower Gewalt?

Das ist ein Ostproblem, die falsch verstandene Freiheit nach der Wende, daß jeder denkt, er kann machen, was er will. Und im Fernsehen nur Mord und Totschlag. Und neulich hier im Laden, der Mann mit dem vierjährigen Sohn, der Kleine wühlt alles durch, ich sage: Kind, sitz doch mal still! Sagt doch der Knirps zu mir: Ich hau dir eine rein!

Und der Vater?

Der sagte: Mein Spatz ist heute nervös, der hatte kein

Mittagsschläfchen. Wissense, die Eltern versagen oft völlig. Und Zivilcourage, es fehlt Zivilcourage.

Sagen Sie mir noch Ihren Namen?

Bloß nicht! Ich stehe im öffentlichen Leben!

Daß ortsfremde Medien von Übel seien, scheint Rathenower Konsens. Ein West-Kollege der »Märkischen Allgemeinen«: Ich mußte mich, als ich hierher zog, entscheiden, ob ich Journalist bleiben oder Rathenower werden wollte, und ich habe letzteres gewählt. Bürgel-Schuldirektor Hohmann gibt keinerlei Interview. Pfarrer Schöne spricht mit großer Vorsicht. Bürgermeister Lünser fragt sogleich: Wie werden Sie berichten? So wie »Kontraste«? – Das Schlimme müsse er nennen, spricht der Reporter, das Gute wolle er finden. Pfarrer Schönes Gemeinde sammelt Kollekte für die Asylbewerber, damit sie Sprachunterricht bezahlen können; wer weiß denn, daß sie monatlich nur 80 Mark Taschengeld erhalten? Die Bürgel-Lehrerin Doris Jähmlich will Treffs zwischen Ausländern und Rathenowern organisieren. Die Asylanten sollen an die Schulen kommen und erzählen, warum sie nach Deutschland fliehen mußten. Ein Allparteienausschuß »Tolerante Stadt Rathenow« hat sich konstituiert und plant eine Demo, ein antirassistisches Rockkonzert, eine »interkulturelle Woche des ausländischen Mitbürgers«, eine Ausstellung über Juden in Rathenow… Doch unregierbar ist Gleichgültigkeit, die Kälte der Herzen. Warum nehmen an der öffentlichen Ausschußsitzung nur vier Bürger teil?

Das frage ich mich auch, sagt Bürgermeister Lünser. Dann redet er, von Trauer unterschwungen. Die Entwicklung hier sei aus der Hand gelaufen. 23,4 Prozent Arbeitslosigkeit. Viele Eltern hätten sich aufgegeben. Keine Wertevermittlung. Die Schule: kein Lerndruck. Die Justiz: lasch. Die Kerle knacken fünfzigmal ein Auto, die Polizei nimmt ihre Personalien auf und schickt sie heim: Prozeß in einem Jahr, vielleicht später, auf geht's zum nächsten Bruch. Warum wurde der DDR-Jugendwerkhof wegrationalisiert? Wie können es Eltern zulassen, daß ihre zwölfjährigen Kinder wochenlang nicht zu Hause schlafen? Die denken, in den Cliquen sind die Kinder aufgehoben.

Was vermag die Kirche?

Da haben 40 Jahre DDR natürlich einiges bewirkt, sagt

Lünser. Pfarrer Schöne: Als Kirche wird man nicht ganz ernst genommen.

Herr Lünser, es muß Sie doch ganz persönlich kränken, wenn hier die Mäuse und Ratten auf dem Tisch tanzen.

Ich könnte, sagt Lünser mit rotem Gesicht, ich könnte mit dem Knüppel dazwischenschlagen.

Natürlich kann man auch normaler Teen sein in Rathenow. Man kann am Fontanepark abhängen, Gelhaar und Markenklamotten spazierenführen, Glatzen für Schweinshirne halten, Asylanten für Abzocker und die russischen Übersiedlergangs für Omi-Verprügler. Man kann bei der Antifa mitarbeiten, rechte Übergriffe dokumentieren und antirassistisch Fußball spielen. Man kann, wenn man ein großes Herz hat, sein wie Martin, der die Skatingbahn betreibt, um Schlümpfen, also Babynazis, aus der Szene zu helfen. Man kann mit solcher Hilfe so klug werden wie Christian, der Aussteiger, der sich seine Zukunft nicht versauen will und keinem die Erfahrung wünscht, nachts blutend und ausgeraubt auf dem Trottoir zu liegen. Man kann so frisch und frei geraten wie Nancy Netzel, die Chefredakteurin der Bürgel-Schülerzeitung »Schmerztablette«. Nancy schwärmt immer noch, wie sie 1995 – 13 war sie – mit dem Senegal-Projekt nach Afrika fuhr: die Reise nach Paris, dann Dakar, und wie die Leute über uns Ausländer staunten. Die Klapperbusfahrt, dann 17 Stunden Schiff, das Leben in Familien, das Mattenflechten, die Polonaise mit den Kindern, die Menschen dort sind nicht anders als wir. Trotzdem find ich's nicht schön, sagt Nancy, wenn mir ein Asylbewerber mit *Hallo, Baby!* an den Po grabscht.

Nancy, was willst du werden?

Vielleicht erst mal Journalistin. Und dann, wenn ich Glück habe, Werbetexterin.

Ein frischer Morgen bricht an. In den Grünanlagen harken und grubbern Sozialarbeiter, darunter ein farbiger Asylbewerber. Taibou Bayor heißt er und schützt sich mit einer Webpelz-Schapka gegen diese arktische Saison, die Deutsche Frühling nennen. Daheim im Togo war Bayor Soldat, bis er floh. Seit 35 Jahren Diktatur, sagt Bayor. Seit vier Jahren lebt er im Rathenower Asylantenheim.

Wie sind die Rathenower zu Ihnen?

Manche gut, manche nicht gut.

Wer ist besser, die älteren oder die jungen?

Die jungen sagen Neger, Arsch. Mit deutschen Kollegen kein Problem.

Bayors Chef tritt herzu, Horst Kotzem, der betrieb *zu Ostzeiten* eine eigene Gärtnerei, die dann der Wende zum Opfer fiel. Nun ist er bei der Stadtverwaltung angestellt. Höflich, zuvorkommend, fleißig, sagt Kotzem und schaut Bayor freundlich ins skeptische Gesicht. Ich kann über *diesen* Menschen nichts Nachteiliges sagen. Andere von den Asylbewerbern sind wieder abgesprungen.

Ich denke, die dürfen gar nicht arbeiten?

Gemeinnützig ja.

Und was bekommen sie dafür?

Pro Stunde zwei Mark. Es ist schwieriger, Deutsche wieder an die Arbeit heranzuführen. Die denken, sie würden sich unter Wert verkaufen.

Glauben Sie, es hilft der Rathenower Toleranz, wenn man die Asylbewerber arbeiten sieht?

Glaub ich, sagt Kotzem. Außer, wenn Leute blind durchs Leben gehen wollen.

Dann kommt Manfred Stolpe nach Rathenow: Kreisbereisung Havelland. Termin im Asylbewerberheim Birkenweg. Der Ministerpräsident zwängt sich samt Troß durch die kahlen Betonkavernen, sieht die armen Betten dicht an dicht und die Notmatratzen. Sagt: Ja, das ist ja in der Tat sehr eng, ja. Hört von 160 Asylanten aus 22 Nationalitäten. Hört überhaupt zu, gar nicht der seifige Stolpe seiner Volksauftritte. Spricht die Worte Menschenrechte, Menschenwürde. Sagt Prüfung zu und Bescheid bis Mai. Nennt die Übergriffe Barbarei und redet von der vollen Härte des Gesetzes. Nicht sagt er, was jeder weiß: daß die privaten Betreiber der Asylbewerberheime sich von Landesgeldern reichlich nähren. Dann entschwindet der Potentat. Die Asylanten winken der Karosse nach, und die Forsythien blühen, und in den Birken haucht ein erstes Grün.

Schon am Sonntag, in drei Tagen, wird Stolpe wieder nach Rathenow kommen. Dann werden sich die Unternehmer des »Kompetenzzentrums Optik« zur Initiative gegen Fremdenfeindlichkeit verbinden. Wirtschaftsminister Wolfgang Fürniß, hugenottischer Nachfahr, wird das alte Einwanderungsland Preußen beschwören und wie das Image einer

Region ihre Prosperität bestimmt. Brandenburg liege so günstig zwischen Ost und West und nahe Berlin. Aber dieser Standortvorteil sei verloren, wenn ihn die hiesigen Menschen nicht zu gestalten wüßten.

In der Nacht auf diesen Sonntag sind wir mit der Polizei unterwegs. Seit sechs Wochen existiert ein Sondereinsatzstab: 60 Beamte jedes Wochenende, Staatsanwalt und Schnellrichter vor Ort. Wir visitieren mit Hauptkommissar Dziuba die *hot spots* von Rathenow: die rechte Kneipe Kiste, das Route 66, die Disko Lemuria. Wir fahren nach Premnitz zum Jugendklub, wo in der vorigen Nacht ein Rechter einen Linken wegen Hitlergruß angezeigt hat. Diese Nacht bleibt ruhig – eine trügerische Ruhe, sagt Dziuba. Die Szene ist da. Die belauern uns. Die warten, daß wir die Sonderaktion beenden, aber wir bleiben. Den Bürgern gefällt das natürlich: Endlich Ruhe! Typische DDR-Mentalität: Der Staat soll's richten. Und intolerant sind die hier. Die »Kontraste«-Sendung war nötig, damit die endlich aufwachen.

Jürgen Dziuba gehört zur Spezies Humanist in Uniform, und reden kann er, daß einem das Ohr abfällt. Wir scheiden früh um drei mit Dziubas Bekenntnis, der Mensch sei gut und das Problem Rathenow zu lösen. Im Morgengrauen schlagen dann fünf Unbekannte einen Asylbewerber nieder und bepinkeln ihn. Die Polizei bildet eine zehnköpfige Ermittlungskommission und setzt unglaubliche 5000 Mark Belohnung aus.

Was ist denn gut in Rathenow? Die Bibliothek, hören wir. Die herrliche Landschaft. Das prima Hotel Fürstenhof. Daß St. Marien-Andreas wieder den Turm bekommt. Daß überhaupt soviel gemacht wird, die Stadt ist doch dreiviertel kaputtgegangen noch Ende April '45, der Keitel hatte hier sein Hauptquartier. Mensch, die janze Stadt is jut, ick bin doch hier jeborn!

Ich auch, sagt der Reporter.

Nee wirklich? Mensch, ham Sie ein Glück!

April 2000

Die unsichtbare Stadt

Nazihochburg Guben?
Ein Besuch im östlichsten Deutschland

Man sieht nur, was man weiß. Und weiß nur, was man hört? Ganz Deutschland hörte von der *browntown* Guben. Dort hatten in der Nacht zum 13. Februar 1999 elf Kerndeutsche den Algerier Farid Guendoul derart gehetzt, daß er durch eine Glastür sprang und verblutete. Die Jäger wurden kürzlich lind bestraft. Die Stadt, so hört man seit der Jagd, muß eine Nazihochburg heißen. Da sehen wir nach.

Das wahre Guben werden wir nicht finden. Das wahre Guben ist verbrannt. Der Baedeker kennt nicht mal mehr den Namen, doch dank dem Gubener »Zeit«-Leser Andreas Peter hängt die versunkene Perle der Lausitz Jahr für Jahr als Kalender in der Reporterküche: Villen und Bürgerfassaden, Erker und Zinnen der Gründerzeit, die strebenden Schlote der Tuch- und Hutindustrie, der Bismarckturm in den Bergen, lauschige Schänken, Apfelblütenmeer und bei der Brücke am strudelnden Fluß die rot-weißen Markisen des »Central-Hotels«.

Mein Heidelberg am Neißestrand
Dich grüß ich tausendmal
Weih Dir dies Glas in meiner Hand
Du Blütenstadt im Tal.

All das ging unter, als 1945 der deutsche Krieg nach Hause kam. Guben wurde Brückenkopf der Wehrmacht gegen die anflutende 1. Belorussische Front. Bis zu sechsmal wechselten die Stellungen zwischen Russen und Deutschen. Am 17. Februar begann der Beschuß der Stadt. Am 2. März sprengte die SS den Bismarckturm, am 20. April fiel der letzte Neiße-Übergang nach Westen. Am 24. April gewann die Rote Armee eine Stadt, die keine mehr war. Neun Zehntel lagen in Trümmern. Viel von der Apokalypse ist aufgeschrieben in Andreas Peters polyphonem Dokumentarband »Guben 1945/46«. Hört man denen zu, die damals Kinder waren, spleißt die Geschichte bis in den heutigen Tag.

Am 13. Februar früh um fünf sind wir gerade noch aus Guben raus, erinnert sich Eberhard Wittchen. 500 Menschen auf dem offenen Güterzug, ab mit Funkenflug nach Westen, das beeindruckt ein Kind. Immerzu Halt, abends endlich Cottbus, die Flüchtlingsmassen dort, dann Flieger, die Bahnhofsscheiben schepperten, das waren die Bomben auf Dresden, 90 Kilometer weiter. – Bei Finsterwalde kamen wir unter, erzählt Irmgard Schneider (warum preßt sie ein Tüchlein in der Hand?). In Großkrausnik, in einem Ausbau abseits vom Dorf, da haben wir wohlwollendes Annehmen gefunden bei Bauersleuten. Deren Sohn war im Krieg, und meine Mutti konnte vieles in der Landwirtschaft. Dann kamen die Russen auch dorthin und nahmen die Schwiegertochter mit und meine Schwester, die war 21, und als die beiden wiederkamen, sagte meine Mutti: So, jetzt ist Schluß, ihr geht sofort ins Dorf. Und zu mir: Und du gehst mit. Ich sagte: Mutti, komm auch mit, wir wolln uns nicht trennen. Aber sie sagte: Die Leute brauchen mich hier. So, in der nächsten Nacht kamen die Russen wieder und fanden die jungen Frauen nicht und haben den Bauern erschlagen, und meine Mutti und die Bäuerin, die haben sie erschossen.

Am 1. Mai sind wir zurückgelaufen, sagt Magda Gunia, mit dem Handwagen von Lübben aus, ich 15, meine Schwester 17, dick vermummelt wegen der Russen, und kamen nach Guben rein, da hockten überall Leute, reglos, wie wir näher kamen, waren's Tote, ich seh sie noch heute dort sitzen, das geht nicht raus. Unser Haus stand noch, im Garten, da hatten die Russen ihre Toten begraben, da wuchsen schon Früchte, da räumten wir auf und warn zufrieden, daß kein Krieg mehr war, und Angst hatten wir immerfort, daß die Russen ..., oder daß die Polen ..., aber die Polen warn nicht so mit Vergewaltigen.

Und dann kam der 20. Juni 1945, ein glühend heißer Tag. Polnisches Militär trieb alle Ostgubener ans Neiße-Ufer. Wir dachten, sie erschießen uns, sagt Magda Gunia. Wir dachten, sagt Eberhard Wittchen, die Polen wollten in Ruhe plündern, und dann könnten wir zurück. Ein Soldat ging rum, sagt Magda Gunia. Hände vor!, und die Ringe tat er in eine Zigarrenkiste. – Dann mußten sie alle über den Fluß, auf einem schwankenden Ponton von Hunderten aufs Wasser geworfenen Türen, den die Strömung gegen die klaffenden Pfeiler der Achenbachbrücke drückte. Kern-Guben wurde polnisch und Gubin – allen Rückkehrhoffnungen zum Trotz, ungeachtet auch der Grenzrevisionspolitik der jungen SED, an deren Spitze ein Gubener stand: Wilhelm Pieck, nachmals Präsident der DDR, rief 1946 seinen Landsleuten auf dem ReiPo-Sportplatz zu: Schon nächstes Jahr werden wir wieder in den Gubener Bergen spazieren gehen!

War Pieck gerissen oder naiv?

Ein Hoffnungsträger, sagt Eberhard Wittchen. Der glaubte das, aber was konnte er gegen die Russen? Sogar sein Bruder saß doch im Lager Fünfeichen, weil er gegen die Vergewaltigungen protestiert hatte.

1950 besiegelten Cyrankiewicz und Grotewohl, die Außenminister Volkspolens und der DDR, im Görlitzer Vertrag die *Oder-Neiße-Friedensgrenze*. Da lag den Gubenern das Verlorene täglich vor Augen, nicht zu fassen und nur mündlich zu erinnern. Schreibendes Gedächtnis geriet rasch unter Revanchismus-Verdacht. Was intonierte denn die Ode des Heimatdichters Herbert Burtchen an den Dicken Turm:

Am Werdertore bleib ich stehn
Wer will mich hier vertreiben?
So kann ich nach dem Rechten sehn
Und einer muß, wenn alle gehn
Doch wohl zu Hause bleiben.

Wunderbarerweise hört man von den Alten keine Silbe Antipolentum. Polacken, das Wort fällt in unserer Familie nicht, sagt der Stadtgeschichtler Gerhard Gunia, und Eberhard Wittchen: Sogar ich, ein Kind, wußte damals irgendwie, daß wir Deutschen etwas Fürchterliches angerichtet haben mußten, daß man uns vertrieb. Erst später haben wir erfahren, daß die Gubiner Polen selbst Vertriebene waren, aus den von Stalin okkupierten Ostgebieten. – Ich rechne es meinem Vater hoch an, daß er in mir nicht den Haß gepflanzt hat, sagt Irmgard Schneider. Wir sprachen so: Sieh mal, von Deutschland ist der Krieg ausgegangen, wie viele Menschen haben wir umgebracht als Nation. Nicht hassen, Ausgleich suchen, das hat mir mein Lebtag geholfen.

1997 organisierte Irmgard Schneider, die zarte Graue Pantherin von Guben, eine gewaltige Kleiderspende für polnische Opfer der Oderflut. Am 22. Januar 2000 wurde sie mit ihrem Mann in Gubin zusammengeschlagen und ausgeraubt. Auch da kein Haß, nach soviel Hilfe für die Polen?

Ach, sagt sie, davon wußten doch diese Verbrecher nichts.

Aber wir greifen vor. Es ist erst 1972. Die Grenze geht auf: visafreier Reiseverkehr zwischen Polen, DDR und ČSSR. Die Gubener strömen auf *die drübensche Seite*, erfahren Freundlichkeit und sind gerührt, aber auch erschüttert: Hier sieht's ja noch aus wie nach dem Kriege! *Polnische Wirtschaft*, klarer Fall. – Die suboffizielle SED-Beschwichtigung tippte Wahrheit an: Gubiner Aufbau und Industrieansiedlung erfolgten etwas zögerlich, weil sich die Polen in ihrer neuen Heimat noch nicht völlig sicher fühlten – bald aber ganz gewiß, dank des unverbrüchlichen Bruderbundes mit dem deutschen demokratischen Friedensstaat. *Przyjazn* – Freundschaft! – Ja, auch die gab's: Besuche hin und her, Liebschaften, Heiraten, und Veronika Möbius und Sibylle Wittchen schwärmen immer noch von der deutsch-polnischen Zusammenarbeit im Chemiefaserwerk. 8500 Menschen arbeiteten dort, davon 1500 Polinnen, die täglich über die Grenze kamen. Lustig, patent, arbeitsam, sagt Frau Möbius. Und wie sie weinten und schrien vor Angst, als drüben das Kriegsrecht kam; das, sagt Frau Wittchen, vergesse ich nie.

Ab 1982 war die Grenze wieder dicht. Dann die Wende. Gubiner halfen DDR-Flüchtlingen, gaben Quartier, fuhren sie nach Zielona Gora, setzten sie in den Zug nach Warschau, zur BRD-Botschaft. An beiden Neiße-Ufern standen die Menschen mit Kerzen und bezeugten sich Schicksalsgemeinschaft. Am zweiten Weihnachtsfeiertag 1989 gab es die erste Grenzöffnung, sagt Pfarrer Michael Domke. Seither veranstalten wir auf der Grenzbrücke »Lichter über der Neiße«, immer am 26. Dezember. Damals kamen 3000

Leute, heute 300, die schütteln sich die Hände und haben kleine Geschenke dabei, und das war's. Man bleibt sich leider fremd.

Ja, warum? – Die DDR wurde Westen. Dazu die andere Kultur, die Sprachbarriere … Kräftiges Deutsch schlägt uns entgegen im Neubaugebiet Sprucke, wo Farid Guendoul (Omar Ben Noui) zu Tode kam. Gubener Volksidiom, kurz geschoren, harten Blicks: Polacken, Kanaken, haben alle Segelohren, kramen inner Mülltonne, holen unsern Sperrmüll weg, den verscherbeln se bei sich. Klauen in Jeschäften, anjeborne Kleptomanie. Ham ja keine Arbeit. Müssen ja Verbrecher werden. Ich war 'ne Woche drüben, hab vier Kilo abjenomm, lieber nich fressen den Fraß. Bei McDonald's in Gubin nehm ich nur Milchshake und Pommes, in den Burger hauen die bestimmt Katzenfleisch rein.

Kennt ihr Leute in Gubin?

Nö, kennt man nur, wenn man zusammen Sport macht. Und in der Disko drüben, da wirste als Deutscher wegjeschossen.

Und umgekehrt, die Polen hier?

Na, jenauso.

Warum wird Omar Ben Nouis Gedenkstein immer wieder geschändet?

Na, war der vielleicht 'n Held? Der Stein ist 'ne Provokation, da pinkeln sogar die Hunde drauf. Und was is mit dem Deutschen, den die Polen drüben erschlagen haben? Da stehn zwei Zeilen in der Lauseschau, aber Guben wird wegen dem Omar von den ganzen Medien runterjesaut. Hier gibt's vielleicht 15 harte Nazis, weniger wie anderswo.

Aber der Stein ist keine Schande für Guben. Die Hetzjagd war eine.

Wat weiß ich, sollnse den Namen von dem Deutschen mit draufschreiben, denn is Ruhe. Ordentliche Ausländer störn mich nich.

Was ist Guben in zehn Jahren?

Tot. Hier mußte weg. Keine Arbeit.

Was denkt ihr über Horno, das ist doch gleich nebenan.

Muß wegjebaggert werden, Arbeitsplätze im Tagebau, was heißt hier uraltes Dorf. Scheißschwulenkaff, die wolln bloß Geld.

Die Alte Poststraße im Herbst 2000 mit Schußwunden vom Frühjahr 1945

Geld, Arbeit – sonst zählt wenig. Taxi-Kramer schaukelt uns im Cadillac durch seine *ghost town*: Dies geschlossen, das kaputt – Maschinenfabrik, Reichsbahnwerk, Kfz-Betrieb, beide Kinos … *Gubener Tuche, Gubener Hüte, weltbekannt für ihre Güte* – das war einmal. Die Alte Poststraße: ein Arkadien von herzbeklemmender Melancholie. Laub segelt, der Fluß trödelt unter Weiden, und ins überwirkliche Licht dieses Märchennovembers ragt eine Kathedrale verlorener Industrie: die Gubener Wolle. Das altehrwürdige Exportunternehmen ist ein gutes Beispiel für die verbreitete Gubener Neigung, die Wende für ein Unglück zu halten. Die Treuhand gab das Werk einem forschen *Investor* und beglückte ihn mit 26 Millionen Mark *Anschubfinanzierung*, auf daß er 220 der 2 000 Beschäftigten von Spremberg-Tuche, Forster Tuchfabriken und Gubener Wolle behalte. Der Herr schob nicht an, sondern ab. Spremberg und Guben machte er dicht und schnappte sich den modernen Maschinenpark. Ein paar der Geschaßten wagten die Neugründung Gubener Tuche und baten die Treuhand um sechs Millionen.

Keinen Pfennig bekamen sie. Der famose Übernehmer hatte sich eine Konkurrenzausschlußklausel garantieren lassen. Die Neugründung kollabierte, mangels Kapitals.

Dringend dürstet uns nach einem positiven Beispiel. Ungern wollen wir schreiben von Guben als Schmuggler- und Schleuser-Dorado, obwohl uns BGS-Polizeioberrat Bodo Kaping plastisch beschrieb, wie viele flottierende Existenzen beiderseits der Neiße diese Grenze nähre. Das Wohlstandsgefälle. Man müsse Realist sein. Man dürfe nicht den bösen Blick bekommen. Viele Gubener lebten ja halb in Gubin – Brötchen holen, billig tanken, Friseur –, doch vor der EU-Osterweiterung hätten sie Angst, vor Polen-Mafia und neuen Konkurrenten um den Arbeitsplatz. Man muß über Qualität punkten, sagt Kaping, ein nüchternes Nordlicht. Service, Freundlichkeit, Flexibilität, so geht Wettbewerb.

Wir finden unsere Lichtgestalt. Peer Achsnick heißt der Mann und betreibt direkt an der Grenzbrücke das Sporthaus Olympia. Ist freundlich und agil. Sieht in Polen Kunden und nicht Ladendiebe. Die Verkäufer können Polnisch und nehmen, unglaublich für Guben, auch Złoty entgegen. Hier kauft man gut, sagen Waldemar Ociepka, Grzegorz Zychlinski und Lukasz Kaczmarek von der Gubiner Landwirtschaftsschule. Die Qualität ist besser als bei uns, es gibt Garantie, und man kriegt die Mehrwertsteuer zurück. – Wir leben von den Polen, sagt Achsnick. Die ganzen Supermärkte hier gehen ein, wenn die EU-Erweiterung kommt und die Polen zu Hause kaufen. Das wird der wahre Sturz von Guben.

Der Olympia-Chef gilt als Ausnahme. Laut polnischer Völkerkunde sind Deutsche geizig, unflexibel, gastfeindlich und alkoholisiert. *Na zdrowie*, auf nach Gubin! Dort führt uns ein junger Mann, Krzysztof Freyer, der stammt von Deutschen ab, die nach dem Krieg in Polen blieben. Zeigt Basar, Kirchenruine, Krankenhaus, spürt unser kleines Befremden über die räudige Szenerie, beschönigt nichts, sagt Brache hier, Investitionslücke dort, und die Schuhfabrik liegt auch in den letzten Zügen. Aber da, das ist doch schön, der alte Wilhelmsplatz, Kastaniengraben, Schemels-Haus ... Freyer weiß alles, kennt jedes Eck in beiderlei Geschichte. In der »Lausitzer Rundschau« schreibt er über Gubin, in der

Gubiner Zeitung über Alt-Guben; das interessiere die Polen sehr. Dann sitzen wir bei einem schönen Lech-Pils. Bist du Deutscher, Krzysztof, oder bist du Pole?

Die Identität ist für mich ein verwackeltes Bild.

Nicht nur seine. Es ist, als gäbe es zweierlei Doppelstadt: die sichtbar halbierte und eine unsichtbare, das künftige, europäisch geeinte Guben-Gubin. Letzteres schauen wenige. Zu ihnen zählt der Bürgermeister Gottfried Hain, ein parteiloser Wende-Politiker von jener Geradheit, die ihm den Mut eingab, im Sommer 1989 Erich Honeckers Ehrenpatenschaft für sein fünftes Kind abzulehnen, wegen Honeckers Satz: Wir weinen denen, die die DDR verlassen haben, keine Träne nach. Der Christ Hain spricht viel von Versöhnung, deutsch-polnischer Schicksalsgemeinschaft, Euromodellstadt Guben-Gubin. Im Volksmund à la Buders Snackhäuschen wird daraus: Der is bloß 'n Sozialer, keine Ahnung von Wirtschaft. Schiebt alles den Polen hin. McDonald's, das gemeinsame Klärwerk, der neue Lkw-Übergang bei Schlagsdorf – alles geht rüber, und unsern Kiosk will der Bürgermeister abreißen, für'n neues Zentrum, und ich geh doch man bloß mit tausend Mark nach Hause. Sind Sie 'n Süßer? Hier, kostense mal, Quarkkeulchen, selbstgemacht, schenk ich Ihnen.

Was ist das Beste an Guben?

Die Menschen, die sind richtig nett, sagt Pastorin Irene Brockes. Und daß man gebraucht wird, weil die Leute wirklich was zu knabbern haben.

Wir fanden viel Gutes in Guben – das Deutsch-Polnische Europazentrum zur binationalen Geschäftsanbahnung, das Haus der Familie, das Deutsch-Slawische Kulturzentrum, die treffliche Europaschule (900 Schüler der 7. bis 13. Klasse, davon 75 aus Polen), die Friedensschule mit ihren grenzüberspannenden Projekten ... Und doch fehlt der Stadt ein Anker. Guben ist immer Durchgangsstadium gewesen, sagt Andreas Peter. Corona Schröter, Goethes erste Iphigenie, war von hier. Mies van der Rohe hat hier einem Fabrikanten die Villa hingestellt. Wolfgang Kapp, der mit dem Kapp-Putsch, ist hier zehn Jahre Landrat gewesen. Reichskanzler Michaelis, Siegfried Jacobsohn ... Udo Beyer, der Kugelstoß-Olympiasieger: in Guben geboren. Keiner blieb.

Peter Krüger schuf das Schönste, was wir mit Guben erlebten. Anfang des Jahres kam der Theatermann aus Berlin, sah die mürbe Stadt, las von der jüdischen Vergangenheit, die bis auf Pfarrer Domke und Andreas Peter kaum noch einer kannte, und gab ein Inserat auf: Junge Laienschauspieler gesucht! Er fand etwa 30, auch aus Gubin. Sie studierten »Dibbuk« ein, das alte jüdische Volksstück von An-Ski, und führten zehnmal im stillgelegten Werksaal der Gubener Wolle auf, wie sich der Talmudschüler Chanon in die reizende Lea verliebt, die Tochter des reichen Reb Sender, die eigentlich Chanons Vater für den Sohn versprochen war; doch nun ist Chanon Waise und bettelarm, und Sender will mit Leas Ehe verdienen ... Nicht nur der »Dibbuk« rührte die Gubener tief. Ihre Stadt- und Industriegeschichte ist undenkbar ohne Juden. Krüger fuhr mit seinen jungen Leuten auch nach Auschwitz, und Ende Oktober traten sie bei den jüdischen Kulturtagen in Kraków auf.

Einmal bin ich bei den Proben aufs Fabrikdach gestiegen, sagt Antoinette Eckert, die Lea des Stücks. Wie weit man sieht! Ich war ganz stolz auf Guben. Wahnsinnig grün ist es ringsum, die Stadt liegt wie in einer Schüssel, und mittendrin schlängelt sich der Fluß, den hat man nun als Grenze auserkoren. Es gehört doch zusammen.

Ich bin im Gubiner Radlerclub, sagt Eberhard Wittchen. Zu den polnischen Sportfreunden sag ich: Das hier ist eure Heimat, aber meine auch.

November 2000

Am 28. Februar 2001 beschloß das Gubener Stadtparlament mit 15 gegen 14 Stimmen, den Gedenkstein für Farid Guendoul trotz dauernder Schändung nicht vom Tatort zu verlegen, sondern ihn zu schützen. Etwa 100 Bürger meldeten sich zur Steinwache.

In Kümmels Keller

Kulturstadt Weimar: Eine Reise in das Universum der Provinz

Aber das Schönste war doch die Führung durchs Goethe-Haus. Pssst! machte die Hüterin des Juno-Zimmers, pssst, ich zeig Ihnen mal was. Große Ausnahme, weil heute so wenig Betrieb ist. – Sie führte uns zu Goethes Bücherkammer, entsicherte das Gitter und geleitete uns über knarrende Dielen an ein Bord, von dem herab ein halbes Dutzend Totenköpfe spähte. Sie wies auf den größten: Der Schädel Goethes!

Die beiden Japaner blitzten wie von Sinnen. Der Punk sprach: Geil. Und der kleene Kopp daneben?

Äh – Goethe als Kind. – Und erhobenen Fingers zitierte die Wissende das berühmte Gedicht vom Gingko: ... *fühlst du nicht an meinen Liedern, daß ich eins und doppelt bin?*

So oder ähnlich geht es zu im Weimar dieser Tage. Absonderlich gegoethet hat es hier ja längst, bevor JWG 1832 das Thüringer Residenzlein in Richtung Ewigkeit verließ – das heißt, verlassen hat er's nie. Mit Goethes Tod begann Weimars sentimentalische Karriere als Arkadien der geistbegabten Deutschen. Seither heißt hier die Utopie Erinnerung. Nun aber dräut Zukunft. Die Weltmetropole der deutschen Klassik wird »Kulturstadt Europas 1999«. Das hat Folgen. Helge Schneiders Goethe-Rezitationen, den »Urfaust Rap«, Goethe-Zeichnungen in Räumen des KZ Buchenwald – all das könnte man ertragen, ohne zu klagen. Aber sie tun das Schlimmste. Sie klonen Goethes Gartenhaus.

Wie nähert man sich Weimar? Mit Büchern. Gerade ist, in der Deutschen Verlags-Anstalt, Peter Merseburgers »Mythos Weimar« erschienen, ein süffiges Kompendium deutscher Geschichte *in nuce*. Vom Hofmusicus Bach liest man, von Papa Wieland, dem Prinzenerzieher, und wie die Herzogin Anna Amalia (1739 bis 1807) jenen Musenhof begründete, dem dann Weimars Goldenes Zeitalter entsprang. Erbprinz Carl August lockte den jungberühmten Autor von »Götz« und »Werther« als Genius, Lustkumpan und Staatsminister an den sächsisch-weimarischen Hof. Bei Goethes Einzug 1775 ist Weimar ein Drecknest von 6000 Seelen.

Napoleon, Befreiungskriege, Metternichs Heilige Allianz. Weimars *Silberzeit* mit der Galionsfigur Liszt. Prunkmedium wird die Musik. Von 1853 bis 1901 herrscht dann Carl Alexander, anfangs ein Liberaler, der sein *Ilm-Athen* zur kulturellen Mitte Deutschlands machen will, dann aber nationalkonservativ mißrät. Das Klassiker-Gedenken wird teutonisiert, als eignete sich Goethe zum Turnvater Jahn, als warnten nicht die »Xenien«: *Zur Nation euch zu bilden, ihr hofft es, Deutsche, vergebens. Bildet, ihr könnt es, dafür freier zu Menschen euch aus.* Aber Weimars Leibdramatiker heißt nun Ernst von Wildenbruch, eine Hohenzollern-Schranze. *Deutschland, hier ist Deutschland!* soll Wildenbruch ausgerufen haben, als er der Berliner Avantgarde nach Thüringen entkommen war. Mit Harry Graf Kessler und Henry van de Velde gelangt auch die Moderne nach Weimar – und scheitert an der Provinz und am letzten Großherzog, einem Wilhelm Zwo auf Duodez-Niveau.

Demonstrativ in Weimar konstituierte sich am 6. Februar 1919 die Nationalversammlung der kommenden Unglücksrepublik, als wäre die wilhelminische Jauche nicht auch und gerade durch Weimars heiligen Boden bis ins Grundwasser gesuppt. Thüringen, *Trutzgau* der Nazis, erfreute sich als erstes deutsches Land eines NSDAP-Ministers: Wilhelm Frick, seit 1930 zuständig für Volksbildung und Inneres. Hitler hielt in Weimar gerne hof. Seine Pfalz war das Hotel Elephant, ehedem Schlafstatt von Wagner, Hebbel, Lenz und natürlich der Thomas Mannschen Lotte. Lieber Führer, bitte, bitte, lenk auf den Balkon die Schritte! krähte das Weimarer Volk zum ersten Stock empor. Lieber Führer, komm heraus aus dem Elephantenhaus! – Der Geliebte willfahrte.

Seit 1937 gab es das KZ Buchenwald. Auf Protest der Weimarer NS-Kulturgemeinde zog die SS den ursprünglichen Lagernamen Ettersberg zurück. Weimar wünschte den grauenhaften Ort von Goethe so entrückt wie von sich selbst. Das Lager, acht Kilometer entfernt, war vielfach verbunden mit der Stadt, die wissen mußte, was sie nicht wissen wollte. Ganz so rot wie vorher braun ist Weimar nach 1945 nicht gewesen. Es verpuppte sich zum VEB Goethe: zu den Nationalen Forschungs- und Gedenkstätten der klassischen deutschen Literatur. Der SED-Staat ließ leidlich gewähren und schnitzte Weimars Heroen zu Stifterfiguren des Sozialismus um. Sie waren unser!

Am Anfang des Mythos Weimar steht für Peter Merseburger Martin Luther. Dessen Obrigkeitsfrömmigkeit habe die typisch deutsche Trennung von Macht und Geist begründet. Folglich war Goethes demokratieverächterisches Werk, das aller Politik entschwebte, jeglichem Regime zitabel. »Wie wäre es«, schließt Merseburger, »mit einer Bannmeile rund um die klassischen Stätten für jeden Politiker, der sich weihevoll mit Kränzen nähert?«

Wie nähert man sich Weimar? Mit dem Zug. Man reist nach Erfurt. Am Bahnhof wartet Thomas Seidel, Direktor der Evangelischen Akademie Thüringen, wohnhaft in Ollendorf. Dorthin fahren wir. Im Dorfkrug lärmt Samstagspalaver. Seidel hat beim Kneiper seinen Privathumpen deponiert, Seidels Seidel sozusagen, in den ein bißchen mehr hineingeht als in das geeichte Maß. Das gute Köstritzer strömt, *und Gewinn und Verlust wäget ein sinniges Haupt / wohlzufrieden zu Haus*. Halt, das ist nicht Goethe, das ist Hölderlin.

Thomas, mit wem sollte ich in Weimar reden?

Seidel empfiehlt: den Stadtkulturdirektor Lutz Vogel, den MDR-Kulturjournalisten Jörg Sobiella, den alternativen Ausstellungsmacher Frank Motz, Georg Mackrodt von der Sommerakademie, Pfarrer Hardy Rylke und den Unumgänglichen: Bernd Kauffmann, den absolutistischen Impresario der »Kulturstadt Europas GmbH«. Über Kauffmann läuft zweierlei Urteil um. Erstens: Ein Blender-Wessi drückt der altehrwürdigen Stadt ein Halligalli-Festival aufs Auge. Zweitens: Ein kultureller Weltbürger beißt sich an Weimars Provinzialismus die Zähne aus. Mich ärgert ein Klischee, sagt Seidel. Avantgarde contra Spießbürger, das geht so nicht auf. Weimar ist immer überfrachtet worden mit auswärtigen Wiedergeburtsideen, durch die Konservativen wie durch die Avantgarde. Jetzt redet Kauffmann von Entthüringisierung. Schade, daß das Einheimisch-Originelle so wenig ins Kulturstadt-Jahr eingebunden wird. Und schade, daß Kauffmann es so braucht, die Stadt zu hassen.

Was ist denn Kauffmanns Eigentliches?

Seidel, nach Bedenkzeit: Er.

Mitternacht. Taxifahrt nach Weimar. Am Taxi weht ein schwarzer Flor. Ein Kollege ist gestorben. In Berlin wird nur bei Mord geflort. Nasse Straße, Regen. Bergan wird es weiß. Der Ettersberg liegt 200 Meter höher als Weimar. Jetzt, da ihn Schnee deckt, spürt man nicht die Fugenschläge der alten Betonstraße, die Buchenwalds Häftlinge bauen mußten. Freilich gelangt man auch nach Weimar, ohne das zu wissen. Man kann auch ohne Klassik-Rucksack durch die Stadt spazieren, Bratwurst futtern, schauen, wie auf dem Markt die Kinder Frisbee spielen; und siehst du im Schrebergarten dort die gelben Äpfel an dem kahlen Baum? Es müßte mit Mephisto zugehen, wenn nicht vier Fünftel der Hiesigen jenseits aller Mythen, Januskopfe, Doppelorte ihre Stadt bewohnten – Menschen keiner anderen als dieser Gegenwart, der sogenannten Normalität.

Wie finden Sie denn das Kulturstadt-Projekt?

Nu ja, wenn's nüscht wird, hamse uns wenigstens de Stadt frisch gemacht.

Fürwahr. Es buddelt, baut und streicht. Aufgerißnes Pflaster türmt sich, Planen umflattern Gerüste. Weimar 99 – vielleicht die letzte große Mäzenaten-Tat an dieser Stadt der notorisch offenen Hand. Auch Weimars Innereien werden überholt, und Silvester öffnet das neue Landesmuseum als Heimstatt zeitgenössischer Moderne. Das Goethe-Haus grüßt Pilgers Fuß mit SALVE und riecht nach DDR-Bohnerwachs der Marke Eg-Gü, wie ihn bekanntlich auch Christiane Vulpius verwandte. Die berühmte Zimmerflucht, die riesigen Griechenhäupter. Ührlein, Tischchen, Täßchen … – besorgter Goethe-Freund: Hier ist noch alles am Platze. Und Goethes Schädel, geben wir's doch zu, ruht wohlbehalten in der Fürstengruft.

Souvenirladen Frauenplan: Goethe-Büsten, Goethe-Bilder. Zwischen den Goethe-Ansichtskarten eine vom Mahnmal Buchenwald. Verkauft sich denn die?

»Das Dörflein ruht im Mondenschimmer / Die Bauern schnarchen fest wie immer ...« (Wilhelm Busch)

Nu ja, an Schulklassen, sagt die Verkäuferin, und ihre Miene wandelt zwischen Anmut und Sorge. Man hat's nicht so gern im Sortiment. Ist wichtig, keine Frage, aber die Sachen über Buchenwald gibt's aufm Ettersberg, und hier unten solln de Gedanken angenehm und schön sein. Das sagen auch de Leute, die oben waren. Puh, sagense, jetzt müssen wer erst mal entspannen und wieder normal werden.

Thüringische Buchhandlung: »Goethe ist gut«, »Essen und Trinken mit Goethe«, »Goethe für Anfänger«, »Goethe von hinten«, »Der unbegabte Goethe«, »Goethe und seine Verleger« (von Siegfried Unseld)... Wir kaufen »Trost bei Goethe« und fliehen zu Schiller. Das Nationaltheater spielt »Kabale und Liebe«, pur und schön, mit der herbwilden Annette Büschelberger als Lady Milford. Das Ausweichquartier Redoute war früher »Haus der sowjetischen Offiziere«. Auf dem Sockel der Lenin-Büste prangt nun eine leicht debile Pappmaché-Kopie des Dioskurendenkmals, das auch die Weimarer Fleischwarenfabrik zu Höherem berief: zu »Meisterwerken der Wurstmacherkunst aus der Kulturstadt Europas 1999«. Die Werbewand zeigt Goethe und Schiller, umsegelt von Würsten, und die Dichtergötterhände umfassen statt des Lorbeerkranzes einen Kringel Salami. *Laßt uns einander zur Freude leben und nicht zu weise werden!* lesen wir nachts in »Trost bei Goethe«.

Kein Reisender wird Weimar gerecht. Wie auch, da die Stadt das selber nicht vermag. Sie ächzt vor *Weltkulturerbe*. Weimar gleicht einem Sammler, dessen Kollektion fast alle seine Kräfte bindet. Das macht grämlich, und es kostet. Das Deutsche Nationaltheater soll mit dem Erfurter fusionieren – Goethes Bühne, man bedenke! Andererseits bringt Thüringen, Erbe acht duodezfürstlicher Bühnen, die höchste Theaterförderung Deutschlands auf. Weimar hat 60 000 Einwohner. Noch nie war eine »Kulturstadt Europas« so klein. Kulturstadtdirektor Lutz Vogel sagt: Das Deutsche Nationaltheater ist ein Schlachtschiff in der Badewanne.

Und ein deutscher Gral. Alle Medien schrien letzten Sommer auf: GLATZEN IN WEIMAR! DER ALLTÄGLICHE RASSISMUS AUF DEM THEATERPLATZ! Skins hatten sich das heilige Areal zu Füßen Goethes und Schillers zum Suffplatz erkoren und bepöbelten die ausländischen Teilnehmer der Sommerakademie, eines Sprach- und Kulturprogramms für junge Leute aus aller Welt. Die Übergriffe seien schlimm genug gewesen, sagt der Leiter Georg Mackrodt. Dennoch sei Weimar keine Neonazi-Hochburg, sondern in diesem Punkt wie viele ostdeutsche Städte. Bloß schaue dort niemand mehr hin.

Vieles, vieles hören wir: Daß der Bürgermeister Germer ein satirisches Ereignis sei. Daß der Bürgermeister Germer Hunde liebe und darum ihn das Volk. Daß Germers Jagdhund Cento vom Wiesengrund Herrchens Unterschrift kopieren könne. Daß Vertreter des Weimarer Establishments dem großherzoglichen Nachfahren Prinz Michael Benedikt August Alexander zu Sachsen Weimar Eisenach auf einer Schleimspur entgegenkröchen, obwohl dero Durchlaucht vermeintlichen Altbesitz einklagen wolle, zum Beispiel das Goethe-Schiller-Archiv. Daß man manchmal die Sowjetunion zu Hilfe rufen möchte. Daß hier jede Kulturinstanz egoman vor sich hinklüngele. Daß die Wohnungsprosti-

OB Dr. Volkhardt Germer, Cento vom Wiesengrund (v. l.)

tution in der Nähe geweihter Stätten unerträglich sei. Daß sie auf ganz Weimar ausgedehnt werden müsse. Überhaupt belebe sich manches. Die Bauhaus-Universität erzeuge frischen Wind. Wir sollten die Videoinstallationen in der ACC-Galerie besuchen. Die Stadt brauche künstlerische Provokation. Und Anfang 1998 habe es eine fürchterliche Explosion gegeben.

Der französische Konzeptkünstler Daniel Buren wollte auf Bernd Kauffmanns Einladung den Rollplatz umgestalten. Über 100 Säulen sollten ragen, Beton, Höhe höchst verschieden – ein bunter Stelenwald. Ein Sturm brach los. Die Bürgerschaft entsetzte sich – nach des Reporters bescheidenem Urteil zu Recht. Des DDRlers Liebe zum Beton ist historisch vorbelastet. Dennoch muß bei Burens Vertreibung aus Weimar alles kulminiert sein, was sich an Unmut seit der Wende angesammelt hatte, und an Antimodernismus noch viel länger. Kauffmann war tief deprimiert. Der Rollplatz blieb so schön wie eh und je: ein Parkplatz.

Herr Sobiella, wer ist die Stimme der ganz normalen Weimaraner?

Da muß Jörg Sobiella aber lachen und sagt, die Leute hier hießen Weimarer; Weimaraner seien doch die Hunde. Prompt fällt's ihm ein. Natürlich! ruft er. Herr Kümmel! Reden Sie mit Herrn Kümmel von der Hundeschule Passion! Und nehmen Sie *zwei* Kassetten mit!

Anruf. Markige Stimme, von Hunden umheult: Ganz schlecht jetzt, ich muß nach Pößneck, ich schule 2 000 Thüringer Briefträger im Umgang mit dem Hunde. Heute abend? Kommse raus hier nach Altschöndorf. Alles klar. Hauhauuu! (War das noch Kümmel?)

Abend. Kümmels Keller, holzgetäfelt und behaglich warm. An den Wänden Goethe, Schiller, Bismarck, Stauffenberg. Ein Karabiner, ein NVA-Stahlhelm (Plaste), eine Pistolentasche (leer). Susanne Kümmel kredenzt Kaffee und Dominosteine. Thomas Kümmel sagt: Alles, was Sie hier sehen, hat 'n hundlichen Bezug.

Ganz selten wird ein Reporter mit solchen Kaskaden von Sprache beschenkt. Und nur sehr wenige Menschen haben ihr Lebensthema so sicher gefunden wie der Expolizist, Fleischer und Goethe-Liebhaber Thomas Kümmel. Im Hunde liegt Weltgeschichte. Papst Paul III., vom Hunde Heinrich VIII. gebissen, verweigerte Herrchen die Scheidung, worauf die anglikanische Kirche entstand. Friedrich der Große unterschrieb Todesurteile, ging es dem Hunde schlecht. Bismarck rief noch auf dem Sterbebette nach dem Hunde Sultan, den er vor 25 Jahren im Jähzorn totgeschlagen hatte. Und ist's nicht möglich, daß Eisenhower Weimar nur mäßig bombardieren ließ wegen seiner Hündin Heidi, einer Weimaranerin? Helmut Kohl zu guter Letzt befahl dem Hunde christdemokratisches Knurren auf den Satz: Da ist der Soz!

Was Bismarck betrifft, so hat ihm Kümmel ein Denkmal errichtet, im Garten der Hundeschule Passion. Für Weimar plant er Angebote des Mensch-Hund-Tourismus (»Morgens Arko, nachmittags Johann Wolfgang«). Mensch wie Hund bedürften humanistischer Weichheit, hierarchischer Strukturen und starker Autorität. Pflichtbewußtsein, sagt Kümmel, Nächstenliebe, Treue – diese konservativen Werte sind die Gefühle der Zukunft. Nicht dieses Coole. Weimar muß ein Museum klassischer Gefühle sein, bis die Zeit wieder reif ist, so was rüberzubringen. Viele suchen's im Hunde.

(Wir wagen nicht einzuwenden, daß Goethe Hunde haßte.)

Nach Exkursen über Heimat (der Mensch ist kein Weltbürger), Gerhard Schröder (Schauspielerkanzler) und die Schäferhunde der vietnamesischen Polizei kommt Kümmel zu des Pudels Kern: Natur. Warnse mal aufm Kickelhahn? Frühmorgens oder abends, wenn da keine Fratze rumkriecht, und Sie haben was Liebes bei sich, und der Dampf steigt aus den Tälern, da kommt Ihnen das Gedicht: *Über allen Wipfeln ist Ruh* … Da werden alle Sorgen klein. Das wollt ich dem Kauffmann vermitteln, ihn quasi erziehen. Ruf ich ihn also an und bitte ihn, hier in der Hundeschule die KKK zu pflanzen: Kauffmanns Kulturstadt-Kastanie. Da isser offgetaucht mitn Mercedes, fast noch an die Kastanie ran, und dann mit Mokassins durch 'n Matsch, Beene hochgekrempelt, stakst wie so 'n Gockel, da dacht ich: Mensch, der Mann kann eigentlich nur Scheiße produzieren, der hat überhaupt keene Beziehung zur Natur.

Nach diesen Offenbarungen mißlungener Fürstenerziehung entweichen wir ins Jugendzentrum Gerberstraße 3, eine Anarchistenhöhle, wo bis früh um drei der Hardcore-Gastronomie gepflogen wird. Am Morgen zu Bernd Kauffmann. St. Blasius thront auf klassizistischem Diwan. Jeans, blauer Blazer mit sorgsam lässig umgeschlagenen Ärmelrändern. Langes, mittelgescheiteltes Haar. Zigarettenspitze in deliziöser Hand. Kauffmann, der Jesuitenzögling, lächelt sanft und sagt angemüdet, doch nicht schlapp: Was machen wir jetzt?

Später sagt er: Ihre Fragen sind unendlich allgemein.

Was will eine Kulturstadt Europas? Was soll sie wollen? Wer überschaut die Weltkunst? Wie konzipiert man ein so riesiges Programm, und für wen? Sind Sie ein Volksverächter? Hassen Sie Weimar, wie es ist?

Nein, sagt Kauffmann, spricht aber von Käseglocke und Moos auf den Fensterbänken und daß Weimar etwas anderes werden möge als eine Dauerausstellung von Goethe & Co. Das Erdschwere hier, die Angst vor Entweihung, Spiel und Ironie.

Ist Ihr Kunstbegriff denn nicht elitär?

Ach. (Seufz.) Früher sagte man: Ich will mich von einem Kunstwerk berühren lassen. Ziehen Sie mal ein bißchen Pathos-Patina ab, dann bleibt noch genug von dem, was ich meine.

Ich habe vorgestern hier eine ganz reine »Kabale und Liebe«-Aufführung gesehen. Purer, ungestümer Schiller, so daß die älteren Zuschauer spürten, was sie mal waren, und die jungen, wie sie werden könnten. Das war schön.

Dürfen Sie denn das in Hamburg erzählen? fragt Kauffmann. Ernten Sie da nicht ein herbes Gelächter?

Phhh!

Ja, sagt Kauffmann, das ist der Ost-West-Unterschied. Es gibt im Westen soviel postmodernen Slang als Wirklichkeitsersatz, soviel Selbstthematisierung und windschnittige Identität. Und kommen Sie bloß nicht zu nah ran!

Jetzt schmilzt die Sonne durch das Winterblei. Spaziergang im Park an der Ilm. Unweit von Goethes Gartenhaus glänzt in den Wiesen ein riesiges blaues Paket. SALVE steht darauf, und drinnen werken Bauleute an einer penibien Kopie der weltberühmten Datsche. Was ist Aura? soll der Besucher denken. Was definiert ein Original im Zeitalter reproduzierter Wirklichkeiten?

Es naht: das Volk, zwei Frauen mit Einkaufstaschen. Wir befürchten einen unproblematischen Wirklichkeitsbegriff. Wie finden Sie denn das doppelte Gartenhaus?

Ei, ich find's Käse, sagt die ältere Frau, und die jüngere: Mer hamm doch schon eins.

Dezember 1998

Der deutsche Berg

Eine winterliche Fahrt nach Buchenwald

Der Pfad schlug eine Kurve, das Gebell nahm zu. Hinter den tiefverschneiten Bäumen erschien ein Gehöft, aus dem nun zwei Schäferhunde sprangen. Sie hetzten durch den stiebenden Schnee und umkläfften den Fremden. Ein alter Mann trat aus dem Haus und gebot den Tieren Halt. Er trottete heran: Was machense hier?

Ich suche das Buchenwald-Mahnmal.

Hier nich. Nächster Weg.

Danke schön. Auf Wiedersehen!

Grußlos schlurfte er zum Haus zurück, die Hunde im Schlepp.

Das Mahnmal Buchenwald. Massenfriedhof, Tempelhain, Wallfahrtsort des deutschen Arbeiter-und-Bauern-Staats. Kaum ein DDR-Geborener, der nie hier gestanden hätte, am Südhang des Ettersbergs, unter dem Glockenturm und der Häftlingsgruppe von Fritz Cremer, deren Leid- und Trutzgesichter jeder kannte: den Fallenden, den Schwörer, das hungerkopfige Kind, über dessen Bronzeknöchel heute eine Lötnaht läuft: Im Sommer 1998 versuchte ein Weimarer Nazibengel, das Kind abzusägen. Es hatte, wußten wir als Kinder, dieses Kind gegeben. Ein versteckter Judenjunge war der hilflose Held in Bruno Apitz' Roman »Nackt unter Wölfen«, eines Hohen Liedes auf die Solidarität der politischen Häftlinge von Buchenwald. Das Buch (schulische Pflichtlektüre) endete mit der legendären Selbstbefreiung des Lagers, die wir dann im Kino abermals erlebten (Pflichtbesuch). Kameraden! hallte es aus den Lautsprechern über den leeren Appellplatz, Kameraden, die Faschisten sind geflohen! Der Sieg ist unser! Wir sind frei! – Und dann stürzten die Gemarterten aus ihren Baracken und fluteten jubelnd dem Tore zu. »Kropinski hob das schreiende Bündel über sich, damit es nicht zerdrückt werde von der brodelnden Flut. Einer Nußschale gleich, schaukelte das Kind über den wogenden Köpfen. Im Gestau quirlte es durch die Enge des Tores, und dann riß es der Strom auf seinen befreiten Wellen dahin, der nicht mehr zu halten war.«

Genau so mußte es gewesen sein. Und wir, Harzer Bauernkinder, sangen zwischen Aquarium und Leninbild: *Dem Faschisten werden wir nicht weichen, schickt er auch die Kugeln hageldicht*, und die Lehrerin dirigierte, und Achim Gürnth, der Sitzenbleiber, machte Faxen, und die blonde Angelika Reps lachte dir schelmäugig zu. Wir waren Antifaschisten. Die Nazis, lernten wir, hätten sich 1945 nach Westdeutschland verdrückt.

Natürlich nervten und immunisierten die Rot-Front-Gesänge und Appelle und daß in jeglicher Geschichte immer nur auf Klassenkampf zu achten war. Die nichtkommunistischen Geschichten wurden daheim erzählt. Wie man hörte, hatten die meisten Bürger Hitlerdeutschlands vor allem eines empfunden: Normalität – so lange, bis gar nichts mehr normal war und Vaters Halberstadt verbrannt und Mutters Schwedt ein Trümmerfeld, und als die Russen kamen, nahm die beste Freundin Gift. Man bedauerte dies, aber im Bewußtsein, daß die Deutschen angefangen hatten. So war auch die Teilung zu begreifen: als verdiente Strafe und als Sicherheitsverwahrung. Noch 50 Jahre, rechnete das Kind, würde es dauern, bis alle Hitlerdeutschen tot wären und das Land endlich von Mördern frei.

Da massakrierte der lange H. aus der siebenten Klasse das Kätzchen. Plötzlich wußte man: Das hört nie auf.

Es ist im Westen opportun geworden, den DDR-Antifaschismus schlankweg als Lebenslüge des SED-Regimes abzutun. Man hüte sich. Millionen Ostdeutsche wurden human fundamentiert durch Bücher und Filme wie »Die Abenteuer des Werner Holt«, »Ehe im Schatten«, »Jakob der Lügner«, »Die Rote Kapelle«, »Der Aufenthalt«, »Der Leutnant York von Wartenburg« … Wen »Nackt unter Wölfen« erschüttert hat, den läßt auch »Der Archipel Gulag« nicht kalt – nur daß Solschenizyns Buch in der offiziellen DDR genauso verboten war wie Eugen Kogons Buchenwald-Bericht »Der SS-Staat«. Buchenwald stand ja nicht nur für einen Ort unermeßlicher Grausamkeit. In Buchenwald weste der Mythos vom antifaschistischen Kampf, aus dem *das bessere Deutschland* seine Legitimation bezog. Das selektierte die Erinnerung.

Jedes Erinnern ist auch strukturiertes Vergessen, so wahr Mahnmale auch der Entlastung dienen. Nach der Wende entbrannte um Buchenwald ein erbitterter Streit der Ideologien. Die DDR-Geschädigten wollten der 7500 Opfer gedenken, die von 1945 bis 1950 unter sowjetischer Lagerverwaltung umgekommen waren. Die NS-Häftlingsverbände aus ganz Europa befürchteten die Gleichsetzung beider Perioden. Gern gab sich Kritik am Mahnmal Buchenwald nun auch ästhetisch: Die Anlage ähnele den Totenburgen der Nazis. Vor allem mißbrauche sie die 51000 Ermordeten als Blutzeugen der kommunistischen Eschatologie.

Denkmäler bleiben selten, was ihre Erbauer ihnen zu sein auftrugen. Geschichte und Magie des Mahnmals Buchenwald sind festgehalten in dem außerordentlichen Text-Photo-Doppelband »Versteinertes Gedenken« (Edition Schwarzweiß). Dem (West-)Autor Volkhard Knigge, heute Leiter der Buchenwald-Gedenkstätte, gebührt entscheidendes Verdienst, daß dieser deutsche Ort nicht mit der DDR zugrunde ging, daß die verschiedenen Geschichten des Lagers einander nicht den Garaus machen durften. Auch Vermanschung unterblieb. In den heutigen Buchenwald-Ausstellungen kann und muß man sehr viel lesen. Die Quellen haben Vetorecht gegenüber den Legenden, gerade im Fall des NKWD-Lagers, das von der DDR totgeschwiegen wurde und dem nun ein eigenes Museum errichtet worden ist. Es stimmt eben beides: daß die sowjetischen Besatzer in Buchenwald Nazifunktionäre gefangenhielten und daß dort Unschuldige zugrunde gingen, die Verleumdung oder schierer Zufall eingeliefert hatte. Wo man sie verscharrte, ragt heute Wald. Zwischen die Buchen sind stählerne Stelen gepflanzt. Wer sie anschlägt, dem klirren sie nach.

So wurde der Ettersberg dreierlei Ort: Aufklärungsstätte, Memorial und, noch immer, Schwurhöhe der antifaschistischen Veteranen. Viertens blieb er, was er unaufhörlich war: ein Thüringer Berg, von dem man weit übers holdeste Deutschland schaut, bis die Augen brennen vor Silberblau und eisigem Weiß. Die Marter dieses Blicks hat Jorge Semprún in »Die große Reise« beschrieben. Jetzt blaffen wieder die Hunde. Aus dem Wald stapft ein Zug Schüler, schnattert und kalbert in Maßen, inspiziert Ringgräber und Reliefs und liest die gemeißelten Verse:

Die Steine schrein – oh auch die Steine schrein
Im Steinbruch schuftet der Verdammten Schar
Gebein zu Schutt zermahlen im Gestein
Wieviele Jahre schon – das achte Jahr ...
Steht still die Zeit und geht sie nie vorbei?
Wann wird dies Leid enden unsagbar?
Wann Deutschland wirst du von der Schande frei?

Wo seid ihr denn her?

Chemnitz, sagt das Mädchen.

Zehnte Klasse, stimmt's ?

Neunte.

Ist das eine Pflichtfahrt?

(Nicken.) Aber wir wollten's auch sehen. Wir nehmen gerade diese Rede durch, von dem Schriftsteller.

Martin Walser?

(Nicken.)

Und wie findet ihr die Rede?

Na, die Klasse ist gespalten. Ich find's nicht richtig, daß man den Leuten weh tut.

Aber einfach weggucken geht auch nicht.

Nee, ich mein' doch andersrum. Der Schriftsteller tut denen weh. Denen das angetan wurde.

Und wie lange sollte man daran erinnern?

Immer. Es ist doch für immer passiert.

Ich habe Martin Walsers umstrittene Friedenspreis-Rede schon im Sommer gelesen. »Solange etwas ist, ist es nicht das, was es gewesen sein wird«, lautete der erste Satz, und der zweite: »Wenn etwas vorbei ist, ist man nicht mehr der, dem es passierte.« So beginnt Walsers jüngster Roman »Ein springender Brunnen«. Er schien mir ein spätgeborenes Geschwisterkind des vielleicht wichtigsten Buchs der DDR-Literatur. Christa Wolfs »Kindheitsmuster«, 1976 erschienen, brachen ein Tabu der offiziellen DDR. Die Autorin fragte, ob man in Kenntnis der fürchterlichen Naziverbrechen sich seiner glücklichen Kindheit in Hitler-

Mahn- und Gedenkstätte Buchenwald, Ringgrab III

deutschland erinnern dürfe – und erinnerte sich. Die Frage war nicht neu, aber daß Christa Wolf sie öffentlich stellte. Auch Martin Walsers Rede ist nur für die Paulskirche neu gewesen.

Wo anders ließe denn Geschichte sich begreifen als in den Brüchen zwischen Individualerfahrung und Offizialhistorie? Jeder Erzähler arbeitet inmitten dieser Brüche. Er darf sie nicht leugnen und billig kitten, sonst fabriziert er Ideologie à la Goldhagen oder Stolpe. Die DDR-*Vergangenheitsbewältigung* ist ja eine kleine Schwester des deutschen Gesprächs über die Nazizeit. Sie werken Hand in Hand, die Generalzerschmetterer des *Unrechtsstaats* und seine Nischenputzer. Die einen überstülpen jede Individualerfahrung mit korrekter Großgeschichte, die anderen erklären den Grillabend zum Wesen des SED-Regimes.

Wer beglaubigt Geschichte? – Alles Geschehene. Jeder, der *hinsieht*. Martin Walsers diesbezügliche Müdigkeit ist die Fernsehkritik eines älteren Zeitzeugen. Längst gehört ja die Nazi-Serie zur bundesrepublikanischen Dauerbedudelung. Gewiß wird die nächste Staffel »Hitlers Helfer«

von einer Großbrauerei *präsentiert.* Hinsehen heißt aber nicht fernsehen. Immer häufiger posieren vor Buchenwalds Verbrennungsöfen Jugendliche für coole Photos, berichtet Rikola-Gunnar Lüttgenau, der stellvertretende Gedenkstätten-Direktor. Auch die »Danke, Hitler!«-Eintragungen im Besucherbuch nähmen zu. An Walsers Rede können sich viele bedienen, deren deutscher Geschichtswunsch mindestens Entschuldung heißt. Diesen hat der Redner leider kaum gewehrt.

Man muß immer wieder sagen: Geschichte ist kein Gefäß für Stolz. Und: Man lebt besser in Kenntnis dessen, was war. Aber: Walser hat versucht, das unleugbare, unfaßliche Übermaß an deutscher Schuld zu verbinden mit der unvermeidlichen Tatsache, daß wir – als Einzeldeutsche schon viel länger denn als Volk – wieder *normal* leben und leben müssen. Das war so ehrlich wie Ignatz Bubis' Widerrede unverzichtbar. Nur geht es den Erinnerern des Judenmords zunehmend wie der Christenheit seit fast 2000 Jahren: Das schreckliche Geschehen, von dem her sie Geschichte definieren, existiert längst nicht mehr als persönliche Erfahrung. Es muß überliefert werden als eine Tradition, die dem real Stattgehabten so gerecht wird wie den Lebenswirklichkeiten der nachgeborenen Generationen.

So ist die Ermordung Jesu Theologie geworden, eingebettet in die Sinn-Trias von Weihnacht, Karfreitag und Ostern. Kein Christ vergießt Karfreitag Tränen, es sei denn solche der ästhetischen Erbauung über die Bachsche Matthäuspassion. Heuchelt er also seinen Glauben? Im Gegenteil, er versteht ihn als Pflicht zur Gegenwart. Jesus starb nicht nur in Jerusalem, sondern auch in Auschwitz und Buchenwald. Und was sich vom Judenmord begreifen läßt, weist auch nach Jugoslawien. Erinnerung allein wird unweigerlich zum Opus classicum, zum Gedenken, und baute man ein Mahnmal aus sechs Millionen Steinen.

Von *einem* Stein war zu lesen in der »Thüringischen Landeszeitung«. Das Dörfchen Lehnstedt zwischen Weimar und Jena habe ein Denkmal errichtet für die Opfer eines Buchenwalder Todesmarsches. Das ist keine typische Meldung im heutigen Ostdeutschland. Wir fahren nach Lehnstedt.

Der graugefurchte Mann dort am Stammtisch der Dorfgaststätte ist der Bürgermeister Helmut Ackermann. Und das ist die Geschichte: Anfang April 1945 evakuierte die SS Teile des KZ Buchenwald. Einer der Häftlingszüge erreichte am Abend Lehnstedt. Die SS beschlagnahmte die Feldscheune des Gutsbesitzers Bremer und trieb die Entkräfteten hinein. Etliche klagten vor Schmerzen. Die SS feuerte blindlings in die Masse. Danach war Stille. Beim Aufbruch am Morgen blieben in der Scheune 13 Tote. Drei weitere Häftlinge konnten nicht weiter, die wurden auch erschossen.

Da haben sich die Leute dazumal ausm Ort, sagt Helmut Ackermann, haben sich eben die Mühe gemacht und die begraben am Ortsausgang, weil da die drei Sühnekreuze standen ausm 16. Jahrhundert, und da wurde eben dazumal in der Meinung gedacht, da sind schon mal Leute begraben worden. Und da kam ein Kreuz drauf mit der Schrift: *Hier ruhen 16 unbekannte Antifaschisten.* Später kam ein Stein hin für das Holzkreuz, Hecke, kleiner Zaun, und zwei Trauerweiden wurden eingepflanzt. Und dann gingen die Jahre ins Land, und alles is verrottet. Das ging doch nich. Fakt is doch mal eins, die Leute sind hier in diesem Ort zu Tode gequält worden, und dem muß man gedenken.

Zum Volkstrauertag 1998 wurde der regenerierte Stein neu eingeweiht. Der Landrat sprach. Viele Ältere kommen und legen Blumen hin, sagt Ackermann. Oder sie nehmen 'ne Andacht, weil Vater oder Onkel auf dem Todesmarsch umgekommen sind und keiner weiß, wo sie liegen. Wer unsere hier sind, is ja auch nich bekannt.

Er braucht keine Walser-Debatte, der Elektriker und Invalidenrentner Helmut Ackermann, der viel älter wirkt als seine vierundfünfzig Jahre. Staublunge, von Unterputzarbeiten. Aber er müsse wirbeln. Wie er das Erdgas ins Dorf geholt habe und die Kegelbahn. Hier bei der Gedenkstätte habe ihm ja wenigstens Karl Moszner geholfen, der Kreisheimatpfleger.

Ich denke, das war ein Anliegen von ganz Lehnstedt?

Es habe sich, sagt Ackermann, im Ort ein Burschenschaftsverband gegründet, mit dem sei er ein bißchen über Kreuz. Die benutzten den Vereinsstatus nur, um sich ihre Trinkfeste fördern zu lassen. Für das Häftlingsgrab hätten sie gar nichts unternommen, sondern das Kriegerdenkmal vor der Kirche renoviert, *für Volk und Vaterland*. Das is hier überall so, sagt Ackermann. Schaunse mal rum in den ganzen Dörfern.

Wir fahren zur Kirche. Festlich bekränzt, trutzt das Trumm vor sich hin. Im Zweiten Weltkrieg war's nu wirklich nich fürs Vaterland, sagt Ackermann. Da war's für die Experten, die nich genuch kriegen konnten. Jetzt ist der Kaffee durchgelaufen, fahrn mer heim.

Sagt denn den Burschenschaftlern keiner, daß die Wehrmachtstoten für Verbrechen sterben mußten?

In der Richtung wird nich gesprochen, sagt Ackermann und haut die Autotüre zu. Zwingen kann man keinen. Wichtig ist, daß es bei dem Häftlingsgrab für mich kein Zwang war, sondern echt 'ne von innen rauskommende Kraft. Damit dieses Grab seine für immer bestehende Ewigkeit hat.

Dezember 1998

Der Mörderstein

Wie die deutsche Geschichte nach Saaleck kam und wie sie wieder ging

Das Kind hat es damals selbst gesehen. Der Knabe Sigmund Beetz war acht, als er durch den Bretterzaun erspähte, wie die Männer das verrufene Grab aufgruben. Angst hatte er keine. Er wußte schon, daß da nur noch Knochen in der Erde lägen, nicht mehr kenntlich als Hermann Fischer und Erwin Kern. Deren Leichen hatte der Großvater, wie er gern erzählte, 1922 von der Burg ins Dorf hinunterkarren müssen, mit dem Mistwagen auf den Saalecker Friedhof. Man vergrub die beiden in der Übeltäterecke. Denn Fischer und Kern waren Mörder gewesen.

Wahrlich, wie ein Stein fiel diese Geschichte auf das 300-Seelen-Dörfchen an der Saale hellem Strande, über dessen Dächern die Ruinen von Saalecks- und Rudelsburg ihr weißes Getürm erheben. Am 24. Juni 1922 wurde in Berlin der deutsche Außenminister Walther Rathenau ermordet. Ablauf und Hintergrund der Tat schildert minutiös Martin Sabrows Buch »Die verdrängte Verschwörung. Der Rathenau-Mord und die deutsche Gegenrevolution« (Fischer Taschenbuch Verlag 1999). Rathenau, Sohn des Gründers der AEG und von 1912 an deren Präsident, galt als einer der *Weisen von Zion*, hatte er sich doch gerühmt, er gehöre zu den 300 Männern, die das Geschick der Welt bestimmten. Seit dem 31. Januar 1922 Außenminister im Kabinett Wirth, verfolgte er die Taktik, die aberwitzigen Reparationsforderungen des Versailler Vertrags zu erfüllen, damit deren Irrealität demonstriert werde. Erste Leichterung verschaffte er Deutschland in Rapallo durch den Ausgleichsvertrag mit Rußland. Doch den Deutschnationalen galt Rathenau als *Gerichtsvollzieher der Entente*, als volksvergiftender *Fremdling aus Judaan*, der vermittels der jüdischen Weltverschwörung in die eigene Tasche konspiriere. *Knallt ab den Walther Rathenau, die gottverdammte Judensau!*

Dennoch starb Rathenau weniger als Jude denn als deutscher Demokrat. Er repräsentierte das rechts verhaßte *System von Weimar*. Bereits am 26. August 1921 war der Zentrumspolitiker Matthias Erzberger ermordet worden. Am 4. Juni 1922 hatte der Sozialdemokrat Philipp Scheidemann nur durch Glück ein Attentat überlebt. Die Täter entstammten dem terroristischen Geheimbund Organisation Consul, der aus dem Freikorps des kaiserlichen Marinekapitäns Ehrhardt hervorgegangen war. Ehrhardt zählte zu den Protagonisten der Kapp-Lüttwitz-Revolte von 1920, mit der sich die alten kaiserlichen Eliten an die Macht zurückputschen wollten. Der Umsturz mißlang. Fortan spielte Ehrhardt über Bande: Die Ermordung von Repräsentanten des *Systems von Weimar* würde Deutschlands Linke zum Aufstand provozieren, worauf die Rechte als Ordnungsgewalt und künftige Staatsmacht einschreiten könnte. Das Kalkül schlug fehl. Die linke Revolution blieb aus, nicht aber die Volksempörung. Kanzler Wirth rief sein berühmtes *Der Feind steht rechts!*

Die Identität von Rathenaus Mördern wurde alsbald bekannt. Fischer und Kern, entwurzelte Kriegsexistenzen, flohen wochenlang per Fahrrad durch halb Deutschland, bis ihnen ein Gesinnungshelfer Unterschlupf gewährte: Dr. Hans Wilhelm Stein, Burgherr von Saaleck, verbarg die beiden und begab sich nach München, in Ehrhardts Hauptquartier, um falsche Pässe und einen Fluchtwagen zu organisieren. Unterdessen wurden seine Schützlinge leichtsinnig. Anwohner meldeten der Polizei, obwohl der Burgherr verreist sei, brenne im Ostturm Licht. Die Burg wurde umstellt. Kern traf eine Polizeikugel, Fischer erschoß sich selbst. Kutscher Beetz spannte den Mistwagen an. So endeten am 17. Juli 1922 die Mörder Walther Rathenaus.

Die Mörder? Die Rathenau-*Richter*, sollten wir besser sagen, denn wir schreiben 1933. Fischer und Kern sind nun *Vorkämpfer deutscher Freiheit*, die *ein rassefremdes Element ausmerzten*. Deutschland marschiert in Knobelbechern. In Saaleck läuten die Glocken zum Feldgottesdienst, die deutsche Christenheit singt *Nun danket alle*

Gott, und Pfarrer Koehn verschmilzt den himmlischen Führer mit dem irdischen: »Viel edle Saat ist hinabgesenkt worden in den Boden unseres Volkes: Die Helden des Weltkrieges, die Helden der Nachkriegszeit, von den beiden Helden Fischer und Kern bis zum letzten braunen Soldaten des Führers. Diese Saat ist jetzt im Aufgehen, und wir sind die Wächter der deutschen Saat. Wenn je eine Zeit es mit elementarer Gewalt dem Menschenherzen einhämmert: es ist dein Gott, heilig und hehr, der das Böse zertrümmert und dem Guten zum Siege verhilft, dann ist es die deutsche Gegenwart.«

Das war ein Pfarrer! sagt Margarete Beetz noch nach 67 Jahren. Sigmund Beetz, nun ein rüstiger Greis, erzählt, wie das Gebein von Fischer und Kern in die neue Grabstatt umgebettet wurde, zwischen zwei junge Eichen. Zu Häupten der zu Helden Promovierten prunkte das Geschenk des Führers: ein Kubikmeter Stein, bemeißelt mit Ernst Moritz Arndt. TU, WAS DU MUSST, SIEG ODER STIRB UND LASS GOTT DIE ENTSCHEIDUNG.

Und ach, die Prachtentfaltung! Die ganzen Saalewiesen, alles voll mit SS! ruft Sigmund Beetz. Die Parade, im Sechserschritt durchs ganze Dorf, schade, daß mer keine Bilder hamm zum Beweisen. Und ich bei dem Aufmarsch vorne anner Straße, mit Schuh und Strümpfe, kricht'n mer alles so jeliefert, dasses gut aussah. Und von überall kamen die Leute. Und die Burg, nachts anjestrahlt, so was hat Saaleck noch nich erlebt. Und das Salutschießen, das Jeläute, und wie dann der große Herrgott kam mit dem Zylinder, da is der alte Herr Wurzel, der war auch so 'n bißchen anjehaucht vom Fortschritt, is mit seinen zwei Krücken durch die Absperrung jekrochen und hat dem Hitler gratuliert.

Es scheint, Deutschlands niedrigste war Saalecks größte Zeit. Aber wieso nahm das Dorf es hin, daß ortsfremde Mörder Lokalhelden wurden?

Es gab auch Kommunisten hier, sagt Sigmund Beetz. Die kamen ins KZ. Wenn man gegen den Strom jeschwommen wär, dann war man fort.

Manchen Alten ging der ganze Umschwung zu schnell, sagt Margarete Beetz.

Arbeit, sagt Sigmund Beetz. Vorher die ganzen Arbeitslosen unten anner Brücke. Auf einmal warnse alle weg, nach Naumburg, Kasernen bauen. Und hatten Ledersachen, Motorräder, Volkswagen, halb jeschenkt.

Und da wurde dem Hitler alles geglaubt?

So is richtich, sagt Sigmund Beetz.

Dann, zur Zeit der DDR, verkam das Nazi-Mal. Die Inschrift war entfernt. Nackt ruhte der Klotz. Die Grabstelle, wüst und seit 1947 abgelaufen, kümmerte keinen – bis zur Wende. Anfang der neunziger Jahre mutierte Saaleck zum rechten Wallfahrtsort. In der Gaststätte Burgblick hielt die NPD Parteitage ab. Kneiper Kanthack war so geschäftsbewußt wie sein völkisches Publikum dem deutschen Bier verschworen. Braunes Lied erscholl. Führers Bild hing an der Kneipenwand, Führers Gruß entbot man auf der Straße. Das Pfarrhaus wurde bedroht. Die Saalecker mieden die Kneipe und duckten sich weg. Mittlerweile hat Kanthack der NPD gekündigt, auch aus Angst um seinen Pachtvertrag mit der Stadt Bad Kösen. Ohnedies erwies sich Saaleck für die Rechten als Falle. Der Ort, auf einer Halbinsel gelegen, war von der Polizei mühelos abzuriegeln. Die Szene verzog sich nach Thüringen.

Es blieb die Grabstatt. Immer wieder Blumen, zum Todestag ein Kranz. Burschenschaftler riefen bei Pastorin Hoenen an: Sie wollten den Stein restaurieren. Die Pastorin lehnte ab: Das Grab sei keines mehr; wer den Stein wolle, könne ihn sich holen. Niemand kam. 1997 überraschte Charlotte Hoenen auf dem Friedhof einen Kern-Fischer-Gedenktrupp: Redner, Fahnenträger, zehn Sänger des Deutschlandlieds (Strophe eins). – Wer sie seien? – Wir sind Nazis. – Daraufhin beschloß der Gemeindekirchenrat, die Stätte gemäß Friedhofsordnung zu beräumen. Das Landesamt für Denkmalspflege stimmte zu. Der Stein sei kein Kulturdenkmal.

Die Pastorin bat die Bundeswehr nach Saaleck. Am 31. Januar 2000 rückte die Panzerbrigade 38 von Weißenfels an und entfernte das teutsche Trumm. Oberst Bernd-Günter Köpcke verteidigt die Aktion als Pionier-Ausbildungseinsatz. Keinesfalls lasse er sich vom »Ostpreußenblatt« unterstellen, die Bundeswehr schleife die Gräber von Marineoffizieren. Für mich sind das keine Offiziere, sagt Köpcke, sondern rechtskräftig verurteilte Mörder. Die können nicht die

Der Mörderstein zur Hitlerzeit

Rechtsnachfolge der Bundeswehr in Anspruch nehmen. Sie wissen ja, wir sind gebrannte Kinder, Stichwort rechte Videos. Ich wünschte allerdings, die Kirche hätte mich vorher etwas besser aufgeklärt: daß da die Grabstatt war, nicht nur der Stein. Dann hätte man die Bevölkerung anders vorbereiten und politisch argumentieren können statt bloß formal.

Wie die Bundeswehr kam, erzählt der Saalecker Gunter Reichert, da frag ich: Was wird mit dem Stein? Sagt mir so 'n jungscher Kerl: Das geht Sie gar nischt an. Sag ich: Wieso nicht? Ich bin doch Saalecker! Und der Stein ist Geschichte!

Ja. Aber welche? Die politisch korrekte Großgeschichte atmet anders als die lokale, gerade im nationalromantisch aufgeladenen Burgenlandkreis. Wahre Heimatsage wird geredet, nicht gedruckt.

Zur Hitlerzeit sah's Grab ordentlich aus, jetzt war's 'n Schandfleck.

Is alles zweischneidig. Sacht mer was, isses verkehrt, sacht mer nischt, dann ooch.

Mörder gibt's auf jedem Friedhof.

Gucke dir Uganda an, die hamm sich sogar uff Jesus berufen.

Der Rathenau soll doch ’n Kommunist jewesen sein.

Der Stein stand immer neben Omas Grab.

Dasse auch die Eiche fortjemacht hamm, was konnte der Baum für die Nazis?

Paß uff, jetzt bauscht sich’s erst richtich uff, Pfingsten kommen doch die ganzen Burschenschaften uff de Rudelsburg.

Gehnse mal zu Battke Günter, der macht hier die NPD, der war früher großer Kommunist, dem lag zur Wende schon der Strick inner Tür.

Wir klingeln am Tor. Kehlig blafft der Schäferhund. Günter Battke schaut oben aus dem Fenster, fragt nach dem Woher und sagt: Ich komme runter.

Hier wohnt kein Geld. Gilbe Tapeten, alter Ofen, Räuchermännl, tickende Uhr. An der Wand Hermann der Cherusker und die Christgeburt. Auf dem Robotron-Fernseher der rote Stander der NPD. Später wollen wir ein Photo machen. Battke, entsetzt: In meiner Umgebung?

Jetzt muß er erst mal telephonieren. Kommt wieder, nervös. Lächelt, raucht, ein abgelebter Mann von 68 Jahren. Beginnt mit dem Satz: Fakt is, dasse Mörder sind.

Inmitten all der Saalecker Mündlichkeit hat Günter Battke das einzige Stück Schrift verfaßt: »Hiermit möchte ich, Günter Battke, eine von mir ausgewählte Grabstätte auf dem Friedhof von Saaleck auf längere Zeit pachten.« Fischer und Kern. Der Gemeindekirchenrat lehnte ab. Aber was ist denn einzuwenden, sagt Battke, gegen ein bißchen Gedenken. Einmal im Jahr gehn wir auf den Friedhof mit dem Kranz, ganz sauber, und singen ein altes deutsches Volkslied.

Was singen Sie denn?

Battke legt die Hände zusammen und hebt leise an: *Wenn alle untreu werden, so bleiben wir doch treu / daß immer noch auf Erden für euch ein Fähnlein sei / Gefährten unserer Jugend, ihr Bilder besserer Zeit / die uns zu Männertugend und Liebestod geweiht.* Ist von 1813, die Melodie von 1568. – Was Günter Battke nicht sagt: Mit diesem Lied wurde 1933 der Stein geweiht.

Er redet lange: Deutschlands notvolle Gegenwart. Die

Arbeitslosigkeit. Die Verbrechen an Kindern. Der Mangel an Todesstrafe. Die allgemeine Korruption. Die Politskandale, siehe CDU. Wenn die PDS nicht so lasch wäre. Es gebe nur eine Partei, die keinen Dreck am Stecken habe: die NPD.

Warum müssen Sie ausgerechnet am Grabe von Mördern gedenken?

Der Mielke war auch Mörder, dem wurde auch zugejubelt.

Aber …

Battke hebt die Hände, wie schon öfter: Ich weiß, was Sie meinen, ich weiß. Lassen wir's, is besser so.

Haben Sie Angst, sich zu verquatschen?

Genau. Ich bin doch eigentlich nicht berechtigt. Wir haben doch da jemand. – Dann geleitet er zur Tür, legt die Hand auf des Reporters Arm und sagt bittend: Ich vertraue Ihnen.

In summa ist Saaleck kein rechtes Nest. Günter Battkes Gefolgschaft beläuft sich auf ein Dutzend Leute. Dem Dorf fehlt aber seit der Wende der Zusammenhalt. Viele fühlen sich leer, sagt Kirchenvorstand Ernst Rühlmann und spricht über Arbeitslose und Altgenossen, die sich vom Zeitlauf verraten fühlen. Die Kirchengemeinde mache Angebote, auch der Jugend, ob sie nun getauft sei oder nicht. Der Vandalismus nimmt ab, sagt Rühlmann. Ich merk's als Gärtner im Kurpark Bad Kösen. Die Jugend achtet wieder das Gemeinwohl. Man muß die Kinder nur vernünftig ansprechen.

Schade, daß der Stein fort ist, sagt Marco Wurzel. Klar kennt er Fischer und Kern. Was, Mörder? Seh ich anders, erklärt Marco. Und ist nicht Neonazi, sondern 16 Jahre alt und kennt keinen Rathenau und versteht von Geschichte sowenig wie die Geschichte vom Dorf. Hier lebt man zyklisch, im Kreislauf der Generationen, nicht linear, wie sich die Großgeschichte schreibt. Und es ist ein Jammer, daß all das Gelebte und mühsam Erlernte des alten Sigmund Beetz eines Tages unvererblich in die Grube fährt: Wie die Saalecker Heldenfeiern kleiner wurden, wie der Krieg kam und Beetz mit 17 an die Ostfront, wie der Bruder Thilo abgeschossen wurde. Dann Westfront, Cherbourg, nach zwei Tagen die Panzergranate, Lazarett, der Amerikaner schoß schon nach Colmar rein, der letzte Heimatzug und der Zusammenbruch und die Angst um die Papiere, mit denen zu beweisen war, daß er trotz der Tätowierung … Es durften doch die Amerikaner die Tätowierung nicht sehen, die ließen doch alle Gefangenen vortreten mit erhobenen Armen, und wer die Tätowierung hatte, dessen Arme steckten sie in die Angel des Hoftors und schlossen die Flügel, daß die Knochen brachen, und sind so viele verreckt, wegen der Tätowierung … – Und da schwant es dem Reporter.

Herr Beetz, waren Sie denn in der SS?

Na ja doch! ruft der Greis mit hoher Stimme und hebt in beschwörender Ergebung die Hände. Wir wurden doch reingetrieben, die ganze Abteilung in die SS. Aber niemals ein KZ bewacht, nie an Erschießungen, ich niemals nie, nur im Felde mußt ich mich ja wehren. Aber all das Schreckliche is passiert, und wenn heut die Rechtsradikalen sagen, da war nichts – doch, alles war, wir hamms erlebt, was jemacht wird, wir sind diesem Herrn, dem Hitler, nachjelaufen, wir wußtens ja nicht besser.

Aber heute kann man's besser wissen.

Ja, sagt der Alte. Aber wirklich vorstelln kann sich das keiner.

Wem nützt es, was hilft es dem Frieden, wenn Sie über Saaleck schreiben? fragt Pastorin Hoenen streng. Seit Anfang des Jahres lebt sie im Ruhestand. Ihr Nachfolger Mathias Imbusch sagt: Der Stein ist weg, und damit hat sich die Geschichte.

März 2000

Pankow erwache!

Ein Berliner Stadtbezirk wehrt sich gegen die Republikaner

Zwei Tage vor Heiligabend fuhr ein Geist in den Republikaner-Chef Rolf Schlierer: der Geist der Toleranz. Der Ort, da diese unglaubliche Befruchtung geschah, war die Friedenskirche zu Pankow-Niederschönhausen. Und Rolf Schlierer trat vor den Altar und gedachte der Judenverfolgung und rief mit gewaltiger Stimme, daß der Herrnhuter Adventsstern schwankte: WEHRET DEN ANFÄNGEN! Da erhob sich ein Brausen und Schreien ... Aber der Reihe nach.

Pankow, von Adenauer ehrfurchtsvoll Pankoff genannt, war DDR-Berlins Botschaftsviertel und Prominentenbezirk. Egon Krenz und Lotte Ulbricht wohnen immer noch hier, Christa Wolf versammelt ihren Gesprächskreis in der Literaturwerkstatt, dem ehemaligen Wohnhaus von Ministerpräsident Otto Grotewohl. Pankows Kern ist das Schloß Schönhausen, wo der Alte Fritz seine ungeliebte Gattin deponierte. Bis 1989 nächtigten dort Honeckers Staatsgäste. Ums Schloß ist ein alter Park gelegt. Zwischen Eichen und Kastanien führt der Pankower Weib und Hündlein aus, füttert Enten, belagert die große Wiese und begehrt von der *Berliner Republik* vor allem eins: Gemütlichkeit.

Es könnte im schläfrigen Pankow noch viel gemütlicher sein, geschähen hier nicht die meisten rechtsradikalen Übergriffe von allen Stadtbezirken Berlins. Besonders im Ortsteil Niederschönhausen bereichert unbehaarte Bomberjacken-Jugend das Straßenbild. Im Dezember dann die Nachricht: Die Republikaner richten in Pankow ihre Bundeszentrale ein. Wo? In der Berliner Straße, im Gartenhaus der ehemaligen Garbáty-Villa. Plötzlich entsann sich Pankow seiner älteren Geschichte. Die Zigarettenfabrik des jüdischen Unternehmers Josef Garbáty-Rosenthal, 1904 gegründet, war eine Pankower Institution. Garbáty leitete seine Firma mit einer Sozialphilosophie und betätigte sich ausgiebig als philanthropischer Mäzen, vor allem für das jüdische Waisenhaus. Im Rahmen der Nazi-Verordnungen zur »Ausschaltung der Juden aus dem deutschen Wirtschaftsleben« mußten die Garbátys 1938 ihren gesamten Besitz veräußern und entkamen in die USA. Die DDR enteignete 1949 den *arischen* Käufer. 1990 erwarb ein Wolfgang Seifert von der Treuhand die heruntergekommene Villa samt Nebengebäuden und setzte sie instand.

Die politische Gesinnung seiner Mieter gehe ihn nichts an, erklärte Seifert bei obiger Diskussion in der proppevollen Friedenskirche. Frage aus dem Publikum: Ob es stimme, daß Seiferts Frau im Bundesvorstand der Republikaner sitze? – Seifert erwiderte, er äußere sich nicht zu Familienangelegenheiten. Im übrigen habe er auch der Pankower PDS ein Haus vermietet. – Deren Ortsvorsitzende Siglinde Schaub eilte ans Saalmikrophon: Die PDS ziehe aus! Man habe ja nicht gewußt, wes Geistes Kind Herr Seifert sei!

Es war ein denkwürdiger Abend, dieser 22. Dezember. Da saßen sie höchst seltsam beieinander: Schlierer, Seifert, Pastorin Ruth Misselwitz, die Schwester Courage von Pankow, Moishe Waks von der jüdischen Gemeinde, PDS-Baustadtrat Bossmann, der zähneknirschend einräumte, die Kommune verfüge über keinerlei Rechtsmittel gegen diese strategische Provokation der Republikaner. Pankows öffentliches Gewissen stand auf, der Graphiker Manfred Butzmann: Es gebe soviel Büroleerstand in Berlin, weshalb müßten die Reps ausgerechnet ins Garbáty-Haus? Da durchwallte es Schlierer: GEHT DENN DAS SCHON WIEDER LOS IN DEUTSCHLAND? Würden abermals, wie nach 1933, Andersdenkende vertrieben? Republikaner seien Demokraten und hätten keinerlei Kontakte zur Skinhead- und Neonazi-Szene. – Da johlten die Bomberjacken von der Empore mächtig Applaus.

Seit jenem Abend ist Pankow einige Debatten und Demonstrationen weiter. Das Städtchen in der großen Stadt erwacht wie seit der Wende nicht. Alle Fraktionen der Bezirksverordnetenversammlung (SPD, CDU, PDS, Bündnis 90/Die Grünen) haben in einer gemeinsamen Erklärung gegen den Republikaner-Einzug protestiert. Am Abend des

27. Januar fanden sich über tausend Pankower zu einer Lichterkette vor der Garbáty-Villa ein. So beginnt, was der ostdeutschen Demokratie schmerzlich fehlt: bürgerliche Selbstorganisation. Keine dieser Aktionen wurde von oben anberaumt. Initiatoren waren Schüler des Rosa-Luxemburg-Gymnasiums, die in ihrem Forum politicum Zeitgeschichte diskutieren. Die Abiturientin Katharina Röhl moderierte das Forum in der Friedenskirche. Der Zwölftkläßler Stephan Felsberg sprach vor dem Stadtparlament. Wir wollten einfach zeigen: Pankow ist gegen die Rep-Zentrale, sagt Stephan schlicht. Katharina: Aber nicht auf dem Niveau von *Nazis raus!*-Gegröle. Und vor allem: keine Gewalt.

Fühlt ihr euch verantwortlich für deutsche Geschichte?

Schuldig nicht, sagt Stephan. Ick versuch det nachzuvollziehn.

Es ist unsere Pflicht, heute zu verhindern, daß so was wieder vorkommt, sagt Katharina.

Wennse dich in Holland komisch angucken als Deutschen, sagt Stephan, dann is das Problem da.

Was wird, wenn die Reps trotzdem einziehen?

Wichtig ist, daß man zurückblicken kann, sagt Stephan. Daß der Protest da war.

Er war da, und er bleibt, der Protest. Er wird die Reps nicht vom Garbáty-Haus fernhalten. Schlierers Partei wünscht diese Residenz zum Beweis, daß sie sich in keiner Assoziation zum Zwölfjährigen Reich befinde. Das ist töricht. Wozu ein Beweis taugt, entscheidet ja der Zweifler. Verzichten die Reps auf den Einzug, dann fühlen die Protestanten sich als Sieger. Bleiben die Reps, gilt ihr Zynismus als offenbar.

Aber Torheit ist kein rechtes Monopol. Antifa-Party im Jugendklub Garage. Morgen, spricht ein Teenie-Girl, morgen auf der Demo zum 30. Januar, da werde man es den Pankower Normalfaschisten mal zeigen.

Wo kommst du denn her?

Die DDR ist für immer mein Vaterland, sagt das linke Kind. Die DDR war viel besser als die imperialistische BRD. Zum Beispiel gab's Planwirtschaft.

Aber man konnte nicht raus.

Ich will nicht raus. Westen ist Scheiße.

Die Party wurde noch gut. Kaltes Köstritzer, Scharen weltverbesserlicher junger Leute, wärmstens beschallt vom Poesie-Grunge einer Schülerinnenband namens Suddenly Thoughtless: *Dieser Planet ist auch mein Zuhaus / und ich kann ja auch leider nicht raus / ich sitz hier bis an mein Lebensende fest / oder denkst du, das ist nur ein Test?* Dann ritten Rachegöttinnen ein: Grandmother's Suicide aus Hohenschönhausen. Flucht an die Theke, wo eine Katja und ein Stephan ihre geballten Zukunftsängste erzählten: Rassismus, Ausgrenzung von Randgruppen, Sozialdarwinismus. Ich habe einfach Angst, sagte Stephan, daß ich in diesem System der Profitmaximierung keinen Platz finde.

Stephan, diese Angst ist bündnisfähig.

Anderntags die Demo. Tausend friedliche Antifas. Rote Fahnen, Lenin & Thälmann, linkskorrekte Lautsprechereien am Garbáty-Zaun. Viel Feind, viel Ehr, viel Polizei. Kein bürgerlicher Zulauf. Ein paar *Normalfaschisten* knipsten vom Balkon. Bei der Lichterkette hatten sie womöglich Kerzen gehalten.

Februar 1999

Die Republikaner blieben im Garbáty-Haus. Zum Beweis ihrer liberalen Gesinnung installierten sie hinterm Eisenzaun ein Poster: »Mein Freund ist Ausländer«. Es wurde nachts beleuchtet und zeigte Jörg Haider.

Unser starker Mann

Ein Glückwunsch an den Nobelpreisträger Günter Grass

Drei Tage vor dem ersten Advent haben wir in Pankow Heiligabend gefeiert. Unser Kirchlein tat die Pforte auf, aus der naßkalten Nacht strömten wir ins Goldlicht des Herrnhuter Sterns und füllten das karge Gemäuer bis in den letzten Winkel. Unsere liebe Pastorin Ruth Misselwitz trat vor uns hin und verkündete allem Volk die frohe Botschaft, um derentwillen wir gekommen waren: Heute abend ER bei uns. Dann sprach Pankows Gute Hirtin, unsere Christa Wolf, und gemahnte an die regimekritische Tradition dieses Gotteshauses, wie sie geschrieben stehe auf Seite 346 der Schrift des Mannes, den sie nun beim Namen rief: LIEBER GÜNTER! Alsdann empfing der so Geheißene aus Mutter Wolfens Mund, also in unser aller Namen, die Glückwünsche zum Großen Preis. Wie durfte der Beifall enden?

Er währte, unser Beifall, und hob den, der da kommen sollte, auf die Kanzel. Dort schlug er sein Buch auf und nannte dessen Einfall simpel: »Mein Jahrhundert« – zu jedem Jahr ein kleiner Text aus stetig wechselnden deutschen Milieus. Vorzüglich träten Menschen auf, denen die Geschichte widerfahren sei, weniger solche, die meinten, Geschichte zu machen. Damit war das Credo intoniert: Grass schreibt Geschichte von unten, wie ja auch im Weihnachtsevangelium die Wahrheit sich nicht König, Gouverneur und Hohem Priester offenbart, sondern den Hirten auf dem Felde.

»Ich, ausgetauscht gegen mich, bin Jahr für Jahr dabeigewesen«, so beginnt Grass' Jahrhundert. Aus dessen Arsenal trug er ein Dutzend Episoden vor. Nein, er inszenierte sie, denn Grass liest sehr gut. Er theatert, er leuchtet seine Szenen aus, er zelebriert didaktische Schlüsse, als wäre es eine Tugend, was die stille Lektüre Grassscher Prosa mitunter erschwert: daß die Figuren Ideologie aufsagen. Daß die Politik des Autors die Ästhetik dominiert. Daß ich, der Leser, selten in die freie Assoziation entlassen werde, weil der Autor seiner Kunst so viel Sorge aufgebürdet hat, ob ich auch recht verstünde. In seiner Lobrede auf den »strengen Deutschlehrer« Grass (»FAZ« vom 30.11.1999) bedauert Adam Zagejewski, »daß ein gewisser ›metaphysischer‹ Glanz der deutschen Lyrik und Prosa ein wenig verblaßt ist, abgegriffen erscheint, historisch und politisch geworden ist. Und sich demokratisiert hat, so wie die Bundesrepublik.« Aber siedele nicht Literatur an zwei Grenzen? Jenseits der einen liege die empirische, erfahrene Geschichte, jenseits der anderen Grenze »ein Staat unsichtbarer Dinge (...), ein geheimnisvoller Staat von Fragen ohne Antwort, eine Region geheimnisvollen Lichts. (...) Das Schreiben von Günter Grass würde ich noch mehr bewundern, wenn durch seine Vorstellungskraft öfter zwei Grenzen verliefen und nicht nur eine«: die zur Politik. Der junge, der Blechtrommel-Grass sei mehrdimensionaler gewesen.

Unüberhörbar hat es den nobelpreisfrohen Günter Grass gelinde gekränkt, daß die Auszeichnung vor allem seiner »Blechtrommel« gelte. Er selbst nennt trotzig »Hundejahre« sein geratenstes Kind. Es hieße Grass verleumden, wollte man behaupten, daß er für Kritik übertrieben empfänglich sei. Allerdings sind viele, die Grass' Ästhetik attackieren, kaum verhohlen politische Gegner. Da sie den Ruhm der »Blechtrommel« und ihres Autors nicht aus der Welt zu schaffen wissen, reduzieren sie Grass auf die Danziger Trilogie. Danach sei Grass leer gewesen und Polit-Agitator geworden, wie man ihn bis heute kenne: altlinker Rabautzke, »Geisterfahrer der Geschichte« (»Welt am Sonntag«, 28.11.1999), ein obsessiver Gegner des geeinten Vaterlandes, der die Ossis aufhetzt und Volker Rühe, diese zarte Seele, Rambo nennt. Pfui, Günter Grass! Gebührte der Nobelpreis nicht viel eher Martin Walser für dessen literarische Stimulanz eines geschichtlichen Neuanfangs, wie der *Standort Deutschland* (auch *Berliner Republik* geheißen) ihn so vernehmlich begehrt?

Grass sagt, er hätte seinen Preis gern geteilt: mit Christa Wolf. Dem Wunsch sei hier entsprochen. Als »Die Blechtrommel« 1986 endlich in der DDR erscheinen durfte, war sie längst Klassik. Man las sie nun meditativ, als Variation auf ein Thema, das uns Christa Wolfs viel jüngere »Kindheitsmuster« vorgegeben hatten: die Metamorphose von Heimat zu Geschichte und wieder zurück, die Vergegenwärtigung einer verlorenen Welt, die jetzt Polen hieß, aber in den Seelen ungezählter Menschen ihr Kinderdeutschland bleiben mußte. In der BRD war das ein Propagandakomplex der Rechtsparteien, in der DDR ein Tabu. Ich entsinne mich meiner ersten Polenfahrt im Sommer 1972. Die DDR hatte ihre Ostgrenze für den visafreien Reiseverkehr geöffnet. Mutter wollte in ihr Kinderdorf. Der Ort fand sich und manch jähe Erinnerung. Aber die Zeit des Ortes gehörte nun Fremden, und Mutter schied mit der befürchteten Gewißheit, daß ihr Hiesiges gestorben sei und nichts mitzunehmen wäre als ein paar Dias von Kirche, Ententeich und Schaukelbaum. Mit Heimweh allein war also keine Heimat zu halten. Und doch hat Günter Grass sein Danzig zurückgekriegt. Und doch begann Christa Wolf die Kindheitsmuster mit: »Das Vergangene ist nicht tot, es ist nicht einmal vergangen« – ein kleiner Mundraub aus »Winterspelt« von Alfred Andersch. Der wiederum hatte sich bei William Faulkners *was is not was* bedient, Faulkner hingegen bei dem, was jeder weiß: daß der Mensch Zeit ist und Heimat seine Sehnsucht, dauerhafter Ort zu sein; und Kindheit ist Zeit als Ort.

Die Ost-Deutschen Günter Grass und Christa Wolf haben sich in ihren Polenbüchern aber nicht mit der Walserschen Verteidigung der Kindheit begnügt. Auch ihnen gilt, wie Walser, der einzelne als Träger der Geschichte (der von unten); andererseits markieren sie die Grenzen und Defizite der Individualerfahrung. Kein einzelner erfährt die volle Großgeschichte, so wahr die Großgeschichte die Universalität des einzelnen nicht faßt. Diese Spannung muß gestaltet werden. Christa Wolf tut das durch impressionistische Selbstbefragung, der Bildhauer Grass durch emblematische Detailvergrößerung. Beide erzählen im Sog der deutschen Geschichte und gegen die neoberliner Torheit einer neudeutschen Stunde Null. Martin Walser hat ja recht: Auschwitz lag weit weg von seinem Bodensee und kommt zu oft im Fernsehen. Aber wie dürftig steht diese

Richtigkeit vor dem Grassschen: »Auschwitz gehört zu uns. Durch Auschwitz kennen wir uns. Mit aller Konsequenz.«

Die meisten DDRler trennen nicht den jungen vom älteren Grass. Der Romancier ist ihnen zwangsläufig spät begegnet. Der Polit-Grass aus dem Westfernsehen, der Querkopp und Gespan der Brandt-Bahrschen Ostpolitik galt uns schlicht als Stimme der Vernunft – erst recht, nachdem er 1981 auf der von Stephan Hermlin initiierten deutsch-deutschen Schriftstellerbegegnung in Ost-Berlin seine Angst vor der Hybris beider Supermächte ausgesprochen hatte. Es war Raketenzeit. »Nur noch Verweigerung und anhaltender Protest können eine Umkehr erzwingen«, sagte Grass, und: »Notwendig ist es, daß die ständig wachsende Friedensbewegung ihre Entsprechung in Osteuropa findet.« Schwerter zu Pflugscharen. Grass war einer von uns. Wer ihn als Gegner der Einheit denunziert, vergißt, daß dieser Ost-West-Parlamentär allzeit mehr deutsche Einheit praktiziert hat als jene, die sich 1990 unter Absingung des Deutschlandliedes ans Zusammennageln machten. Grass' Wort von der deutschen Kulturnation, von Herder geprägt zur Zeit der Kleinstaaterei, verstand unter Einheit Einigung der Verschiedenen, nicht Kahlschlag und kulturelle Okkupation.

Viel Galle spuckte Grass über die Art der deutsch-deutschen Fusion. Er hat Sonette wider die Treuhand gedichtet, einen deutschen Lastenausgleich gefordert und eine konföderative Verlobungszeit statt des Schweinsgalopps ins Ehebett. Die Geilheit siegte, von oben wie von unten. Noch am Polterabend knallte Grass dem ungleichen Brautpaar sein Nein auf die Reichstagsschwelle: »Nun haben wir sie, die Klassengesellschaft. Sozial gespalten, ist den Deutschen innerer Unfriede sicher. Noch bevor er sich ausrief, brach schon der neue Staat das Grundgesetz und verweigerte dem Volk eine Verfassung. Kein vielfältiger ›Bund deutscher Länder‹, dessen Bürger ich gern wäre, hat Zukunft; ein Monstrum will Großmacht sein.«

Ach, wenn doch Grass ein Integrator wäre statt ein Polarisierer! Vermutlich braucht er's aber so. Grass, der Publizist, der Demokrat und Verfassungspatriot, bekämpft, wessen Grass, der Künstler, zu seiner Kunst bedarf: die unrichtige Welt. Immer häufiger eilt der Publizist voran, denn

Prediger Grass, Pankow, 25. November 1999

Grass ist – wie der Osten lobt, der Westen höhnt – ein Moralist. Auch dies gilt ja als Muß der (West-) Berliner Republik: daß der Geist sich freizumachen habe von linksliberaler Sozialfürsorge (= Bonn), um sich ganz dem jungen

Schwurrdiburr der Haupstadt-Hirnchen hinzugeben. Ein antikapitalistisches Fossil wie Grass kommt da nicht mit. Pankow dankt.

Es steht in jedermanns Ermessen, wie groß die Erzählung ist, aus der er sein Leben begreift. Auch Nationen und Generationen müssen selbst entscheiden, welches Maß an Vorgeschichte sie zu schultern wagen. Gewiß hat die jugendzarte Generation Berlin ein Bandscheiben-Attest. Günter Grass ist 72 und stemmt – rruppps! – das volle 20. Jahrhundert unters Pankower Kirchendach. 1908 spricht Karl Liebknecht, 1919 eine Nachkriegshausfrau, 1933 kann Max Liebermann gar nicht soviel fressen, wie er kotzen möchte und so fort. 1956 palavern Benn und Brecht am Grabe Kleists. 1962: Eichmann in Jerusalem. 1970: Brandts Kniefall (eine Gemme!). 1973: Guillaume sieht im Knast Sparwassers 1:0...

Grass hatte die Pankower Kanzel in Begleitung eines Fläschchens Rotwein betreten. So nahm es nicht wunder, wie das Jahrhundert immer heiterer wurde. Mit der Wende endete der Chronist. Er stieg von der Kanzel und teilte die Wogen seines Beifalls wie Mose das Rote Meer. Dann verschwand er in der Sakristei und ward nicht mehr gesehn, denn Pankow umbrandete das Gehäuse, zum Signieren. Ich kaufte ein »Jahrhundert« und lief heimwärts und kickte ganz vergnügt Kastanien durch die nachtstille Ossietzkystraße und grüßte den bronzenen Nobelpreisträger C. v. O. Dieser Klassik-Abend mit Christa & Günter vollzog endlich die deutsche Einheit zu Bedingungen des Ostens. Wir schützen Grass, da er uns verteidigt: unser starker Mann.

»Unsere Geschichten von heute müssen sich nicht jetzt zugetragen haben«, heißt es im »Treffen in Telgte«. Das weiß der Osten soviel besser als der Westen. Seinem Pankower Publikum rief Grass nach, hier gebe es noch Menschen, die ein Semikolon hören können. Wir rufen zurück: Daß Sie, lieber Günter Grass, den Nobelpreis bekommen, ist uns eine große Freude!

Dezember 1999

Der Erwählte

Ein Besuch bei Stefan Heym

Was tut er da! Steht ihm das zu? Heine ist verlesen worden und Tucholsky und vieles andere, was die Nazis ebenhier, auf dem Berliner Opernplatz, verbrannten am 10. Mai 1933, vor heute 60 Jahren. Und jetzt erklimmt der greise Stefan Heym die Bühne und annonciert vier Gedichte, und vor dem vierten sagt er: Zum Schluß ein Gedicht von Stefan Heym.

Jawohl, er darf das – nur er, der Rezitator seiner Jugend als Stimme des Jahrhunderts. Kommen Sie herein, sprach das Jahrhundert im trüben Advent 1999. Legen Sie ab. Hier entlang, bitte. Nehmen Sie Platz. Kaffee, etwas Kuchen? Helfen Sie sich bitte. Worüber wollen wir denn sprechen?

Herr Heym, Sie haben schon seit Tagen zu mir gesprochen.

Ach. Wie das?

Ich habe Ihren »Nachruf« gelesen, abermals.

Ach. Hat es Sie interessiert?

Heym hält, das wird er nachher wieder sagen, den »Ahasver« für sein bestes Buch. Wen aber Lebensgeschichte ergreift, der findet schwerlich tiefere Weltkunde als »Nachruf«, diesen deutschen Atlas der Erinnerung des jüdischen Chemnitzer Kaufmannssohnes Helmut Flieg. 1913 geboren. Mit 18 Verweis vom Gymnasium wegen eines antimilitaristischen Gedichts, das in der Chemnitzer »Volksstimme« erscheint. Sein Abitur macht der Verfemte in Berlin und schreibt dort für linke Blätter. Am 30. Januar 1933 sieht er die Nazis durchs Brandenburger Tor paradieren. Der Reichstag brennt alsbald. Flieg flieht nach Prag und wird, sich zum Schutze, Stefan Heym. 1935 ergattert er ein Stipendium für die Universität von Chicago. 1937 bis 1939 ist er Chefredakteur des kommunistischen New Yorker Wochenblatts »Deutsches Volksecho«, nach dessen Pleite Druckereivertreter. 1942 erscheint sein erster Roman. »Hostages« (deutsch 1958 als »Der Fall Glasenapp«) wird ein grandioser Erfolg.

Bis zu den »Hostages« liest sich dieses linke Leben als Odyssee eines Gehetzten: Fluchten, Ängste. Provisorien auch im Geiste. Denn was war 1939/40 links, was bleibt vom Antifaschismus angesichts des Hitler-Stalin-Pakts? Heyms Vater, wegen des flüchtigen Sohns von der Gestapo verhaftet, nimmt sich das Leben. Heym hat das immer gequält. Unter großen Mühen gelingt es ihm, die Mutter und den Bruder in die USA zu holen. Mit dem letzten Schiff, das Juden aus Deutschland bringt, treffen sie am 10. Juni 1941 in New York ein. Zwölf Tage darauf überfällt Hitlerdeutschland die Sowjetunion.

»So grauenhaft, so bedrückend der Fakt auch war in Anbetracht der Opfer, die das Unternehmen kosten würde – S. H. atmete auf. Vorbei die Zeit des unnatürlichen Bundes; die Welt (...) lief wieder in den Bahnen der Logik, die Fronten waren wieder hergestellt nach historisch notwendigem Verlauf, und man konnte wieder aufblicken, ohne sich schämen zu müssen, die russische Revolution einmal für eine edle Tat gehalten zu haben.« 1943 tritt Heym der US Army bei.

Herr Heym, gab es in Ihrem Leben einen Umschlagpunkt, an dem Sie fühlten: Jetzt werde ich nicht mehr getrieben und gestoßen, jetzt bin ich's selbst?

Der Moment, als die mir mein erstes Gewehr gegeben haben, dieses Springfield.

Was war das, das Gewehr?

Ein doppelläufiges, mit dem man sehr gut zielen konnte.

Ich meinte das nicht technisch.

Mir war die Gewehrübergabe auch eine sehr symbolische Handlung. Auf einmal war ich in der Lage zurückzuschießen. War nicht nur Ziel, sondern auch – das Gegenteil. Was ist das Gegenteil von Ziel?

Der – Absender.

Ja, so was Ähnliches. Ein Moment im Leben, wo ich wirklich die Wende gespürt habe.

Mußten Sie Menschen umbringen?

Bitte?

Mußten Sie Menschen umbringen?

Also, ich hab geschossen, wenn notwendig. Ob ich getroffen hab, weiß ich nicht.

Warum wissen Sie das nicht?

Weil ich nicht hinlaufen konnte und nachschauen. Wenn Sie geschossen haben, sehen Sie ja nicht, ob sie den getroffen haben oder nicht.

Ist Ihnen das eine Last gewesen?

Meine Haltung war: Ich kann mich zur Wehr setzen.

Wer »Nachruf« liest, spürt einen Bruch: als ob Sie in Ihren jüngeren Jahren ein stärkerer Ideologe gewesen wären.

Ich hatte sehr starke proamerikanische Gefühle. Das war das Land, das mir das Gewehr gegeben hatte. Ich wußte, daß die USA ohne die Sowjetunion den Krieg nicht hätten gewinnen können – und umgekehrt. Dann, zu meinem Entsetzen, fiel das auseinander.

Heyms Kriegsfront hieß *psychological warfare*. Er fabrizierte Mengen von Flugblättern, Feldzeitungen, Rundfunksendungen für Wehrmachtssoldaten, um sie zum Überlaufen zu bewegen. Vieles davon versammelt der Band »Reden an den Feind«. Als Besatzungsoffizier in Deutschland wurde Heym, unter dem Kommando Hans Habes, ein Protagonist des alliierten Pressewesens, das die Umerziehung der Deutschen betreiben sollte. Der Wind schlägt um, der Kalte Krieg beginnt. Heym verweigert antisowjetische Texte, wird in die USA zurückversetzt und quittiert die Armee. McCarthys Inquisitoren spüren ihm nach. Heym verläßt die USA mit Gertrude Gelbin, seiner amerikanischen Frau. Das Fluchtziel heißt abermals Prag, doch dort bahnt sich Stalins Schauprozeß an. Ab 1952 leben die Heyms in Ost-Berlin.

Man kann nicht leicht begreifen, wie es Stefan Heym ertrug, unter jenen Deutschen zu wohnen, die ihn, den Juden, noch kurz zuvor ans Messer geliefert hätten. Ja, sagt er, das war zunächst ein sehr bedrückendes Gefühl. Man wußte ja nie, wer in der Straßenbahn neben einem hockte. Andererseits war die DDR das erste industriell entwickelte Land, in dem der Sozialismus kam. In Rußland konnte er ja wirklich nicht reüssieren. Hier hätte er ... Aber das hat sich als falsch erwiesen am 17. Juni 1953.

Warum sind die Deutschen Hitler nachgelaufen und haben sich den Kommunisten verweigert?

Darüber habe ich immer wieder nachgedacht, sagt Heym. Dutzende Kriegsgefangene habe ich gefragt: Warum bist du mitgelaufen? Es gab keine glatte Antwort. Ich kann ja nicht kategorisch sagen: weil sie blöd waren. So blöd waren sie ja gar nicht – gelernte Arbeiter, technische Begabungen, Leute mit Talent. Aber sie suchten auch ein neues Selbstbewußtsein und meinten es im Nationalsozialismus gefunden zu haben.

Die Nazis konnten an einen barbarischen Urgrund appellieren.

Das ist wahr, die Kommunisten waren ein bißchen zu aufgeklärt, obwohl, große Schweinereien, haben Sie meinen »Radek« gelesen? Und dann kam dieses Mißtrauen der SED gegenüber dem Volk, das wiederum berechtigt war. Die SED-Führung glaubte die Arbeiter zu vertreten, und am 17. Juni haben die Arbeiter ihnen gezeigt: Nein, ihr nicht!

Ist nicht die Arbeiterschaft die reaktionärste Klasse überhaupt? Nur Bauch, nur Ego, kein Weltbegriff.

Nein, sagt Heym, nein, das können Sie nicht sagen. Arbeiter, das sind die, die mit wenig Geld ihr Leben fristen müssen und eine Familie gründen und die menschliche Rasse fortführen. Vielleicht haben wir 'n bissl zu viel erwartet – also, ich.

Herr Heym, es gibt bei Ihnen Züge der Volksromantisierung.

Ja! Ja! Absolut, dieser Idealismus. »Die Papiere des Andreas Lenz«, das ist die 48er Revolution, »Die Schmähschrift oder Königin gegen Defoe«... Mein ganzes Werk – ich habe versucht, eine Geschichte der Revolutionen zu schreiben, beginnend mit der ersten, der Schöpfung, im »Ahasver«.

Ein Teil Ihrer Bücher predigt die ewige Wiederkehr des Gleichen, ein Teil klärt auf und streitet für soziale Gerechtigkeit.

Die Aufklärung ist ja durchaus erfolgreich, sagt Heym. Aufklärung verändert. Aber ob sie zum Schluß siegt? Das tut sie keineswegs immer.

Weil jede Revolution ihr Scheitern gebiert, die Perversion der Utopie, die Verbeamtung der Idee.

Die SED-Führung, das waren keine Revolutionäre, sagt

Heym. Die hatten die Revolution geschenkt gekriegt. Einmal an der Macht, wurden sie sofort konservativ, und nachdem sie die Mauer hatten, machten sie weiter mit dieser dämlichen Politik. Damals wär die Gelegenheit gewesen umzusatteln. Das haben sie nicht getan und damit ihren eigenen Untergang besiegelt. Ich traf nach dem Mauerbau den Otto Gotsche, Ulbrichts Sekretär, der sagte mit einem Haßgefühl: Jetzt haben wir sie! Und er meinte genau die Arbeiter, mit denen man den Sozialismus erbauen wollte.

Heym, da unbotmäßig, verwirkte Ulbrichts Gnade. Der Partei gehörte er nicht an. Seine Moral war die eigene. Heyms Bücher erschienen im Westen, in der DDR entweder nie (»Schwarzenberg«, »Collin«) oder sehr verspätet (»Lassalle«, »Ahasver«). Honeckers Placet bescherte der Republik Heyms »König David Bericht«, diese köstliche Persiflage auf die Gegenwartsgeschichte als Produkt der Staatsräson und der Macht, die den Chronisten bezahlt. Heym protestierte gegen Biermanns Rauswurf. Heym flog aus dem DDR-Schriftstellerverband. Heym, da er den verbotenen »Collin« im Westen drucken ließ, wurde als Devisenschmuggler kriminalisiert. Heym sprach im Westfernsehen, mit altfester Bibelstimme, als wäre in ihm etwas stärker als die Angst.

Das übertrug sich, das strahlte aus. Da war einer, der ermannte sich zum öffentlichen Mut. Und dann, am 4. November 1989, stand der Nestor der Revolution vor den 500 000 auf dem Berliner Alexanderplatz und sprach vom Sozialismus – nicht dem stalinschen, sondern dem echten, der jetzt errichtet werden möge zum Wohle ganz Deutschlands. Fünf Tage später ging die Mauer auf. Heym, Ekels voll, sah das Heldenvolk die Revolution zu Aldi tragen.

Aber Herr Heym, Sie kennen doch den amerikanischen *pursuit of happiness*, das Freiheitsrecht, nach Glück zu streben. Darf denn nicht jeder frei entscheiden, was ihm Glück bedeutet?

Ja, aber muß man deshalb alles andere aufgeben und sich damit bescheiden, Schnäppchen zu machen?

Herr Heym, Sie hoffen zu hoch, da fällt Ihre Hoffnung zu tief.

Wissen Sie, sagt Heym, als ich auf diesem Lastwagen stand und diese Menschen gesehen habe, da spürte ich etwas Unvergessenes in meinem Herzen, das war das Parallelerlebnis zu dem Springfield-Gewehr: Endlich war ich mit dem Volke eins. Endlich könnte man ... Nein, ging nicht, kaputt. Und gesiegt hatte Dr. Kohl, der sofort sah, was sich aus dem Volksrausch machen ließ: Wir sind das Volk – wir sind ein Volk. Da war der Fall gelaufen.

Muß man nicht akzeptiereren, daß sich nach dem Mauerfall einfach keine Mehrheit für einen demokratischen Sozialismus fand?

Dann muß man nachgeben, bitteschön, und sagen: Ihr seid das Volk.

Und was freut Sie seit der Wende?

Daß ich nicht mehr so 'ne Ausnahmeperson bin, daß alle reisen dürfen, das ist für mein Demokratiegefühl sehr wichtig.

Aber die Kanzel des DDR-Wahrheitskünders ist nun futsch.

Tja, man muß eben eine gute Story schreiben, dann werden Sie gelesen. Ich habe immer gefunden, ich sollte so schreiben, daß auch der Arbeiter oder die Arbeiterfrau zu einem Buch von mir greift und sagt: Ich kann das verstehen.

Das Volk nicht, doch die Seinen hat Stefan Heym stets gefunden. Heyms Auflagen sind kolossal. Er schreibt als *storyteller* amerikanischer Schule, auf daß Buch und Leser einander verschlingen. In der historischen Faszination ist er Stefan Zweig verwandt. Und hat nie aufgehört, sich dankbar zu erstaunen, warum Gott ihn erwählte, 1931 besagtes Gedicht zu schreiben und ihn hinausstieß in dieses unvergleichliche Leben. Anderenfalls wäre er »mit großer Wahrscheinlichkeit als Wölkchen über Auschwitz geendet«.

1994 trat Gregor Gysi auf den Plan und zeigte sich erbötig, dem Heymschen Lebensdiadem ein weiteres Juwel einzuschmieden: die Alterspräsidentschaft des Deutschen Bundestages per PDS-Kandidatur in Berlin-Prenzlauer Berg. Heym schlug den bedauernswerten Wolfgang Thierse mit-

Stefan Heym zu Hause in Berlin-Grünau am 13. Dezember 1999

tels schierer Popularität. Am 10. November 1994 schwang er das Parlamentsglöckchen und bepredigte die Deutschen mit der milden Strenge des Sozialethikers, und die vergatterten Unionisten, denen Dr. Kohl Beifall verboten hatte, exekutierten Parteidisziplin wie weiland die Sklavenseelen der SED, auf daß ganz Deutschland sähe: Die Doofen werden nicht alle.

Ich war sehr oft im Bundestag, sagt Heym. Ich habe sehr oft reden wollen, aber man hat mich nicht gelassen, weil die Frauen in der Fraktion auch mal müßten. Die waren leider so schlecht, daß sie nicht mal 'ne Rede ablesen konnten. Ziemlich unbedarft, der Laden. Und dann kam der Blödsinn mit der Diätenerhöhung, da mußte ich zurücktreten, aus moralischen Gründen, ich schwör's Ihnen.

Stefan Heym, schrieb Erich Loest, war in seinem Leben »überall Besucher, das ersparte ihm Verzweiflung«. Ja, vielleicht, sagt Heym. Vielleicht hab ich immer von dem berühmten Balkon geschaut, von dem aus man die Welt aus den Angeln heben kann. Aber ich war beteiligt, mit meinem Blut, ich habe geschrieben, die Wahrheit, sofern man das kann.

Was ist Ihnen Heimat?

Ich hab ein Gefühl für Orte, wo ich ein bißchen glücklich war, wo ich gern wieder hin möchte. Aber mit Nation und solchen Sachen hat das gar nichts zu tun.

Das Judentum empfindet ja seine Geschichte als Nationalität. Die Große Wanderung …

… und daß wir gleich noch 'n lieben Gott dazu haben, meinen Sie? Mit dem möcht ich mich auch immer noch gut stellen. Und ich denk mir, daß er mir und Inge, meiner Frau, noch mal geholfen hat im Jahre 1999, als ich so sehr krank war und beinahe schon weg.

Gegenwart! mahnte er mehrfach. Nicht nur über olle Kamellen reden! Sprach über Grass' Nobelpreis (zum Glück nicht Walser), den Politbüroprozeß (höchst fragwürdig, Schabowski dabei ein Schlawiner, Krenz ein armer Dummkopf) und über die Einsamkeit von Väterchen Kohl. Den einsamen Honecker habe er damals besucht, als der Gestürzte in Pastor Holmers Dachgeschoß campierte. Viel war nicht aus ihm rauszuholen, sagt Heym. Der hat sich einfach gefreut, weil mal einer gekommen ist. Ich hatte nicht den Bedarf, mit ihm über politische Ideologie zu reden, aber es hätte mich schon interessiert, warum das Ganze so holterdipolter zusammengebrochen ist.

Es dunkelte längst, da sollte doch noch ausgesprochen werden, was an Stefan Heym mitunter irritierte: seine Divenhaftigkeit. Er hörte sich's an, dann sagte er: Ach Gott, in meinen Jahren jetzt bin ich viel zu müde, um eitel zu sein. – Und, nach einer Pause: Können Sie das verstehen? Dann erhob er sich, mit zerbrechlicher Mühe, und führte mich ans Regal und zeigte den Luther von 1559 und seinen Stolz, die Bertelsmann-Werkausgabe. Er schenkte mir ein Buch und signierte mit dem goldenen Stift: »Alles Gute im neuen Jahrtausend.« Ich bat um ein Taxi. Er wählte, lauschte und sprach würdig in den Hörer: Hier ist Stefan Heym.

Dezember 1999

Daheim ist daheim

Ein stolzer ostdeutscher Brief an Edmund Stoiber

Sehr geehrter Herr Ministerpräsident, lieber Edmund Stoiber!

Vergangenen Freitag haben Sie auf dem Mannheimer Markt eine lange Rede gehalten. Sie sprachen in schicksalhafter Stunde. Zum einen drohten Wahlen in Baden-Württemberg und Rheinland-Pfalz. Eindrucksvoll bewiesen Sie den Zusammenhang zwischen Christdemokratie und Prosperität, weshalb in München und Stuttgart erfolgreicher regiert werde als in Magdeburg, Potsdam und Rostock. Zwar heißt die Hauptstadt von Mecklenburg-Vorpommern nicht Rostock, sondern Chemnitz, aber Sie in Ihrem Nürnberg müssen das nicht wissen, zumal Ihnen auf dem Podium auch Frau Merkel applaudierte.

Dann kamen Sie zum eigentlichen Thema: unser deutsches Vaterland. Sie verlangten Nationalstolz. Sie geißelten den vaterlandslosen Minister Trittin und *das linke Gesockse*. Lieber Herr Stoiber, ich hoffe zu wissen oder weiß zu hoffen, daß dies nur ein kleiner Versprecher war, so wie damals, als Sie uns Arier vor der *durchrassten Gesellschaft* warnten. Als Sie am Freitag geendet hatten, als der Beifall auf der Bühne den des Mannheimer Volkes schier übertraf, da schwoll mir ein gewaltiges Gefühl: Ich war stolz, ein Ostdeutscher zu sein. Das muß Sie freuen und sei dennoch erklärt.

Das Land, in dem ich lebensnah und staatsfern aufgewachsen bin, ist die DDR. Sie war, wie die Bundesrepublik, ein Mündel ihrer Siegermacht und deren getreuer Vasall. Beide Deutschländer betrugen sich im Kalten Krieg systemkonform, auch gegeneinander. Der Westen begann die deutsche Teilung mit der Währungsreform vom 18. Juni 1948. Der Osten zementierte sie am 13. August 1961 mit der barbarischen Mauer. Während sich aber die BRD trotz der Teilung unbeirrt als Deutschland kannte, rang die DDR mit gewaltigen Identitätsproblemen. Auf zwei Holzbeinen humpelte sie bis zur Bahre: Antifaschismus und Antikapitalismus. Laut SED-Doktrin bedeutete die Hitlerei die schlimmste, aber logische Steigerung des Monopolkapitalismus. Hiermit aufgeräumt zu haben war der Gründungsmythos der SED-Republik und zugleich der Lebensborn ihrer Selbstgerechtigkeit: Nazis hatten wir nicht, die saßen *drüben*, von Globke bis Hoechst.

Dafür beutelte die DDR ein Nationalkomplex. Zu Ulbrichts Zeiten schien die Menschheit lediglich nach Klassen unterteilt, weshalb uns das dem US-Imperialismus trotzende Volk Vietnams näher stand als jenes links der Elbe. Der Saarländer Honecker spürte diese Sollbruchstelle seiner Staatsräson und verdeutschte die DDR. Zudem fiel 1973 nach der KSZE-Konferenz von Helsinki auch die Bonner Hallstein-Doktrin, derzufolge bislang die BRD allen DDR-Anerkennern die diplomatische Zuwendung entzogen hatte. Fortan rangen zwei Deutschländer darum, das wahre zu sein. Die SED bastelte ihre Lehre von den zwei deutschen Nationen, der fortschrittlichen und der reaktionären. Letztere rottete im Westen; das wertvolle Erbgut (Müntzer – Bach – Goethe – Marx – Hennecke) hatte in unserer Republik Humus und Pflege gefunden. 1975, als dieser Stuß aufkam, teilte ich in Roßla am Kyffhäuser ein HNO-Klinikzimmer mit einem glühenden Genossen. Ich konnte seinen Tiraden nicht widersprechen, da frisch an den Mandeln operiert. Als ich wieder zu reden vermochte, konnte er's nicht hören, wegen Trommelfell-OP. So kommunizierten DDR-Volk und -Führung bis 1989.

Bis heute rätseln aufrechte Ost-Demokraten, welche Übelwessis unsere schöne emanzipatorische Revolution zum Nationalgottesdienst verhunzt haben. Auch mich erschreckte nach dem Mauerfall die Deutschbesoffenheit. Ich hielt uns Ostler für ein aufgeklärtes, selbstironisches Volk, das die Teilung als Kriegssühne akzeptierte. Das war so naiv wie ungeschichtlich gedacht. Millionen DDRler freuten sich schlicht, endlich Deutsche zu sein. Daß Nationalität allein nicht nährt, erfuhren sie in den folgenden Jahren. Der postnationalen BRD waren Ostdeutsche so willkommen wie Spätaussiedler. Derzeit kochen uns Ossis die Rechten eine besondere Bouillon: aggressives Deutschtum mit DDR-Stolz plus Antikapitalismus, auf daß die Einheitsverlierer ihre Suppenküche finden. Den Appetit, lieber Herr Stoiber, holt sich diese Klientel bei Ihren deutschen Reden. Essen geht sie beim Original.

Das wollen Sie nicht. Sie sind kein Rassist. Nicht nach deutscher Überlegenheit verlangt es Sie, nur nach Flaggen-Stolz, wie ihn Engländer und Franzosen als selbstverständlich empfänden. Aber diese Selbstverständlichkeit ist uns verboten – Engländern und Franzosen in minderem Maße auch. Der US-amerikanischen Geschichte bleibt Vietnam eingebrannt. Es gibt kein Japan ohne die Massaker an Chinesen und Koreanern. Wo die türkische Fahne aufsteigt, sei auch der Armenier und Kurden gedacht – von den Türken? Die Geschichte ist kein Buch der guten Taten, doch Völker, die es wagen, *alle* Kapitel ihrer Chronik aufzuschlagen, leben freier und sogar mit mehr Grund zum Stolz. In diesem Sinne sind wir Deutschen kein feiges Volk und waren es auch nicht in der DDR. Daß deren Antifaschismus ausschließlich staatsverordnet gewesen sei, ist eine Lebenslüge und Entschuldungsstrategie der alten Bundesrepublik. Statt diesen Dynamo der DDR-Sozialisation demokratisch umzurüsten, wurde er mit Kohlschem Schwung verschrottet. Das hat den Osten weit nach rechts gerückt.

Die ganze Stolz-Debatte ist eine West-Angelegenheit: Zwei altbundesdeutsche Lager inszenieren Hahnenkämpfe. Der grüne Gockel Trittin – viel Feind, viel Ehr – spielt Apo im Kanzleramt. Seine schwarzen Kontrahenten beflügelt der Ärger, daß die Berliner Republik partout nicht nationaler werden will als die von Bonn. Trittin spricht ja manches Wahre aus. Aber dieses neue Deutschland ist eben nicht, wie Bismarcks saupreußische Kreation, von oben gegen links gegründet und auf Blut und Eisen. Und obwohl mich Gelöbnisse gruseln: Hierzulande wird nicht die Wehrmacht vereidigt. Trittins Arroganz stößt ab, die Freund-Feind-Pöbelei, die genießerische Sucht, gehaßt zu werden. Dennoch ist Jürgen Trittin frisürlich kein typischer Skin.

Lieber Herr Stoiber, was ist deutsch, worauf sind Sie stolz? Auf die altdeutsche Tradition, schwindende Sozialität mit Heldenbrust zu kompensieren? Wir wohnen in einem Sozialstaat, der seine Ideale weitaus besser zu zitieren als zu reproduzieren weiß. Die Globalisierung empfinden viele als Bedrohung und formulieren dagegen eine trotzdeutsche Identität. Sie, Herr Stoiber, wissen so wenig wie ich, was Nationalität künftig bedeuten wird, wohin sich die Wippe neigt – zum Flexibilitäts-Diktat oder zur Ideologie vom Wurzeln in bayerischer Scholle. Zu hoffen ist auf Balance. Ohnehin leben wir längst transnational bereichert durch amerikanische Musik, chinesisches Essen, tschechisches Bier. Und was war der proletarische Internationalismus gegen das Internet?

Die holländische Hymne ist schöner als das Deutschlandlied. Die *durchrassten* Franzosen spielen besser Fußball als unsereins. Und Gott, der Weltgewisse, wohnt im Braunschweiger Dom so gern wie in Santa Maria del Mar zu Barcelona und im Schindelkirchlein auf der Åland-Insel Eckerö. Aber daheim ist daheim. Vielleicht geht es nur darum bei der Stolz-Debatte: daß ein Gewisses, eine Herkunft, über unserem Leben stehen möge. Daß man bleiben möchte, woher man ist. Daß man, auch geistig, im Eigenen wohnen will. Es geht um kein Verdienst. Es geht um ein Glücksverlangen: Heimat. Linke, die das Bedürfnis nach Heimat denunzieren, arbeiten der Rechten zu. Konservative, die *linkem Gesockse* das Deutschtum bestreiten, tun dasselbe.

Lieber Herr Stoiber, um Deutschland bangt mich nicht so sehr wie manchmal vor Ihnen. Ehren wir Deutschland, indem wir seinen Namen nicht den Dumpfen überlassen. Etablieren wir *deutsch* als Qualitätssiegel für Zivilcourage und Humanität. Und besuchen Sie uns im Osten. Unterscheiden Sie Rostock und Schwerin und Ihre deutsche Geschichte von den vielen anderen. Dann werden wir vielleicht einig, wie unser Land. Hoffnungsvoll, wenngleich nicht ergeben grüße ich Sie mit dem Deutschlandlied des Bayern Bertolt Brecht:

Und weil wir dies Land verbessern
Lieben und beschirmen wir's
Und das liebste mag's uns scheinen
So wie andern Völkern ihrs.

März 2001

Der Reinbeißpreis

Abenteuer zwischen BSE-Angst und Appetit

Das ist Erinnerung: die Tiere. Schafherden fluten wimmelig durchs Oberdorf, Pferdehufe schnalzen, weich klopfen die Füße der Rinder auf den Weg zur Weide. Die Schweine fressen im Koben. Kommt Februar, so werden sie geschlachtet, in jedem Hofe eins. Tante Rittmüller deckt den Abendbrottisch mit Hackepeter, Schlackwurst, Griebenschmalz. Onkel Rittmüller guckt Westen – Bundesliga und Reklame für das künstliche Futter der Ferne, und der Dortmunder Torwart Tilkowski zeigt eine Riesenparade und löffelt ein Süppchen und spricht: Kraft in den Teller, Knorr auf den Tisch. Da lacht Onkel Rittmüller und langt nach der Sülze. Junge, greif zu, is gesünder wie Sport.

Und dann kam die Stadt, mit Büchsenwurst und Tütenmilch. Dann die Großstadt, wo die Menschen seltener mit Tieren leben als gegen ihresgleichen. Dann kam der Westen, das Freßfest Freiheit, Essen als Trend und Design. Lecker lacht die Sau, biotisch flirtet das Rind (»Du darfst!«), und jegliche Kreatur vollendet sich als Snack zum Reinbeißpreis. Das ist die Gegenwart.

Vielleicht war sie's, bis BSE. Zwar weiß man, daß der Bundesbürger, turnusmäßig alarmiert, bestimmter Nahrung abschwört, wenn ihn im Fisch die Würmer schrekken, die Pest im Schwein, das Dioxin im Ei. Genauso rasch beruhigt er sich wieder und schenkt, gemütvoll mampfend, all seine Angst der nächsten bösen Kunde. Aber diesmal ist das Beben stärker. Zwei Bundesminister hat es schon verschlungen, und der Kanzler rief die Wende aus: Schluß mit den Agrarfabriken! Verbraucherschutz! Gläserne Produktion! Weg vom Fleisch zum Schleuderpreis! Künftig möge jedermann *von der Ladentheke aus denken*, gebot Gerhard Schröder – ein Wort so groß wie Lenins: *Lernen, lernen, nochmals lernen!* Leider auch so vage. Aldi hat keine Ladentheke, und wer dort kauft, besitzt oft wenig Geld.

Dann wurde Renate Künast zur Ministerin gemacht. Die Berliner Pflanze als Leitbäuerin – Deutschland lachte, schüttelte den Kopf. Ahnungslosigkeit als Referenz? Aber vielleicht wäre die Neue, die Grüne, freier, mutiger zum Schnitt in das Gestrüpp von Subventionen, Lobby-Loyalitäten und Produktionsmethoden, die Natur und Nährstand zur Maschinerie gemacht haben. Kaum war Frau Künast Matador, da mußte sie schon zu den Stieren: auf die Grüne Woche von Berlin.

Auftritt des Landmanns Nummer eins. Vor 150 Agrarreportern spricht Gerd Sonnleitner – Bayer, Bauernführer, Christ – vom Rind als Mitgeschöpf Gottes. Nur sei der Markt völlig eingebrochen. Die Ställe: übervoll. Schlachthöfe verweigerten Annahme, aus Angst vor BSE-Kontamination. Es bleibe nur das Verbrennen.

400 000 Tiere?

Gern würde man, wie von Brüssel empfohlen, *Kohortentötung* betreiben, sagt Sonnleitner. Das meine die Schlachtung nur der Sippe des erkrankten Tieres, da sich BSE ja nicht horizontal ausbreite. Aber das deutsche Recht verlange die *Keulung* des Gesamtbestandes.

Wie konnte es geschehen, daß Wiederkäuer Tiermehl fressen müssen, also ihre Artgenossen? Wer kontrolliert die Futtermittelindustrie?

Sonnleitner verspricht rigide Zertifikation und sagt schlau: Bisher dachten wir, der Staat, der die Gesetze erläßt, überwacht sie auch. Ich appelliere an die Lebensmittelindustrie, ihr gesamtes Tun auf den Prüfstand zu stellen. Auch der Verbraucher muß umdenken. Aber, meine Damen und Herren, vergessen Sie bei aller Politik auf der Grünen Woche nicht die herrlichen Schmankerln!

Dann erhält jeder Agrarreporter den Wandteller »75 Jahre Grüne Woche«. Daheim bei der Installation zerbricht er leider, da aus Marzipan. Ferner wartet zu Hause ein Fax aus München. Die CSU-Landtagsfraktion lädt ein zur Besichtigung einer »Pilotanlage für Tierkörperbeseitigung«, »die das Material direkt energetisch verwendet«, vermutlich zu Biostrom. Man denkt, was man nicht sagen möchte: Holocaust.

Sogar ein Bauer geriet in Sonnleitners Pressekonferenz: der Fensterer Alois aus Braunau am Inn, dem wurde der Mund verboten, weil er kein flott fragender Kollege war, nur ein alter Mann im Schafwollgestrick, der das Massenmetzeln Irrsinn nannte, später vor der Tür. A Zucht aufbaun, des braucht Joahre, und denn bist über Noacht wieder hinbringt zu derer Stunde Null. Die Bauern, die wos jetzt aufhörn, die kimmet nie wieder, des trifft des goanze Volk. Oan anständigen Erzeugerpreis braucht der Bauer, doß er net versucht, wo kann er noch was rausschinden, da kimmt der Wahnsinn.

Es kommt Renate Künast zu den Agrarreportern. Kleine Frau mit forschem Mund. Sagt: Qualitätsoffensive, vorsorgender Verbraucherschutz, neue Gütesiegel, Ökozuwachsraten. Mit EU-Landwirtschaftskommissar Fischler habe sie keinen Dissens, außer daß der nur Kohorten töten wolle.

Frau Künast, wie können Sie ausschließen, daß auch auf einem Ökohof BSE auftritt?

Die Wahrscheinlichkeit ist nirgends geringer als dort, sagt Frau Künast und wuchtet all ihre Landerfahrung in die Waagschale: Neulich habe ich auf einem Ökohof in Zempow köstlich zu Mittag gegessen.

Eine Engländerin steht auf: *No matter of quality labels, the people want cheap.* Die Leute kaufen nichts Teures.

Wir wollen anders Produzierende bei ihrer Werbung unterstützen, sagt Frau Künast und bekommt die Plüschkuh Lotte überreicht. Die Reporter klatschen, die Photographen delirieren.

Eröffnungsfeier im ICC, diesem Bau gewordenen Verbrechen. Als Ouvertüre bietet das schwedische Vokal-Quartett The Irresistible Sisters krisengemäße Abba-Adaptionen: »Waterloo«, »Money Money Money«, »Mamma Mia«, »Take it Easy«. EU-Kommissar Franz Fischler verspricht eine europäische Behörde für Lebensmittelsicherheit, strenge Futtermittelkontrolle und Kampf dem Mißbrauch von Nahrung als Konsumköder. Unübersehbar ist ein Menetekel an die Wand geschrieben, sagt Fischler, ein Mann wie ein Tiroler Patriarch. Der Mensch muß mit der Natur wirtschaften, er darf sich nicht gegen sie stellen.

Präsident Sonnleitner warnt vor einem Keil zwischen

Biobauer Etzel

Öko- und konventioneller Landwirtschaft. Die Jungministerin umschnurrt er wie der Kater das Frauchen mit dem Futter. Frau Künast träumt die Ökorate binnen zehn Jahren von derzeit zweieinhalb auf zwanzig Prozent empor. Da lacht der Saal, und der Regensburger Jungbauer haut sich auf die Krachledernen und feixt: I glaub der nix.

Warum denn nicht?

No ja, ane Grüne, ganz schlimm, ane Frau. Woaß nix und will alles ratz fatz umme. Ganz ohne Spritzen kommst net auf Ertrag, und was, wenns Saatkorn Pilze hat, und der Getreidepreis is eh im Köller, und wenn der Vater den Hof auslaufen lassen will, weil der Sohn net übernimmt und a Rind hat BSE, da muß er nun alles töten und doch wieder neue Tiere nehmen, sonst verkauft er kei Milchkontingönt und kriegt kei Göld vom Staat, und jetzt schaltst amal dei Trumm aus und nimmst dir a Saufn.

Der Star des Abends heißt Eberhard Diepgen. Der Altmeister des Spree-Pathos, Regent auch über 12 000 Rinder, spricht als Bürgermeister der Milchmetropole Deutschlands, der Hauptstadt der Verbraucher, die sprunghaften

Preisanstieg nicht akzeptieren würden. Ich glaube, ruft Diepgen, nein, ich stelle fest, ob die Ernennung einer grünen Ministerin zukunftsweisend ist, das ist spannend, auch für die Zukunft! Ich eröffne seit 1985 Grüne Wochen (*Beifall*). Es ist Tradition, daß ich da morgens ein Glas Milch trinke (*starker Beifall*), und damit ich das auch alles durchstehe, werde ich den Tag mit einem Stück Rindfleisch beginnen (*stürmischer, rhythmischer Applaus*).

Früh um acht fährt Diepgen am Messeeingang vor. Frau Künast folgt, umbalgt von drei Dutzend Photographen, die in den nächsten vier Stunden den Begriff Darwinismus neu definieren werden. Als erstes geht's zu Biobauer Etzel. Der hat seinen hohen Besuchern riesige Schmuckbrote gebacken. Und so hoffen wir, spricht er zur Ministerin, daß Ihnen das Biobrot und die Biobutter Kraft gibt, dann wär auch die Sorge um das Rindfleisch etwas kleiner. – Der Pulk schwallt weiter, zur bayerischen Blasmusik. Nun haben sie die Brote ja gar nicht mitgenommen!

Kein Problem, sagt Etzel. Die liefern wir ans Protokoll.

Bayern vorbei. Slowenien: ein Rasthaus, ein Schnaps, Elchwürstchen, Pippi Langstrumpf – oh, das ist schon Schweden. Schwedisches Bier, wofür man besonders schwärmt, wenn es wieder aufgewärmt. Slowakei: ein Topvar Dunkel zum trunkenen Schifferklavier. Diepgen ist knallhart, raunen die Kenner. Andere hamse hier schon rausgerollt.

Nun naht sich Prag, mit Staropramen (hell und schwarz) und dem Wodka Stalins Tränen. Auch ein estnisches Likörchen will nicht schaden. Bulgarischer Merlot – da! da! die Ministerin nippt! Hektisches Handygefuchtel: Gib sofort durch: »Künast sagt bei Rundgang: Man muß reden.« Bruch, da kracht der erste Lichtbildner in Sachers Kaffeevitrine. Darauf einen Budapester Zwack. Äks, St. Petersburger Botschkarow-Bräu: frühkapitalistische Plempe. Calvados macht's wieder gut. Und allüberall, wo die Wilde Jagd einreitet, tröten, fiedeln, jubilieren originale Folksgenossen, und eine Spanierin Dresdner Zunge lockt uns ins Vergessen: Junger Mann, sinn Sie ä Lieblischdrinker?

Das letzte, was wir erblickten, war E. Diepgen beim Trommeltanz in den Armen einer glutäugigen Marokkanerin. Dann schwanden uns die Sinne. Frau Künast soll noch Alphorn geblasen, eine Stahlkuh gemolken und iranische

Renate Künast und Eberhard Diepgen besuchen Marokko

Konfekthändler zur Demokratie ermahnt haben. Als wir erwachten, stand vor uns, in vollem Wichs, der Alte Fritz. Majestät! BSE, was meinen Sie?

Ick esse dit Rindfleisch weiter, sprach Majestät. Wenns bei mir ausbricht, binnick achtzich.

Und die Massenschlachtung? 400 000 Rinder!

Ick denke, unsere Politiker übertreiben da ein bißchen.

Unsere Politiker? Wie wir Fritz genau ins Auge faßten, war er Uwe Holeschak, der preußomane Kneiper von Letschin im Oderbruch, an dessen Tresen wir Anno 97 gegen die Flut antranken. Doch der da drüben scheint echt: ein Potsdamer Skin mit Eisernem Kreuz. Das Ausland ist schuld an BSE, spricht der Doitsche. England, da kommt's her.

Quatsch, sagt sein Kumpel, wat in England is, haste hier ooch. BSE, Krebs, Aids, allet ürjendwie dit Gleiche.

Ißt du weiter Rindfleisch?

Jau. Entweder hab icks ... Wat solln nun die janzen Tiere weg, die janzen Arbeitsplätze, allet grausam, haste jesehn, wie se die Viecher verfrachten, die Kuh im Fernsehn, mit een Been am Kran, ick dachte, ick wer' nich wieder.

Haben Tiere Würde?

Uff jeden Fall. Uff jeden Fall.

Dichte Herden von Besuchern ziehen durch die Hallen, trinken links, futtern rechts. Was essen Sie denn da?

Schwein, sagt das Ehepaar Habicht aus Michendorf. Rind würden wir auch. Falls BSE, dann sind wir sowieso schon infiziert. Öko? Preisschneiderei. Die Regierung beschimpft uns als Billigkonsumenten, und wer spricht von den drei, vier Großkartellen, die sich 'n Machtkampf geliefert haben?

Wir fragen jetzt unsere Eltern, was im Essen ist, sagen Katharina und Sonja aus Berlin.

Die Presse spielt BSE zu hoch, sagt Ulrich Steffens, Rindviehbauer aus Pabstorf. Und was ist mit Lungenkrebs? Die Zigarette wird nicht abgeschafft.

Kein Rindfleisch mehr, sagen die Eheleute Stoll. Und falls auch was mit den Schweinen kommt, lassen wir das ganze Fleisch weg. Wissen Sie, wir sind bescheiden, Nachkriegsgeneration. Was fressen die Leute nur so viel!

Würden Sie mehr bezahlen für Sicherheit?

50 Prozent, sagt Herr Stoll.

Oder noch mehr, sagt Frau Stoll.

Und das Massenschlachten jetzt?

Geldgier, sagt Herr Stoll. Die wollen vertuschen: weg die Tiere, Neuanfang.

Drei Tage Grüne Woche. Putenkoller, Hahnenschrei, die feste Wärme der Kälber, ihr furchtsamer feuchter Blick. Podien und Foren. Nichts und niemand hat uns so imponiert wie Lars Hollerbach von den Spessart-Gütern Neu Jerusalem. Der bot uns ein Apfelchip wie eine Abendmahlsoblate und wies auf das Schild über seinem scharlachroten Filzhut: *BSE-freie Zone*. Kein Mist, keine Gülle auf unseren Feldern, sagte er. Keine Nutztierhaltung. Unsere Auffassung ist, daß man prinzipiell nicht das Recht hat, Tiere zu töten. Weil es Mitgeschöpfe sind.

Das sagt Herr Sonnleitner auch.

Ja. Ist das nicht lächerlich?

Was hat Sie so gemacht?

Ach, ich fand das immer furchtbar, so 'n Kadaver auf dem Teller, und wie sie im Fischladen das lebende Tier abstechen und den Kopf zerquetschen. Uns tötet ja auch keiner oder fragt: Wozu lebt ihr da rum?

Marokkanerinnen nach Tanz mit E. Diepgen

Auf zum Finale! Landjugendfete in der alten Hennigsdorfer Stahlwerkshalle. 3000 nette, höchst normale junge Leute, fassungslose Enge und Begeisterung. Schleswiger Pop, Jungwinzerweine flaschenweise, und die Münsteraner erzählten von ihrer intakten Welt, die Ulmer Spatzen krähten von der Lust zu leben, und die Senner von Garmisch grölten: Oh Jüngling, oh Jüngling, was hast du gedacht, hast mich im Schlafe zur Mutter gemacht. Draußen im Werkshof loderte ein Bretterfeuer, das wärmte die Stillen.

Nächtliche Taxi-Heimfahrt nach Berlin, mit der süßen Dithmarscher Maus. Wie bestaunte sie die Leuchtreklamen. Duuu, sagt sie schwärmerisch, darf ich dich mal was Spezielles fragen? Was ist genau der Unterschied zwischen U-Bahn, S-Bahn und Straßenbahn?

Januar 2001

Der sterbende Schwan

Der Berliner Palast der Republik wird 25 Jahre alt

Spinner oder Spitzel, wer wollte das entscheiden. Im Herbst 1979 war's, in der Ostberliner Theologenkneipe. Das Bockbier rauschte, die Reden wurden kühn, da saß plötzlich ein Unbekannter mit am Tisch. Er sei der *Genosse Dynamit*. Er habe einen todsicheren Plan zur Beendigung des Mauerstaates DDR. Die Kugel des Fernsehturms wolle er so vom Betonstengel sprengen, daß sie Unter den Linden entlangwalzen und durchs Brandenburger Tor eine Schneise in den Westen schlage werde. Wann? Die Vorbereitung brauche natürlich Zeit. Zehn Jahre, sprach der Mensch und sah stechend in die Runde. In zehn Jahren sind wir alle frei.

Das war noch lange hin. Wir fragten, ob Genosse Dynamit nicht für's erste mal die Domruine sprengen könne, die wilhelminische Gotteslästerung am Lustgarten. Geht nicht, sagte er. Ohne Dom klappt die Spree-Insel links hoch wie eine Wippe, und rechts versackt der Palast der Republik. Hierauf erhoben sich Schrecken und Begeisterung, je nachdem, ob man im *Palazzo prozzi* ein wahres Haus des Volkes erblickte oder eine Propagandaschachtel der SED-Diktatur. Genosse Dynamit verschwand. Es blieb der Streit um den Palast.

Auch die Palastgeschichte begann mit einem Sprengmeister. 1950 ließ Walter Ulbricht die gut erhaltene Ruine des Hohenzollernschlosses in Schutt und Asche sinken. Dafür erstand ein Mythos: das Herz der alten Reichshauptstadt, die Krone der Schöpfungen von Schlüter und Eosander ein Raub der Kommunisten. Selbst Palast-Architekt Wolf R. Eisentraut nennt den Schloßabriß *die Untat des Ulbricht*.

1968 kam ich aus Sachsen nach Berlin, erzählt Eisentraut. Wenn Sie damals im Winter vom Alexanderplatz zum alten Lindencorso liefen, das war wie'n Marsch durch die Arktis. Stadtbrache, die Unwirklichkeit par excellence. Es gab zwar unter Ulbricht Planungen für ein zentrales Regierungsgebäude, so mit Hochsicherheit und Wache vor der Tür. Na, manches wendet sich zum Guten, weil kein Geld da ist. Mit Honecker kam dann ein Paradigmenwechsel: Helsinki-Konferenz, DDR-Anerkennungswelle, bescheidene Öffnung. Honecker wollte das Wohnungsbauprogramm und in der Berliner Stadtmitte ein repräsentatives Haus. Heinz Graffunder wurde Chefarchitekt und stellte sich ein kleines Kollektiv zusammen – ich dabei, ein junger Mann, frisch von der Bauakademie. Klar war, daß wir modern bauen würden, aber das multifunktionale Volkshaus hat sich erst im Prozeß entwickelt. Vorgaben hatten wir nur zwei: einen großen Saal und einen für die Volkskammer.

Und der lange Bonzen-Balkon vor der Westfassade? Von dort wollte doch Honecker seinem jubelnden Volk zuwinken.

Sie wollten den Balkon, sie haben ihn gekriegt, sagt, sächsisch lächelnd, Eisentraut. – Honecker & Gen. winkten dort einmal und nicht wieder. Vor der riesigen Glasfront schmolz die Parteiführung zur Zwergenbrigade. Bei künftigen Paraden wurde wieder in der Karl-Marx-Allee gejubelt.

Aber wir greifen vor. Zurück zum 2. November 1973, dem Tag der Grundsteinlegung. Erich Honecker plaziert drei Hammerschläge aufs sozialistische Vaterland, auf dessen Volk »samt seinen gewählten Organen« und auf die Palast-Erbauer: Monteure, Ingenieure, Architekten, Künstler, Volksarmisten, Soldaten der Roten Armee – sie alle versammelt »Der Palast der Republik«, ein proletarisches Bilderbuch jenes Bauhelm-Sozialismus, der Honeckers Träume illuminierte. Wir blicken in stolze, realistische Gesichter. Wir mögen spüren: Hier herrscht die Arbeiterklasse. Und krönt mit ihrem Werk sich selbst, das Volk.

Das Volk, nun ja. Durchs Land DDR läuft Klage über den *Ballast der Republik:* Was die Bude kostet! Wer da wohl reindarf! Alles geht mal wieder nach Berlin, und in den Bezirken bröckelt's vorn und hinten. – Indessen wächst Graffunders Werk gewaltig: 182 Meter lang, 86 Meter breit und 32 Meter hoch. 12 000 Menschen bauen am Palast. Sie heben 200 000 Kubikmeter Boden aus, sie rammen 500 Meter Stahlwand gegen die Spree. Fünf Stockwerke führen sie auf und fertigen drinnen dreizehn Restaurants, Diskothek, Theater, Bowlingbahn, Gemäldegalerie, das riesige lichte Foyer und als europäischen Solitär den großen Saal, dessen Halb-Arena binnen Minuten stufenweise zwischen 5 000 und 1 500 Plätzen variiert werden kann. 8 000 Quadratmeter belgisches Bronzeglas hüllen das Haus wie eine Vitrine, weißer bulgarischer Mamor rahmt es elegant. Vor dem halbfertigen Bau posiert fürs Heldenphoto die Brigade Schaller. Mit 750 Tonnen englischem Spritzasbest, dem teuersten vom feinsten, bewehrte sie das Stahlgerippe gegen Feuersbrunst. Und ahnt nicht, was sie angerichtet hat.

Nach 32 Monaten Bauzeit ist es vollbracht. Am 23. April 1976 wird der Palast eröffnet. Erich Honecker, glücklich wie ein Kind, tanzt mit Frau Margot Walzer und schäkert mit Westkorrespondenten, die sich vom Tisch des Politbüros Spargel und Kartoffelsalat holen. Tony Christie schmettert *Happy birthday!* Katja Ebstein singt und lobt. Die »Fidelio«-Ouvertüre wird gespielt und (dem Imperialismus?) »Der sterbende Schwan« getanzt. Der Dichter Helmut Baierl vergießt 102 Zeilen Weihe-Hymnik: *Preßlufthämmer stießen ins Gedärme des alten Kaiserschlosses. Und Sprengung! Ausschacht! Pumpenstation, Verbündeter der Spree und dann ihr Herr. Erhob sich Jahr's darauf das Filigran des Stahlskeletts. (...) Jedoch der Bau an dir wird nie zu Ende sein. Denn er heißt: Friede! Heißt: Kommunismus! Heißt: die ganze Welt! Dies sei der Mörtel, der dich, Haus, im Herzen unserer Stadt Berlin für stets zusammenhält.*

Das Volk strömte – 100 000 Besucher am ersten Wochenende, sagt Klaus Wons. 60 Millionen bis zum Ende der DDR. Unser Jugendtreff war immer überfüllt. – Bis 1975 hatte Wons einen Treptower Jugendklub geleitet. Als man ihn an den künftigen Palast berief, war er 38 und total perplex: Jugendtreff, da müssen Jüngere ran, hab ich gesagt, Bessere. Da hamse wirklich und Tatsache gefragt: Wer denn?

Wons durfte seine Truppe selbst zusammenstellen. Er schneiderte Revuen, Diskussionsabende, Schülertreffs,

Honeckers und andere Werktätige beim Eröffnungsball

Konzerte… Nach vier Jahren stieg er auf in die Palast-Programmredaktion. Wons sprudelt: Die Volksfeste waren meins, Ostern im Palast, in der DDR gabs ja wenig Blumen, da hab ich diese Gärtnerei in Kaulsdorf beschwatzt, und die Bäckerei in Weißensee, daß sie mir Käsebrezeln backen, und ins Erzgebirge bin ich runter, zu diesen beiden alten Damen, die warn fast 180 Jahre alt, zusammen natürlich, die schnitten Weiden, wässerten sie, trockneten, bügelten sie und flochten diese schönen Osterkörbchen mit den bunten Borten dran, 3000 Stück, das war fast 'n Kopfstand. Ach, und die Hochzeitspaare, weiße Kleider, dunkle Anzüge, oder helle, nach der Trauung zogen sie zur Neuen Wache, ham da ihre Blumen niedergelegt, und dann kamse zu uns feiern, wissense, wie schön das war?

Es war die Zeit seines Lebens.

Hatten Sie nie Probleme mit der DDR?

Ich hab mich dort einbefunden, sagt Klaus Wons, das Arbeiterkind. Vater Zigarrendreher, Kommunist, Angeklagter vor dem Volksgerichtshof. Bombennächte, Flucht durch den brennenden Wedding; und dann, 1949, *Aufer-*

standen aus Ruinen, die Gründung der DDR. Fackelzug Untern Linden, durft ick mitlaufen mit mein' großen Bruder, Wilhelm Pieck sprach, das war doll. – Ins Grübeln kam Wons, als viele seiner DDR-Stars die Republik verließen: Angelica Domröse, Hilmar Thate, Veronika Fischer, Manfred Krug… Die sinnlosen Schikanen gegen die Bürger, sagt Wons. Reiseverbote, selbst wenn die Mutter gestorben war. Wir haben offen diskutiert. Die Kreisebene hat's gefiltert, der Bezirk noch mal, oben an kam ein Prozent. Die Führung war total volksfern.

Heute ist Wons rastloser Rentner. Er schafft im Kulturverein Lichtenberg, leitet eine Kindertheater-Gruppe, kämpft via Bundestagspetition darum, daß die 1700 Palast-Mitarbeiter endlich, wie versprochen, abgefunden werden und organisiert im Theater Karlshorst den »Kleinen Kessel Buntes«. Ich dachte, sagt er schlicht, daß bei einer deutschen Einheit das Gute von beiden Staaten zusammengeführt wird. Statt dessen wird eine geschichtliche Epoche abgerissen, und statt des Wir regiert Ich, Ich, Ich. Und die Arbeitslosigkeit, die Obdachlosen…

Und dies ist des Reporters Erinnerung an den Palast: Artiges Volk. Ordnungshüterisches Foyerpersonal, marmorne Kellner. Prima Soljanka und Ragout fin. Unbekömmliche Riesenschinken in der Gemäldegalerie »Wenn Kommunisten träumen«. Christa Wolf und Erich Fried im Palast-Theater. Daselbst vor der Fensterfront die wunderbare Schweizer Jazzband OM, in deren Rücken die Sonne sinkt, als schmelze die Friedrichstadt, als glühten die Linden. Au! ruft Egon Krenz, als du ihm auf den Fuß trittst. Freundschaft! lallt der besoffene Fernsehstar aus der Serie »Rächer, Retter und Rapiere«, der dir in der Bowling-Toilette auf die Schuhe pullern möchte. »Rock für den Frieden«, jährlich weniger steif, bis sogar Punk-Bands eingelassen werden. 1987 zwei ekstatische Santana-Konzerte: weinende Musiker, tobendes Volk. 1988 Mitch Ryder, das Detroiter Nebelhorn, »Soul Kitchen« heulend, »War«, »Freezin' in Hell« im atemlosen Dunkel des großen Saals. *I wrote this song of love for your city*, sagt Ryder, *but I don't even know you people*. Dann gurgelt er eine Killer-Ballade, daß es dich überläuft:

I have heard the last child cry
I swear to God no more must die
I'll have no answer for my sin
When the bombs stop fallin' on Berlin.

Und dann ist der Kalte Krieg vorbei. Die Mauer fällt. Bei den freien Wahlen am 18. März 1990 nimmt die Weltpresse im Palast Hauptquartier. Die Volkskammer verdient fortan ihren Namen. Die deutsche Einheit naht, da betritt am 19. September Sabine Bergmann-Pohl, die finale Staatsmutter der DDR, den Palast mit einer Gasmaske. Asbest! In schon verloren geglaubter Einstimmigkeit flieht das DDR-Parlament.

Mit dem 3. Oktober 1990 gehört auch Ost- zu Westberlin. Dessen Regent E. Diepgen (CDU) ist ein so freiheitlicher Frontstadt-Demokrat, daß er unmöglich ins Rote Rathaus ziehen kann. Die Backsteinburg muß nun Berliner Rathaus heißen. Unverständlicherweise wird Eberhard Diepgen nicht umbenannt. Dabei hieß doch auch der letzte FDJ-Chef Eberhard. E. Diepgen wünscht Asbestbeseitigung, bis vom Palast der Republik *nur noch Zahnstocher* übrigbleiben. Dann Abriß! Kanzler Kohl: Möglichst rasch!

Ein neuer Akteur betritt die Bühne: Wilhelm von Boddien, Hamburger Landmaschinen-Händler. Boddien hat einen Spleen: Er will das Hohenzollernschloß zurück. Wie I-Tüpfelchen ohne I stünde sonst die Berliner Klassik herum, und dem Lustgarten fehle die Platzwand. Aus einer Schnapsidee wird die Kollektiv-Vision der Fridericus-Rex-Fraktion und National-Berliner. Gewaltige Publizistik rauscht über *die ortlose Mitte der künftigen Berliner Republik*. Baukommissionen wettbewerben und beschließen den Palastabriß schier siebenmal, ohne daß sie wüßten, was, wenn nicht Kommerz, ein Schloß zu bieten hätte, das der Palast nicht schon besäße. Indessen wünscht das Ostberliner Volk laut Infas-Umfrage zu 98 Prozent den Palast erhalten. Der rottet vor sich hin; der Marx-Engels-Platz davor verkommt zur Rummelstätte. 1993 errichtet von Boddien auf dem nun wieder Schloßplatz geheißenen Areal eine Schloßattrappe aus Zeltbahnen. Das Publikum ist gespalten – bis heute.

Vielleicht sieht 'n Schloß schöner aus, sagt die Skaterin.

Der Palast wär 'ne prima Riesenbücherei, sagt der Junge mit dem Walkman.

Furchtbar, der Palast, sagt die Bayerin. Ihr Mann, Engländer: Das ist deutsche Geschichte, die soll man nicht vernichten, sondern integrieren, sonst macht man dasselbe wie der Ulbricht.

Ich bin unpolitisch, sagt die Schwäbin, ich registriere mehr so.

Ich durfte zur Nationalratstagung im Palast weilen, spricht die Mecklenburgerin. Nationale Front, das war ja unsere Volksbewegung in der DDR. Der Gatte: Jeder einfache Mensch durfte da rein, vom Arbeiter bis zum Professor. Sie: Im Fernsehen kam, daß Restaurierung teurer wär wie Abriß, da sprach ich gleich zu meinem Mann: Du, dat will ich nicht ganz glauben. Er: Die DDR soll weggeschliffen werden. Aber die hat's doch gegeben, ich will ja nu keine politische Revue passieren lassen, ich tu das mal unter den Deckmantel Historie, verstehen Sie?

Wir verstehen, doch schon naht ein altes Frontstadtkind, so nennt sich die Dame, und wünscht sich den Palast Patjomke: Fassade mit was anderem drin. Das Stadtschloß? Sei ein häßlicher fehlproportionierter Kasten gewesen. Sie verbitte sich, daß da ein Treckerhändler herläuft und sagt: Wir wolln det noch mal.

Und dann kommt der Treckerhändler. Aber er sieht nicht so aus. Ein blaugold betuchter Hanseat rückt uns auf die Pankower Bude und überschüttet uns zwei Stunden lang mit Schloß-Emphase: Wie er Fan wurde. Wie er sich belas, bis er sozusagen im Schloß spazierengehen konnte. Wie er *bedeutende Persönlichkeiten* gewann: Joachim Fest, Wolf Jobst Siedler, Otto von Simson, den *Nestor der hiesigen Kunsthistoriker*. Öffnen Sie mir Türen! habe er gebeten; er wolle der Arbeiter sein. So ist es geblieben, sagt von Boddien, mit einem Unterschied: Heute brauche ich keinen Türöffner mehr.

Wilhelm von Boddien ist eine charmante Mischung aus Hobbyist, Hansdampf und privatgelehrtem Parvenü. Er benötigt keine Fragen. Moment noch! ruft er. Augenblick! Nur noch eins! Die Ostdeutschen verstehe er sehr gut. Der Palast sei doch nur deshalb zum Identitätsanker geworden, weil man den Ostlern nach der Wende in Bausch und Bogen die Lebensgeschichten gekappt habe. (Irgendwann hat er also doch mal zugehört.) Helmut Schmidt gab mir total recht, sagt von Boddien. Zynisch, wie Schmidt ja manchmal sein kann, hat er gesagt: Die bundesdeutsche Wirklichkeit wird diese Menschen nicht mehr integrieren. Das löst sich nur durch biologischen Abgang. (Klascht auf die Sessellehne.)

Frau von Boddien, wie sehen Sie denn die Leidenschaft Ihres Mannes? (Herrje, sie hat ja noch den Pelzmantel an.)

Es war eben immer sein einziges starkes Interesse, sagt Frau von Boddien milde und schaut vom Strickzeug auf. Ich selbst hab immer geschmunzelt, und bei unserer Silberhochzeit haben unsere Kinder…

Fünfe haben wir, sagt von Boddien.

…ihn ziemlich hochgenommen, aber…

Können ja gnadenlos sein, Kinder, sagt von Boddien.

…als die Attrappe fertig war, sind wir nach Berlin gekommen, und die Kinder sagten: Mami, Papa hat doch recht. Seitdem wird er zu Hause nicht mehr lächerlich gemacht. Er ist ein Künstlertyp. Er hat es einfach in sich, oder seh ich das falsch?

Was treibt mich? spricht von Boddien, sich nun doch einer Frage konfrontierend. Ich kann ja selber keine klare Antwort geben. Verrückt, es ist wirklich verrückt!

Wilhelm von Boddien empfahl uns noch, seine Feindin Lieselotte Schulz aufzusuchen, die Aktivistin der Bürgerinitiative Pro Palast. DDR-Staatslächeln, rügte von Boddien, Fähnchenschwingergesicht! Wir besuchten lieber Rudolf Ellereit, den Sprecher von Pro Palast. 78 ist er, alter Hochschullehrer, liebte den Palast, tanzte bei den Bällen dort mit seiner Frau. Die liegt nun im Krankenhaus. Der einsame Herr Ellereit kocht Kaffee, kredenzt Mon Cherie und weiß, daß man mit Unterschriftenlisten keine Politik gewinnt, wenn die andere Seite Geld und Medien hat. Ellereit hat die Palast-Geschichte, alles, eine Wand von Erinnerungs-Ordnern, darin auch den Brief von Martina und Jürgen Helmig: »Gern sind wir durch die Foyers spaziert, und oft haben wir in der Weinstube geträumt. Am 7.9.79 haben wir geheiratet. Unsere Feierlichkeiten konnten wir gemeinsam mit unseren Gästen im Spreerestaurant erleben. Angestellte des Palasts der Republik haben ein feierliches Ambiente auszustatten gewußt. Das Bemühen und die Umgangsformen des Bedienungspersonals bleiben nicht nur wegen der Preisklasse bis heute ohne Vergleich. Das beigefügte Photo widerspiegelt vielleicht auch für Sie das Glück und die erfüllte Freude des damaligen Augenblicks und es nährt noch heute unsere Sinne und Gefühle auf die angenehmste Art und Weise.«

Wir besuchen die Helmigs. Die Ehe hielt, der Sohn ist geraten, der Palast fehlt ihnen: eine kulturelle Mitte fürs Berliner Volk. Keineswegs würden sie in Boddiens Schloß Silberhochzeit feiern. Ich gehöre in kein Schloß, sagt Martina Helmig, und Gatte Jürgen: Die da drin jelebt haben, die hätten mich nich mal mitn Arsch anjeguckt.

Darf ich einen Wunsch äußern? fragte zum Abschied Wolf R. Eisentraut, der Palast-Architekt.

Wünschen kann man immer.

Ich wünsche den Palast erhalten, aber städtebaulich relativiert. Und bitte stellen Sie mich nicht als DDR-Verfechter dar. Ich bin ein Architekt der Moderne. Mir geht es um den Geist dieses neuen Deutschland, und Berlin ist der Testfall. Man behauptet, Geschichte wiederzufinden, wenn das Schloß zurückkehrt. Man legt fest: Geschichte ist Hohenzollernherrlichkeit. Das ist ahistorisch. Wir tragen zwei deutsche Weltkriege, und seitdem hat wiederum Geschichte stattgefunden.

Dann entschwand Eisentraut. Die Asbestbeseitigung geht weiter. In einem Jahr soll sie abgeschlossen sein. Dann steht der Rohbau, 500 Millionen wert, und wir können Richtfest feiern.

April 2001

Der Fluch des Ostens

Abriß, Aufbau, Menschenflucht in Halle

In Görlitz wuchs sie auf. Chemie studierte sie in Dresden. Das waren Städte, keine Plattengebirge wie dieses HaNeu, wo das Buna-Kombinat die junge Absolventin einzuschachteln versprach. Sie floh zurück nach Dresden, warf sich aufs Bett und heulte: Niemals fang ich dort an! Aber sie hatte ja Mann und Kind. Sie brauchte, was Buna bot: Wohnung, Forschungsarbeit, Krippenplatz. Sie sagte zu. Das war 1968.

So zogen Hunderttausende aus allen Ecken der DDR in die Muster-Polis der proletarischen Republik. Frühmorgens strömten sie in die Kombinate, abends kehrten sie ermattet heim, kauften rasch noch das Nötige, sahen etwas fern, schliefen, erwachten … Die Schlafstadt atmete sie ein und aus und ein. Halle-Neustadt, Silberhöhe, Heide-Nord waren Erschöpfungsorte der großindustriellen Vollbeschäftigung. Bestenfalls am Wochenende interessierte, daß da unweit Halle lag, mit Theater, Musik, Galerien, mit Kirchen und Burgen einer zwölfhundertjährigen Geschichte.

Aber Halle starb. Im zweiten Weltkrieg kaum zerstört, wurde Deutschlands größtes Altstadt-Ensemble von der SED-Obrigkeit dem Verfall überlassen. Die Häuser bröckelten und sackten, teils half der Bagger nach, Buna und Leuna beluden die Luft und vergifteten die Saale. Dafür rammte am Bahnhof das Revolutionsmonument ein Bündel Titanenfäuste in den Schwefelhimmel. Das Trumm steht noch, bereichert um die schwarzrotgoldne Jahreszahl 1990, die allerdings kein proletarisches Jubeljahr bezeichnet. Zehntausende Chemiearbeiter verloren nach der Wende ihre Arbeit. Halles Einwohnerzahl sank um ein Viertel unter 250 000; für das Jahr 2010 sind 210 000 prognostiziert. Die Arbeitslosigkeit liegt bei 20 Prozent (Neustadt: 27,8). Aber die Altstadt erholte sich, die Luft, der Fluß, und die junge Absolventin von 1968 ist heute Oberbürgermeisterin: Ingrid Häußler.

Wir besuchen sie, später. Heute müssen wir zur Silberhöhe. »Der Abriß beginnt!« verkündet die Pressemappe der Wohnungsgenossenschaft »Frohe Zukunft«, deren Vorstandsmitglied Siegfried Stavenhagen uns die Lage schildert: Von 14500 Wohnungen sind 3500 unbewohnt. Gigantische Leerstandskosten. Unaufhörliche Abwanderung – ins Eigenheim, zum Job. Nicht die Arbeit folgt der Wohnung, spricht Herr Stavenhagen, sondern die Wohnung der Arbeit. Man wolle die Talfahrt stoppen und die Neubaubestände marktfähig machen, sanieren, attraktiv umbauen. Das Wohngebiet werde aufgelockert. Fürs erste verschwänden die Elfgeschosser. Punkt 13 Uhr, Am Rohrweg 1, greife der Bagger an.

Warum sprengen Sie nicht?

Aus psychologischen Gründen.

Silberhöhe – ein Biotop der Zeitenwende. Grau ist der Beton, wie die Neuen Menschen, die hier vor zwanzig Jahren Heimat gründeten. Aus Setzlingen wurden Bäume, Hecken wuchern, die Luft schmeckt nach Buschwindrosen. Kinder karriolen durchs weite Grün. Zwei lokale Vormittagsphilosophen wandeln einher und entlarven im feinsten halleschen Drecksdeutsch die Übel der Neuzeit: Buna, Leuna, bloß noch Computerschämie, de Menschen haunse fort, hier zahlste 812 Mark Miete, zu Ostzeiten 128 for vier Zimmer, de Stadt hats janze Pulver uff Neustadt jelächt, wir wern verjessen, Ghetto, das letzte Rad am Waren, Ausländer rin, das is schon prophezeit. Schreibs uff, ich bin der Herr Jaenecke.

Da gabs doch beim HFC den Torwart.

Jenau, das war mein Neffe.

Hieß der nicht Helmut?

Nee, nee, nee, nee. (Zum Kollegen:) Sach mal, mein Neffe, wie hat der jeheißen?

Mußte doch wissen.

Nee, ich weeß bloß, wie alt ich bin. Warte mal – nee, ich komm nich druff. Jedenfalls stand der im Tor.

Abdul, noch 'n Bier! So schallt's im Imbiß-Eck. Das Bier kommt, immer das nächste. Die Zeit fällt aus der Uhr. Die Männer grübeln leer. Teenie-Gören rauchen, spielen Karten. Abdul zapft und brutzelt. Eigentlich heißt er Cafar Saide. Kam 1981 aus Moçambique, arbeitete im Schlachthof, durfte nach der Wende bleiben. Seine Frau ist Deutsche, der Sohn 12 Jahre alt. Wenn er groß ist, wollen sie alle nach Moçambique. Dreimal war die Frau schon mit; es habe ihr sehr gefallen.

Sind die Leute hier freundlich zu Ihnen?

Die Älteren. Die Jungen überlegen nicht, wenn besoffen sind.

Glauben Sie, im Westen ist es besser?

Da ist anderer Rassismus: Kratzt du mich nicht, kratz ich dich nicht. Bist mir egal. Hier wollen abreagieren. Eigentlich wollen Arbeit, Geld verdienen, Auto leisten, Freundin, dann schon ruhiger.

Jetzt schlägt die Stunde. Am Rohrweg observiert das Volk den hohlfenstrigen Koloß, zu dessen Häuten nun die Abrißbirne niedersaust. Woff! Woff! Die Decke birst. Dann schmettert der Granit in die Außenwand. Dann malmt die Abbruchzange. Die erste Platte rast erdwärts. Die Kinder jauchzen, die Alten blicken klamm. Das hat man nu mitjebaut. Da hat man nu Jahre drin jewohnt.

Im achten Stock haste jewohnt, nich im elften. Heul nich, die Buden müssen weg.

Mit soner Birne möchtch mich och mal austoben. Der Mann is heute abend heime wie ein Lamm.

Da macht der weiter, die arme Frau.

Die Abriß-Männer entweichen, als der Reporter naht. Einer hält stand: Mir tut 's nich leid, ich sag 's wie 's is. 33 Jahre Karbidschweißer bei Buna, dann hamse mich ... Das Jeld muß stimmen, was andres interessiert heute nich mehr. Mein Name? Lieber nich.

Die Silberhöhen-Kinder. Findet ihr den Abriß traurig oder eine Show?

Show! Show! Show!

Hier sind sie geboren, hier wollen sie bleiben, Fahrrad fahren, Fußball spielen, als wäre das Leben ein ewiger Nachmittag. Nur einer, Oliver, sagt: Wir sind ja in ein ganz kleines Haus umgezogen.

Darf ich euch mal besuchen?

Naa, nickt Olli und sagt die Telephonnummer auf. Aber Mutti ist noch auf Arbeit.

Wir wandern. Die Plattenstadt endet. Jenseits der Chaussee beginnt die Gegenwelt: das Dörflein Beesen mit Schieferkirche, Gutsruine und Barbara Bräunigs Krämerladen, in dessen altdeutscher Kulisse schon ihre Urgroßmutter bediente. An der Ortsgrenze bummelt ein hartes Silberhöhen-Paar mit Schäferhund. Kennen Sie Dörfler? – Keene, sagt der Mann. Die Frau: Würd jerne dort wohnen.

Anruf bei Olli. Kathrin Horn, die Mutter, ist nun da und höchlich unbegeistert. Olli hat schon was auf den Deckel gekriegt. Wir dürfen aber kommen. Ollis *ganz kleines Haus* entpuppt sich als Fünfgeschosser an der Elsteraue. Niemals wieder Innenstadt, sagt Kathrin Horn. Hier draußen geht's den Kindern gut, aber was wird? In Annas 1. Klasse sind sechs Kinder, die Schule macht bald zu. Mein Mann ist Lokführer, ich verkaufe, ohne Arbeit müßten wir auch fort. Ach, reden Sie mal mit Dr. Rasch, der kann sich ausdrücken, ich bring Sie rüber.

Es wird ein langer Abend. Familie Rasch bewohnt ein Geisterhaus. Von 42 Wohnungen ihres Elfgeschossers Am Hohen Ufer sind noch drei belegt. Raschs ringen mit der Wohnungsgenossenschaft, die zwar den Umzug bezahlt, nicht aber die Umpassung der Einbauküche. Ich spiele nicht Michael Kohlhaas, sagt Eberhard Rasch, ich erwarte nur adäquaten Ersatz. An eine Hauptstraße wollte man uns umsetzen. Wir sind der Ruhe wegen hergezogen. Schauen Sie mal aus dem Schlafzimmerfenster.

Ein Auenmärchen. Sonnenuntergang, die Saale und die Weiße Elster gleiten ineinander, Silberreiher, selige Stille, Abendglast. Ein Frevel, hier abzureißen.

Die Raschs sind Absteiger der technischen DDR-Intelligenz. Und sie sind Kämpfer. Wir legen uns nicht mit fünfzig biertrinkend in die Hängematte, sagt Eberhard Rasch. Bis 1992 war er Verfahrenstechniker bei Leuna, wo von 28000 Arbeitsplätzen 3500 übrigblieben. Jetzt fährt er als Außendienstler eines Industriegummi-Konzerns umher; der Job steht auf der Kippe. Frau Karin, früher Außenhändlerin, wurde in den letzten beiden Jahren dreimal arbeitslos. Warum, grübeln sie, sind wir nicht vor zehn Jahren in den Westen gegangen? Haben ans Bleiben geglaubt, an unsere Tatkraft, unsere Chance. – Der Sohn studierte in Stuttgart und fand dort Arbeit. Tochter Nadine

Halle-Silberhöhe, 31. Mai 2001

kommt herein, fünfzehn, eine rehäugige Elfe. Ich bleib auf keinen Fall hier, sagt Nadine. In Stuttgart, da lächeln die Menschen, die Schwarzen sind selbstbewußt. Hier ist alles hart geworden, so verbissen. Ach, ich will ins Ausland, USA, Italien, wo die Menschen mehr Mentalität haben.

Morgen, sagt Eberhard Rasch, stellt uns die »Frohe Zukunft« den Fahrstuhl ab.

Liebe Familie Rasch, verbittern Sie nicht!

Sorge dich nicht, lebe, lacht Nadine. Eberhard Rasch zitiert seinen Vater: Mut verloren – alles verloren. Karin Rasch hört im Auto die Toten Hosen: *Auf dem Weg zum Abgrund genieß ich jeden Tag.*

Und jetzt das Gute: Halle ist schön, eine herzaufregende Exposition von Romantik, Geschichte und Barbarei. Sieh, wie sich Leipzigs Schmuddelschwesterchen belebt. Lauf durch die Altstadt, die Große Ulrichstraße, den unteren Boulevard, die Große Märkerstraße zum Kleinen Berlin. Die 1989 schon fast verlorenen Franckeschen Stiftungen sind trefflich restauriert, eine Heldentat von europäischer

Dimension. Unweit davon rettet man Halles Campo Santo, den efeuüberschlungenen Stadtgottesacker, den hundert Arkadengrüfte rahmen. Ihr Schöpfer, Nickel Hoffmann, vollendete 1554 auch Halles Wahrzeichen, die kuriose Marktkirche, deren Turmgeviert ursprünglich zu zwei verschiedenen Gotteshäusern gehörte. Turmlos ist der Renaissance-Dom, benachbart von der Neuen Residenz des fürstbischöflichen Lustbocks Kardinal Albrecht von Brandenburg. Die Moritzburg-Galerie zeigt die Maler der »Brücke«. Händelhaus, Universität, Deutschlands einziges Beatles-Museum, das Neue Theater des allgegenwärtigen »Tatort«-Kommissars Peter Sodann ... – Halle ist kulturkontaminiert. *Da steht eine Burg überm Thale / Und schaut in den Strom hinein / Das ist die fröhliche Saale / Das ist der Giebichenstein.* In Eichendorffs Sehnsuchtsgemäuer hat 1919 Paul Thiersch die berühmte Hochschule für Kunst und Design gegründet. Am weltentrückten Rive-Ufer legen Rundfahrtschiffe ab. Die Klausberge, die Saalewiesen betten den Fluß, und damit du die dämlichen Vögel nicht hörst, jubelt der Bordfunk *Kreuzberger Nächte sind lang* und *Klingeling, jetzt kommt der Eiermann.*

Es steht ein eifernder Mann auf einem Dach. Das Dach trägt Rasen, Rosen, Stachelbeersträucher. Es krönt das Knoch-Haus Große Steinstraße 16, die Lebenssumma des halleschen Gründerzeitarchitekten Reinhold Knoch (1854 – 1930). Das Haus erzählt Stadtvision *in nuce*: Geschäfte, Wohnungen, Höfe, Ateliers. Es verfällt. Retten will es der Mann auf dem Dach. Carsten Boelter heißt er, Jahrgang 1968, aus Kyritz an der Knatter. Boelter wollte Tierarzt werden. Erkannte sich als ungeeignet, täglich Kühen in den Arsch zu fahren. Fand Halle, zog in dieses Haus. Begriff, was Architektur dem Menschen tut. Will eine Bauakademie gründen. Schreibt über das Knoch-Haus seine Magisterarbeit. Erzählt: Halles Photochronist Hans Schellenberg hatte hier sein Atelier. 1968 starb er. Die Arbeiterklasse/Abteilung Wohnungsverwaltung räumte Schellenbergs Heim. Johlend zerschmissen die Barbaren sein Lebenswerk, Tausende Photoplatten landeten im Sperrmüllcontainer.

Am DDR-Proletarismus hat Halle immer noch zu knabbern, sagt Boelter und bewettert Kulturlosigkeit, Desinteresse an alten Werten und Säufer, die in Hauseingänge pinkeln. Was in der Altstadt glänze, sei oft innerlich kaputtsaniert. Abermillionen flössen in die Satellitenstädte, wo sich eh nichts entwickle.

Warum sind Sie so klug und die Stadtoberen so dumm?

Karriereleute, sagt Boelter. In den Neubaustädten sitzen die Wählerstimmen. Hier dominiert eine Raubbau-Rationalität. Als gut gilt, was sofort Erfolg bringt, aber es gibt keine nachhaltige Wirtschaft ohne Kultur, und die braucht Zeit. In der Altstadt könnte man Eigenes fördern, Mittelstand, Handwerk, Identität. Statt dessen träumt man vom großen Investor und verbraucht rein spekulativ 50 Millionen für eine BMW-Bewerbung.

Boelter bindet sein Bleiben an dieses Haus. Stirbt es, verläßt er Halle. Wir sprachen mit vielen. Abwanderung, der Fluch des Ostens, geißelt die Stadt. Die Alten bleiben, die Jungen gehen; das Arbeitsamt rät ihnen dazu. Ich werd Lackierer in Bayern. In Frankfurt drüben sollnse Köche brauchen. Ich mach nach Köln, Rechtsanwaltsgehilfin. Berlin, KaDeWe, Wahnsinn die Klamotten, geil. Der BMW kost 34000, hier jenauso wie drüben, hier krieg ich 1800 Radatten off de Hand, drüben 3 400, also geh ich.

Aber hier ist Zuhause.

Is egal. Wird Rentnerstadt.

Bleib doch und fahr Golf.

Könntch machen. Keen Spaß dran.

Die Jugend verpaßt ihr Achtundsechzig, sagt Halles Seelenkundiger, der Psychotherapeut Hans-Joachim Maaz. Die sind frustig, gehemmt, da fehlt 'ne konstruktive pubertäre Auseinandersetzung. Diese Fluchtbewegung erinnert mich sehr an die DDR-Ausreisewelle. Sie bleiben nicht, sie setzen sich nicht mit den Politikern auseinander, sie demonstrieren für nichts, sie laufen weg in die Illusion vom besseren Leben durch fortgesetzte Anpassung – an die neuen Verhältnisse, an die Leistungsnormen des Westens ...

Herr Maaz, 85 Prozent aller Menschen sind nun mal nicht initiativ.

Ja, sagt Maaz, die Zeit ist auch noch nicht reif für die innere Auseinandersetzung. Der Westen fasziniert immer noch. Dauernd Ablenkung, immerzu was Neues. Nur nicht nach innen schauen, denn da sieht's schlimm aus.

Ich war heute nachmittag draußen in Neustadt. Mitten in der Plattenwüste dieses Superraumschiff: *the mall*, die Einkaufskathedrale als Mitte der Welt.

Ich sehe die rastlosen Menschen in diesen Kaufpalästen, sagt Maaz. Auf Partys, beim Laternenfest am Giebichenstein – die Leute schießen herum wie dauernd auf der Suche, da bricht die Sehnsucht wieder durch. Da staut sich was auf, vielleicht der große Knall.

Was ist der Kiel dieser Stadt?

Maaz sinnt lange: Weiß ich keine Antwort.

Aus München kam ein Brief. Ingrid Häußer, Halles SPD-Oberbürgermeisterin, mußte ihn lesen und dann ihrer Bürgerschaft verkünden: BMW baut sein neues Werk nicht bei uns. Die große Hoffnung, Halles Marienglaube, zerstob zur altvertrauten Resignation: Unsere Stadtverwaltung is zu blöde. – An Magdeburg liegt's, am Land, am Gekungel mit der PDS. – In Sachsen beim Herrn Biedenkopf, da stimmt die Wirtschaftspolitik. Hoffentlich kriegt Leipzig BMW, da könnten wir wenigstens ein bißchen profitieren.

Das war gestern. Heute empfängt uns Frau Häußler und lacht schon wieder, oder pfeift sie im Walde? 250 BMW-Bewerber, Halle unter den letzten zehn, das sei doch was, das habe Halle bekannter gemacht. Das erschlossene Grundstück werde man nun *aggressiv vermarkten*, das *nachklingende Interesse* nutzen. – Das Grundstück: 230 Hektar, zusammengekauft von den Dörfern Dölbau, Queis, Peißen und Reußen, monatlich Fortschrittsbericht an BMW… Machen wir uns nichts vor, sagt Frau Häußler, alle Bewerber-Kommunen haben sich für BMW prostituiert.

Die Stadtchefin ist eine schöne, hiesige Frau. Nach 25 Jahren Neustadt kennt sie ihre Hallenser. Kaum eine andere Stadt, sagt sie, hat der Strukturwandel so getroffen. Parole Mittelstand? Hier war nie Thüringen oder Sachsen, immer Großindustrie. BMW wäre ein Segen gewesen, der Magnetpol für weitere Investitionen. – Und nun? – Sie spricht von Callcentern, Hightech-Projekten der Universität, florierenden Gründerzentren und koordiniertem Regio-

nal-Marketing. Von innen heraus schaffe man's aber nicht; man brauche Zuzug von Unternehmen.

Voriges Jahr bei Ihrer Wahl gab es eine Beteiligung von 28 Prozent.

Waren's so viele? Die Neustadt-Bevölkerung hat ja erst nach der Wende Halle entdeckt, für die waren doch die Großkombinate Vater und Mutter. Ganz langsam wächst Identifikation, über Geschichte, Kultur. Wir geben 13 Prozent für Kultur aus, im Westen sind's 6 bis 8.

Dann müssen wir gehen, denn der Kanzler kommt. Die 50. Händel-Festspiele sind zu eröffnen, in der neuen Händelhalle, für Halles Bürger und die westlich implantierte Neo-Bourgeoisie. Das Concerto grosso Nr. 4 wird erstrahlen, der Winchester Cathedral Choir wird »Jephta« singen und Gerhard Schröder (*Hail, glorious conquerer!*) die Zivilgesellschaft zum Aufschwung mahnen. Zuvor aber hat sich Halle am Markt um Händels Denkmal geschart. Die Salzbruderschaft der Halloren trommelt und schwenkt ihre uralten Fahnen, von den Türmen bläst es *Tochter Zion, freue dich*, respondiert vom *Halleluja* des Stadtsingerchors. Die unentwegten Straßenbahnen schleichen diskret durchs versunkene Volk. Harte, mürbe, verschlissene Gesichter. An einer Mauer lasen wir: *Feiern? Nicht in Halle!*

Warum lächelt hier niemand?

Junger Mann, man musses doch ärscht ämal innerlich uffnähm.

Juni 2001

Das Gelobte Land

The Bottle Rockets spielen die Ewigkeit des Rock 'n' Roll

I said to Hank Williams: How lonely does it get?
Hank Williams hasn't answered yet.
But I hear him coughing all night long
A hundred floors above me in the Tower of Song.
(Leonard Cohen)

Erst soll die Berliner Wut das Ihre reden. Gestern Abend war's wieder soweit. Drei Glatzen stürmen die Straßenbahn, in Begleitung eines flugzeuglauten Techno-Blasters: TSCHAKATSCHAKATSCHAKATSCHAKATSCHAK. Na, wer wagt Einspruch, wer will aufs Maul? Aah, wie sie erstarren, der Opa und der Vietnamese, die Mutti mit der müden Maus und der Hippie mit dem Buch. Hei, da drängt das schlappe Volk zur Vordertür, drückt panisch den Halteknopf und stürzt, kaum daß die Bahn steht, hinaus in die Nacht. Hohngrölend reist das Jungvolk weiter. TSCHAKABUMM, dit is Balin!

Nein, so geht's nicht immer zu in der Hauptstadt der Fleischerhunde. Aber jeden Tag in der Bahn die Glatzen, die toten Augen kalter Kinder, durch die blind gekratzten Scheiben starrend, Maschinenlärmknöpfe im Ohr. Und kennen nur das Heute und sich selbst, denn Hauptstadt ist Mitte, Augenblick und cool. Provinz ist Geschichte und Scheiße. Also wähle deine Heimat, deine Musik.

So, und nun beruhigt sich Opa wieder. Dies ist nicht Berlin, dies ist der ICE nach Süden, und vor den unzerkratzten Scheiben breitet sich blühendes Deutschland hin. Wir reisen ins Land, ins Licht. Wir sind zu einer Freude unterwegs. Draußen gleißt hessischer Raps, die maigrüne Rhön. Würzburgs Türme erscheinen, die Festung hoch überm Fluß. Endlich Heilbronn. Käthchenhaus und Sternenuhr, das gewaltige Geläut der Kilianskirche, drinnen Hans Seyfers halbtausendjähriger Schnitzaltar, der Christophorus vor dem Portal; und obschon dies keine schöne Stadt ist, weil in der Bombennacht des 4. Dezember 1944 der brennende Phosphor bis in die Keller lief, atmet Heilbronn eine Intaktheit, die der Berliner vielleicht nicht jeden Tag ertrüge. Wir sind hier ja nur zu Besuch. Eine Sehnsucht wollen wir beschreiben.

Taxi zum Vorort Böckingen. Dort lehnt der Türkenschwabe feierabendlich am Gartenzaun, das Haar ist gelackt, der Bürgersteig geleckt, und inmitten der Idylle ruht im Flachschick der 60er Jahre das Bürgerhaus. Ein Brünnlein umplätschert die Terrasse. Wir steigen abwärts, in die Katakomben. Im Schummerlicht der Garderobe sitzt, mit Sonnenbrille, ein proletarischer Mann von vielleicht 40 Jahren. Er erhebt sich, grüßt prankig, nennt sich dröhnend Brian. Er langt in einen Bierkasten und entbietet ein großes Palmbräu. Er futtert, schwadronierend, Chips. *Even if you had a gun to my head I couldn't make myself act like a rockstar,* sagt Brian Henneman. *I would feel like a complete idiot.*

Immerhin ist Henneman der Kopf einer der wichtigsten Rockbands der Welt. Wir sprechen ja nicht von Stones- und Stadion-Rock, nicht von Oasis und sonstigen Britpoppereien, nicht von den Becks der Postmoderne. Die Bottle Rockets firmieren unter Americana, Rootsrock, Alternative Country – vage Etiketten für ein ausuferndes Medium, das man vor 30 Jahren, in den seligen Zeiten von Buffalo Springfield und den Byrds, von CCR und The Band, schlicht Country Rock nannte: bodenständige Musik jenseits urbaner Moden, städtisch reflektiert und zurückgewurzelt in den Mythos Antistadt, der das unendliche Land beschwört und die Wiederkehr des Gleichen. Der Schutzheilige dieser Musik heißt Gram Parsons. Der Ex-Byrd und Flying-Burrito-Brother galt im Lagerdenken der Woodstock-Generation als Januskopf. Parsons begriff die konservative Country-Frömmigkeit als Alter ego der Rock-'n'-Roll-Anarchie. Unablässig übersprang er die Schlucht der Ideologien und hinterließ bei seinem Drogenabsturz 1973 eine metaphysische Country-'n'-Roll-Dialektik aus Vaganz und Residenz, Protest und Ergebung, Lust und Treue, Sünde und Gerechtigkeit.

Als die Hippies Country-Images adaptierten, hatte Parsons' Musik ihre große Zeit. Aber ihr Wesen ist transzeitlich und antiaktuell. Urbane Trendapostel haben sie längst unter Provinzbann gestellt, weil sie den Fortschritt leugnet, weil sie auf Songstruktur und Rootsrock-Instrumentarium beharrt wie der Realismus auf dem erzählten Satz. Das Country-Business wiederum ignoriert seine Alternativen als unverkäufliche *loser*, die statt Pop Sozialreportagen fabrizieren. Im Radio und auf großen Plattenlabels kommt diese Musik fast nicht vor. Alternative Country und Nashville-Country unterscheiden sich wie Pique-As und Aspik.

Brian, darf man die Bottle Rockets Underdogs nennen?

Underdogs? brüllt Henneman, höchlich amüsiert. Mann, wir sind die Unterseite vom Unten, der Bauch vom Underdog. *Nice guys finish last, especially in the music business.*

Dennoch ist Brian Henneman einer der wenigen Rockkünstler, die einen Plattenvertrag bekamen, ohne ihn zu wollen. Das passierte 1992. Henneman war damals Roadie bei Uncle Tupelo, jener Band, die auch die Plattenindustrie glauben machte, Alternative Country werde das nächste große Ding. In Wirklichkeit, sagt Henneman, war diese Musik immer da. Ich habe so eine Zehn-Jahre-Theorie. In diesem Zyklus wechseln die Generationen von Musikschreibern. Die neuen Leute schreiben etwas hoch, das sie cool finden, die Industrie steigt darauf ein und will's aufpumpen, das klappt nicht, und es fällt zurück in den Underground.

Henneman spielte bei einer Demo-Session von Uncle Tupelo Gitarre und in den Pausen eigene Songs. Der UT-Manager schnitt mit, ging ohne Hennemans Wissen mit der Kassette hausieren und präsentierte dem Verblüfften einen Plattenvertrag mit East Side Digital Minneapolis. Henneman, im Zugzwang, reaktivierte ein paar Kumpels aus seiner Heimatstadt Festus/Missouri, mit denen er früher erfolglos als Chicken Truck aufgetreten war und formte die Bottle Rockets. Bereits das Debütalbum des Quartetts war reif und kompakt. Der Nachfolger »The Brooklyn Side« gedieh zur Gemme realistischer Rockmusik: bretternde Gitarren, Mandoline, Fiddle, Twang & Steel, Breaks wie Vollbremsungen und vorn an der Rampe Hennemans rauhreifer Gesang vom Getriebe der täglichen Welt. Die Songs der Bottle Rockets sind vierminütige Exempel auf Tom Pettys Satz *Even the losers get lucky sometimes.*

Und dann schlug der Band die große Stunde. Das Warner-Label Atlantic Records nahm sie unter Vertrag. Es war ein bißchen wie nach Woodstock, sagt Henneman. Jede der großen Firmen gierte nach einem Stück vom frischen Kuchen. Großlabels sind unglaublich langsam. Atlantic signte uns 1995. Wir nahmen »24 Hours a Day« auf, aber erst 1997 kam die Platte raus. Der Alternative-Country-Boom ging schon wieder vorbei. Atlantic hat überhaupt nicht für das Album geworben. Wir hatten noch Glück, daß sie uns umstandslos ziehen ließen.

Warum habt ihr überhaupt da unterschrieben?

Um zu sehen, wie groß wir werden könnten.

Aber du wolltest keinesfalls Rockstar werden.

Na, aus Coolness unten bleiben ist auch nicht sehr cool.

Bist du deprimiert?

Wir haben nichts zu bereuen, sagt Henneman. Du könntest die größte Rockplatte aller Zeiten machen – wenn du einmal als Alternative Country Act giltst, spielt dich keine Rock-Station und kein Country-Radio. 1967 hätten wir Millionen verkaufen können, und die Byrds wären heute Alternative Country.

Aber damals war Musik Revolution, und ihr – nun, ihr seid Konservative.

Ganz bestimmt, sagt Henneman. Amerika ist auf das geschrumpft, was es ist. Die Musik genauso. 1965 hat Johnny Cash mit Country etwas losgetreten. Heute steht Country für nichts. Es schockt nicht, es berührt nicht, es fordert nichts heraus, es geht einfach immer weiter, wie die Zeit, schlechter und schlechter.

Gibt es noch Fortschritt in der Musik?

Für manche Leute ist Fortschritt dauernde Wandlung, sagt Schlagzeuger Mark Ortmann, der still dabeisitzt. Mein Fortschritt heißt Beständigkeit, Weiterschreiben, solide Songs.

Fortschritt ist Rückschau, sagt Henneman. Guck dein Leben an, sieh, was du schon getan hast, und steh dazu. Versuch, nicht schlechter zu werden als dein Bestes. Pro-

Outlaws im Bürgerkeller: Brian Henneman und Mark Ortmann

bier's immer wieder. Die Themen enden ja nicht. Was dich auffrißt, ist das Gefühl von Wiederholung: Steh auf, fahr den Van zur nächsten Show, spiel, geh schlafen, steh auf... Besauf dich, damit die Langeweile spannend wird.

Es ist für die Bottle Rockets vorerst kein Ende in Sicht, aber das Ende wird kommen. Mit 40 sind nicht mehr viele Underdog-Bands unterwegs. Bloß hat Brian Henneman, Kind einer Krankenschwester und eines Glasarbeiters, weder Collegeabschluß noch Beruf, also wenig außer Musik. Auch von Musik allein ist kaum zu leben; die Freundin daheim muß mitverdienen. Wenigstens scheint Brian Henneman die Lebenskünstlerschaft geschenkt, sich auch der abgelebten Zeit zu freuen. Sieben Jahre, sagt er, fahre ich jetzt herum und mache, was ich will. *This is stuff when you get old and wise.* Hey, ich spiele in Deutschland, ich trinke die ganze Zeit Freibier, ich kenne zu Hause in South St. Louis keinen, der in eine Bar marschieren und dort einen Kasten Freibier kriegen könnte.

Mir schien diese Freude am deutschen Trunk etwas unterhalb der Bottle-Rockets-Kunst, aber das sagte ich Henneman nicht. Und leider auch nicht, was ihn hätte freuen müssen: daß sein Alltag, sein redlicher Trotz, seine Beharrungsmusik anderen die Gegenwelt verschafft zu ihrem tagtäglichen Berlin, so wie die Treue das Abenteuer stiftet. Und wie gut, daß Hennemans Band nicht Millionen verkauft, weil man unmöglich als sein Geheimnis lieben kann, was bei McDonald's blökt, auf Hitradio oder aus dem Techno-Blaster in der Straßenbahn. Aber warum dominiert der Schrott? – Unbeirrbar ist der Wunsch der meisten Menschen, sich als *mainstream* zu empfinden: Mehrheit sein. Mitmachen dürfen. Im Trend liegen. Fressen, was die Kelle gibt. Eigensinn macht einsam.

Volk bleibt Volk, das ist bewiesen. Nicht minder fest steht, daß die Bottle Rockets am 26. April 2000 im Bürgerhaus-Keller zu Heilbronn-Böckingen hundert erleuchtete Seelen ins Nirwana gerockt haben, eine weitgereiste Glaubensbruderschaft der Einzelgänger, Querköppe und Stromaufwärtskrauler, einberufen von dem Ur-Heilbronner Edgar Heckmann, auf dessen Rootsrock-Label Blue Rose unlängst »Brand New Year« erschienen ist, die fünfte Platte der Band. Aber in der Euphorie war auch ein deutscher Neid.

Wir haben, dank Adolf & Gen., keine intakte Volksmusik, keine Metaphysik der Alltagsgeschichte. Wir haben Techno, Blödelbarden, Wolfgang Petry und Karl Moik. Seelisch ist Deutschland ein Klops.

Vor einigen Jahren initiierte das Washingtoner Smithonian Institute »River of Song« eine vielstündige Fernsehdokumentation über den Mississippi und die Volksmusiken, die Universen der Provinz, an denen er vorüberfließt – von Inger/Minnesota bis Delacroix Island/Louisiana, von den Pow-Wow-Gesängen der Chippewah-Indianer bis zum Cajun-Blues im Delta des Stroms. Und als der *father of waters* Festus/Missouri passierte, spielten ihm die Bottle Rockets ihre kindliche Beschwörung der großen Flut: *Live in a river town / it's pretty little / it's high on the sides / and it sinks in the middle / and it rains too much / the river comes down / fills up the low spots / all over town / get down river / river get down / once again you have messed up / this whole town / so get down river get down.* Und der Strom gehorchte. Bis er wiederkam.

Die Bottle Rockets sind die Quintessenz des zeitlosen Rock 'n' Roll. Es geht einem mit dieser *music of what happens* wie mit den Büchern von Carson McCullers, Sinclair Lewis, Sherwood Anderson, den Klassikern des amerikanischen Realismus: Die Artistik hat Grenzen. Die Form ist in Konvention gerahmt, aber die Seele fliegt. Die Sprache will geben und von jedermann verstanden sein, so wie Carson McCullers am Ende der Ballade vom traurigen Café den Gesang einer Rotte von Kettensträflingen beschreibt: die anschwellenden Stimmen, die Modulationen im Schnittpunkt von Freude und Depression, schließlich den Untergang des Gesangs, der in der glühenden Sonne versiegt, bis man nur wieder den Rhythmus der Spitzhacken hört. »Und was für eine Rotte ist das, die solche Musik hervorzaubern kann? Bloß zwölf sterbliche Menschen, sieben schwarze und fünf weiße Burschen aus unserer Gegend. Bloß zwölf sterbliche Menschen, die zusammengehören.«

Mai 2000

Der Schand-Elfmeter von Leipzig

Wie Schiedsrichter Stumpf die DDR bereits am 22. März 1986 fast zum Einsturz brachte

Warum spielen sie noch? Schon 94 Minuten beharken sich die alten Rivalen: Lok Leipzig und der BFC Dynamo, der Stasi-Club, der Haßverein des DDR-Fußballs. Schiedsrichter Stumpf aus Jena pfeift einfach nicht ab. Lok-Regisseur Liebers hat er vom Platz gestellt, weil der beim Freistoß aus der Mauer trat. Lok-Kapitän wankt nach Tritt ins Gesicht als Kopfmumie über den Acker, aber immer noch führt seine Mannschaft 1:0. Dreizehntausend Leipziger brüllen den Schlußpfiff herbei. Noch einmal flanken die Berliner. Abgewehrt, neue Flanke, und urplötzlich liegt, wohl vom Winde gefällt, im Lok-Strafraum der Dynamo-Spieler Schulz. Jetzt pfeift Stumpf: Elfmeter.

Dieser Pfiff ist zur Legende geworden. Für ungezählte Ostfans kulminierte in diesem Spiel die Fußballgeschichte der späten DDR. Seit 1979 war der BFC ununterbrochen Meister geworden – beileibe nicht nur willfähriger Schiedsrichter wegen, aber immer wieder assistiert durch allerlei Parteilichkeit, die von Rostock bis Aue das Fußballvolk auf die Barrikaden trieb. Am 22. März 1986, um 16.49 Uhr, brach der Aufstand los. Wer nicht selbst dabei war, als das Leipziger Bruno-Plache-Stadion explodierte, der hörte doch den Radiodonner des Reportergottes Wolfgang Hempel: DAS DARF DOCH NICHT WAHR SEIN! Pastor verwandelte den Fallelfmeter, Abpfiff, Tumult, Schiri Stumpf floh in die Kabine. Reporter Hempel eilte ihm nach und bummerte an die Tür. Was gibt's? schrie Stumpf. – Zwei Fragen: Hättest du den Liebers auch vom Platz gestellt, wenn er BFCer wär? – Natürlich! – Und diesen Elfmeter auch gegen den BFC verhängt? – Ja! – Dann traf ich Matz Liebers, erinnert sich Hempel. Mensch, biste zu retten, hab ich gesagt. Gelb hattste schon und trittst beim Freistoß dreimal aus der Mauer. – Was, wer, ich? Gar nicht, niemals,

Das Schand-Elfmetertor. Von links: Michael Schulz, Frank Pastor, Lutz Moldt, Frank Baum, Torsten Kracht, René Müllers ohnmächtiger Arm

nischt gemacht! – Der war noch so in Rage, der war wie weggetreten nach diesem Spiel.

Volker Nickchen, zweiter Mann des DDR-Fußballverbandes DFV, spricht auf der Pressekonferenz in erbitterte Gesichter, diese Schiedsrichterleistung müsse Konsequenzen haben. So liest es dann die Republik, und so kommt es. Stumpf wird gesperrt. Der BFC holt freilich abermals den Titel – zwei Punkte vor dem 1. FC Lok. Das Volk brüllt weiter SCHIEBERMEISTER, registriert allerdings, daß künftig kaum noch pro BFC gepfiffen wird. Bernd Stumpf bleibt verschwunden. Dann verschwindet die gesamte DDR. Die Legende überlebt: der Schand-Elfmeter von Leipzig und wie der Volkszorn Mielkes Schiri fraß.

So wäre alles in schönster Gedenkordnung, hätte nicht unlängst Bernd Stumpf bei »Sport im Osten« via MDR ein Video präsentiert. Damals vom BFC zu Trainingszwecken aufgenommen, zeigt es die berühmte Szene aus anderer Perspektive. Wieder segelt der Ball herein, wieder springt

Schulz, aber siehe, hinter ihm steht Leipzigs Mittelstürmer Richter und schiebt Schulz mit beiden Händen unter der Flanke hindurch. Diese DDR-Geschichte muß wohl neu geschrieben werden.

Drei Wahrheiten werden wir finden – eine Berliner, eine Leipziger, die dritte in einem Jenaer Kellergelaß. Eine vierte Wahrheit ist im Sommer 1989 republikflüchtig geworden; unsere Fahndung nach Hans Richter läuft. Sein 86er Opfer steckt in Gips. Bernd Schulz hat sich bei einem Alte-Herren-Spiel des BFC das Bein gebrochen. 40 ist er heute, sieht wie Mitte 20 aus und erinnert sich genau. Der Richter hat mich umgeschubst, sagt Schulz. Ganz dumme Aktion. Es war doch gar nicht raus, daß ich den Ball kriege und ob er reingeht.

Aber beim Fallen nachgeholfen haben Sie auch ein bißchen.

Nachgeholfen, grübelt Schulz und entscheidet: Ich sag nee.

Und so 'n Elfer muß man ja auch erst mal reinhauen, sagt Jürgen Bogs, damals wie heute Trainer des BFC. Da ist ja auch noch 'n Torwart da. Entscheidend war die psychische Stabilität unserer Mannschaft in Auswärtsspielen.

Es war ein normales Spiel, sagt Schulz.

Normal? Bei dem Volksaufstand?

Na ja, sagt Schulz, der Haß gegen den BFC hat sich natürlich jedes Jahr gesteigert. In Aue, Böhlen, Zwickau gab's vielleicht monatelang keine Apfelsinen, und wir kommen aus Berlin und sitzen nach dem Auswärtssieg im Bus und packen die Verpflegung aus, da sind die Leute dort natürlich ausgeflippt. Da ist man schon immer freudig hingefahren, weil man wußte: Gleich bläken sie wieder Stasi-Sau. Das hat uns motiviert.

Wir warn 'ne geile Truppe, sagt Bodo Rudwaleit, einst der BFC- und Nationaltorwart. Wir sind auf den Platz und wollten's den Arschlöchern zeigen. Hat ja auch meistens jeklappt. Und dann Massenhysterie: Schiebung! BFC-Schiedsrichter! Obwohl, bei manchen Entscheidungen dacht ick ooch: Mein Gott, hamwa dit nötich? Bloß konnte ja der Schiri pfeifen, wie er wollte, allet wurde uffjebauscht. Mir hat keener 'n Titel jeschenkt, ick hab hart jearbeitet, solln die Leute glooben, wat se wolln. Wat ick weeß, weeß ick für mich alleene, und dit reicht.

Aber der Schiri Stumpf wurde nach dem Leipzig-Spiel für immer gesperrt.

Hab ick damals nich so mitjekricht, sagt Rudwaleit. Is mir jetzt ooch müßich, über diese janzen Leute noch ürjendwelche Meinungen zu haben.

Bodo, war's dir ein Problem, im Stasi-Club zu spielen?

Nö. Nö. Nö.

Und die Stasi selbst?

Öh, pphhh, sagt Rudwaleit. Würd 'n bißchen blöde klingen. Hab ja von denen meine Spielprämie jekricht. Ick sprech jetzt nich im nachhinein, ick red von damals, wo ick mir kaum Jedanken jemacht hab. Damals war damals, und heute is jetzt.

Was dachtest du bei Mielkes Tod?

Weder in die eine Richtung Emotionen, sagt Rudwaleit, noch in die andere.

Wer mit alten BFCern spricht, bedenke, wie der Mensch sich zu erinnern wünscht: Das Gute möge bleiben – die zehn Meisterschaften, die Europacup-Triumphe über Aberdeen, Zürich und Michel Platinis St. Etienne. Fußball sei Fußball gewesen. Die Spieler hätten Mielkes BFC-Manie heimlich begrinst. Um Politik, sagt Trainer Bogs, hab ich mich nicht gekümmert.

Wie anders erinnern sich die Leipziger: an die kühle Klasse der Berliner, an deren Selbstsicherheit unterm politischen Schirm. An viele, viele Spiele. Welches Jahr war's denn, sagt Frank Baum, wir führten 2:1, da holt sich der Riediger vom BFC den Ball mit der Hand ausm Aus und schiebt ihn rein, und das zählt. 2:2. Schiedsrichter war Stenzel. Ich bin noch nicht fertig. Kurz vor Schluß, Kopfballduell mit Ernst, der kracht sich auf mich drauf, ich zu Boden, mir wurd's schwarz, und wie ich wieder zu mir komme, steht der Stenzel da und gibt mir Rot. Da habch wirklich rot gesehn. Ich auf den Stenzel los, der haut ab, da wollt ich auf den Linienrichter drauf, der haut och ab. Und da bin ich zur Tribüne, wo der Mielke saß, und hab die Faust gehoben.

Und dann?

Dann, sagt Baum feierlich, dann wurde ich abgeführt.

Oh Gott!

Aber begnadigt, sagt Baum. Weil ich kurz darauf für die

DDR gegen Schottland spielen sollte. Die Partei im Bezirk hat mich rausgehaun.

Man rechnete bei jedem BFC-Spiel mit dem ominösen Pfiff, sagt Uwe Bredow. Damals war's auch wieder, als hätte der Stumpf nur gewartet, daß er endlich Elfer geben kann.

Kalkulierte nicht jeder DDR-Schiedsrichter, daß bei internationalen Ambitionen Mielkes Ministerium sein Visum befürworten mußte?

So war's, sagt Baum. Kannste zwar keinem beweisen. Gab ja auch Gute – Männig, Glöckner, Heynemann. Hans Kulicke, der hat dir beim Spiel von seiner neuen Brieftaube erzählt, der sagte: Leute, ich pfeif ab, ich muß zum Zug. Stumpf, das war ä Lehrer, der hatte das Übergerechte, so Oberbefehlshaber, das mögen Fußballer nicht.

Ich fahre jetzt nach Jena, zum Stumpf.

Grüßense ihn, sagt Bredow.

Bernd Stumpf öffnet: markantes Gesicht, schwarzes T-Shirt, Silberkette, Shorts, kräftig gebräunte Waden. Ein stattlicher Mann von 60 Jahren. Ein hektischer Mann: Er sei ja unrasiert. Er habe ja nicht aufgeräumt. Wohin mit dem Reporter, mit dem Kaffee? Der Balkon ist zu laut. Der Keller ist richtig. Niemand stört, vier Stunden lang.

Stumpf sprudelt. Zuhauf muß er erklären und beweisen. Seine absolute Korrektheit. Seine Elfmeterpfiffe gegen den BFC. Seinen Mut zu unpopulären Maßnahmen, *brutal*, immer zum Schutze der Spieler. Notfalls flogen bei Stumpf auch Auswahlkicker vom Platz. Das Volk hat nie begriffen, sagt Stumpf, wie dieses besagte Leipziger Spiel von höchster partei- und regierungsamtlicher Stelle verwendet worden ist. Schon seit 1983 sollten ja dem BFC die Flügel gestutzt werden.

1983 wurde im DDR-Fußballverband eine neue Führung installiert. Generalsekretär Karl Zimmermann kam als hochangesehener Wirtschaftsmann vom Rat des (starken) Bezirkes Leipzig, sein Stellvertreter Volker Nickchen aus Karl-Marx-Stadt, Manfred Zapf aus Magdeburg. Ihr erklärtes Ziel war die Qualifikation zur 86er Weltmeister-

Bernd Stumpf auf dem Wege zur Gerechtigkeit

schaft. Inoffiziell sollten sie dem DDR-Sportchef und Fußballfeind Manfred Ewald die Stirn bieten. Zugleich bildete das Triumvirat eine Phalanx gegen Mielkes BFC-Begünstiger. Am 22. März 1986 kam vieles zusammen. Die Weltmeisterschaft war verpaßt, Dynamo Dresden soeben als letzte DDR-Elf aus dem Europapokal geflogen, der Dresdner Lippmann nach dem schaurigen 3:7 in Uerdingen geblieben. Das Fußballvolk brodelte. Der SED-Parteitag stand vor der Tür; Honecker wünschte Ruhe. Ohnehin nervte im Politbüro die dauernde Randale bei BFC-Gastspielen. Zu alledem war in Leipzig Messe. Westliche Besucher weilten im Stadion und wurden Zeuge, wie sich der sozialistische Fußball danebenbenahm. »Kicker« vom 27. März 1986: »In der DDR flogen die Fetzen.«

Vor dem Spiel, sagt Bernd Stumpf, ging Nickchen mit mir spazieren: Schiri-Einweisung aufs Spiel, die Brisanz etc. – manches klang fast ein bißchen, als sollte Lok gewinnen. – Das ist Quatsch, sagt später Volker Nickchen (heute DFB-Zentrale Frankfurt am Main). Pfeif anständig, hab ich gesagt, sei konsequent vom Anfang bis zum Ende, aber mit Fingerspitzengefühl – so in etwa, weeßch heut nich mehr. – Die Lok-Spieler haben mich dann durch ihr Verhalten unter Druck gesetzt, sagt Stumpf. Der Baum peitschte ja die Massen auf mit seinem Kopfverband. Und wie der Liebers dreimal aus der Mauer trat, da dacht ich: Und wenn die ganze Welt hier untergeht, du machst mit mir nicht huzebuze! Und bei dem Elfer wußte ich natürlich, gleich kocht das Stadion. Nee, nützt nischt, Pfiff.

Nicht nur das Stadion kochte, auch die Leipziger Parteispitze. Helmut Hackenberg, der zweite Bezirkssekretär, jagte ein chiffriertes Fernschreiben nach Berlin: »selbst bei genossen gibt es berechtigte empoerung, dasz die schiedsrichterleistung die zuschauer und spieler regelrecht provozierte (...), dasz schiedsrichter stumpf mit seinen entscheidungen der weit verbreiteten meinung, dasz dem bfc der meister zugeschoben wird, neue nahrung gegeben hat.« Am 27. März erfährt Stumpf von seiner Suspendierung. Geschaßt werden auch Heinz Einbeck und Gerhard Kunze, die bisherigen Leiter der DFV-Schiedsrichterkommission, die Stumpf halten wollten. Am 31. März bittet Stumpf per Eingabe Erich Honecker, »diese Verfahrensweise und Entscheidungen zu überprüfen, weil sie nach meiner Auffassung undemokratisch sind, und der rechtlichen Grundlage entbehren«. Stumpf fährt nach Berlin und bringt den Brief persönlich zum ZK der SED.

Am 2. April spediert Egon Krenz Stumpfs Epistel an Honecker, mit Begleitbrief: Stumpf sei »wegen wiederholter Fehlleistungen« gesperrt worden. »Diese Maßahme ist, wie mir Genosse Manfred Ewald bestätigte, auf breite Zustimmung in der Bevölkerung gestoßen. (...) Ich bitte Dich daher, mir den Auftrag zu erteilen, den Brief des Genossen Bernd Stumpf in diesem Sinne zu beantworten.« Am 3. April quittiert EH: Krenz darf schreiben und tut dies desselbigen Tags: »Lieber Genosse Bernd Stumpf! Der Generalsekretär des Zentralkomitees unserer Partei, Genosse Erich Honecker, hat mir Ihren Brief vom 21. [sic!] März 1986 zur Prüfung und Erledigung übergeben. Zunächst möchte ich Ihnen herzlich danken, daß Sie sich vertrauensvoll an das Zentralkomitee unserer Partei in einer wichtigen Sportfrage gewandt haben.« Es folgt Sülze mit hartem Kern. Stumpf wird abgewiesen. Er möge, ein Witz für einen 45jährigen Leistungsschiedsrichter, »zu gegebener Zeit einen Antrag auf Wiederzulassung« stellen. Erich Mielke bekommt von Krenz eine Kopie.

So endete der Schiedsrichter Bernd Stumpf. Ein Opfer? Wie denn, mit einer IM-Verpflichtungserklärung, die vom 8. Juni 1989 datiert. Stumpfs Tragik ähnelt der des Oberst Redl aus Istvan Szabós gleichnamigem Film: Die Macht verstößt ihren Opportunisten. Bernd Stumpf, der Pädagogikstudent, der Verkehrserzieher, der Berufsberater, erzählt sein Leben in knäuligen Sätzen: Ja, das sind also Umstände gewesen, die zumindest zum damaligen Zeitpunkt doch auch manchmal sehr belastend gewesen sind und von so 'ner gewissen Weise, mit den Problemen des Landes DDR umzugehen, durchaus konträre Auffassungen gehabt haben. – Entwirrt, erscheint eine Dialektik aus Ehrgeiz und Arsch an die Wand. Rock-'n'-Roll-Fan, aber stracks in die FDJ. Die schwangere Verlobte schon im Westen, aber doch nicht, wie besprochen, hinterhergetürmt. Schockiert vom Einmarsch in Prag, aber Kandidat der SED. Nach dem Tiananmen-Massaker in Peking endlich drauf und dran, das Mitgliedsbuch hinzuknallen, aber die

Konsequenzen gescheut. Ich hatte keine Lust, sagt Stumpf, auch in dem Sinne, wie ich eben verheiratet war, meine Familie in Gefahr zu bringen. – Die Maueropfer? Leichtsinnige, selbst schuld an ihrem Geschick, wie der rausgeschmissene Jenenser Dissident Roland Jahn: Wie konnte man nur mit Hitlerbärtchen an der Maitribüne provozieren und mit Solidarnośc-Fähnlein durch Jena radeln!

Das Jenaer Bürgerrechtsjournal »Gerbergasse 18« hat Stumpf als IM benannt und ein paar eifrige Petzereien dokumentiert. Stumpf erklärt, er habe nur Bekanntes aus der Fußballszene reportiert, Sachumstände, niemals privatime Schnüffeldaten. Die Stasi habe ihn überdies weniger gestört als der Dogmatismus in der Partei. Eine erste IM-Verpflichtung hatte Stumpf während der Armeezeit, als er wegen unerlaubter Entfernung erpreßbar gewesen sei. Wieder Zivilist, mochte er nicht weiter zuarbeiten – und unterschrieb 1989 erneut. Er habe seinen Sohn schützen wollen. Sascha Stumpf, Nachwuchsstar beim FC Carl Zeiss Jena, war Mitglied einer Autoschieberbande. Wenn Bernd Stumpf von dem Mißratenen erzählt, stockt die forsche Rede, stürzen ihm die Tränen in die Augen. Scheiße, sagt Stumpf. Tiefstes Atmen.

Warum wollten Sie unbedingt Schiedsrichter werden?

Auf'm Platz ging's mir immer gut, da hatt ich keinen Kloß im Hals.

Genießt man die Macht?

Mein erster Europapokal-Einsatz war im San Siro von Mailand. 80 000 Zuschauer, und Sie laufen da rein und wissen, daß Sie bestimmen, wo's heute abend langgeht...

Heute ist Stumpf arbeitslos. Er lebt von seiner Frau, einer Lehrerin. Seinen Job bei der Kreisverwaltung verlor er 1995, weil er seine Stasi-Mitarbeit verschwiegen hatte. Ich denke, sagt er, sich zum Trost, daß ich mit allen schwierigen Umständen doch ganz gut fertig geworden bin. Daß es da 'n paar schwarze Flecken in dieser Biographie gibt, die sind höchst bedauerlich, aber irgendwo sindse eben das, was das Land DDR auch ausgemacht hat.

Was werfen Sie sich selber vor?

Daß wir Parteigänger des Landes nicht das Rückgrat hatten, uns gegen seine Krebsschäden zu stellen.

Zum Schluß haben wir auch noch Hans Richter gefunden.

Er arbeitet heute im Sicherungsbereich des Flughafens Frankfurt am Main. Herr Richter, rufen wir ins Telephon, Leipzig, 22. März '86. Erinnern Sie sich?

Erst mal gar net, sagt Hans Richter.

Herr Richter, Sie sprechen ja Hessisch! Sind Sie's überhaupt? Wo ist Ihr Sächsisch?

Ganz kriegt mer's ni weg, sagt Richter, und dann dämmert's ihm: Ging's nicht gegen den BFC? Gab es nicht Tumulte? War da nicht ein Elfmeter? Ich glaube, ich war sogar dran beteiligt. Jetzt weiß ich's wieder: Ich hab 'n Krampf in der Wade bekommen und bin dann so nach, hab mich nach vorn so, ähm, hab ihn schonn so 'n bißchen behindert halt, ja? Aber der Schulz hat sich auch absolut theatralisch fallen lassen.

Herr Richter, ist das noch Ihr Leben?

Ach, das ist eigentlich ganz weit weg. Jetzt muß ich auflegen, mein Chef guckt schon.

August 2000

Im Auf und Ab zur Weltmacht

Wie jetzt auch Deutschlands Jugend dem FC Carl Zeiss Jena verfällt

The future's not what it used to be.
(Mickey Newbury)

Er schlief sogar mit seinem Ball. Er donnerte ihn durch die Wohnung. Er übte Torwartparaden, daß den Mietern unter uns die Tassen aus der Vitrine sprangen. Still saß er nur vor dem Fernseher, wenn Fußball kam. Ich packte meine Tasche, um wieder einmal die schwere Reise nach Jena anzutreten, da begann er zu weinen: Papa, ich auch! Aber er war doch erst vier. Nimm ihn mit, sagte Mei-Huey, er ist stadionreif.

Bis hierher mochte der Leser hoffen, es bliebe ihm in diesem Buch der FC Carl Zeiss Jena erspart. Derlei Wünsche verkennen, daß die Liebe zu diesem Fußballclub kein Spleen des Autors ist, sondern Ehrenwache am heiligen Gral der Ost-Identität. 1999 hatte der Westen einen teuflischen Plan ersonnen: die Abschaffung der DDR-Bundesliga (Regionalliga Nordost). Von den 72 deutschen Regionalligisten sollten sich 36 für eine künftige 3. Bundesliga qualifizieren dürfen – 29 aus dem Westen, aus dem Osten sieben. Um diese sieben Plätze im Rettungsboot begann im Sommer 1999 ein gewaltiges Hauen und Würgen, bei dem der sensible FC Carl Zeiss … Leser, du ahnst das Drama.

Es ging gegen Halle, und Conny durfte mit. Wir packten das Malzeug ein, das Märchenbuch, das Pingu-Spiel und reichlich Schokolade. Er sollte mein Jena lieben, das weite Abbe-Sportfeld, wie die Saale es umfließt, wie es die Kernberge überthronen. Und er staunte, mein Wicht. Das Spiel begann, Jena schoß das 1:0, die bescheidene Menge schrie, es grauste ihn. Halle glich natürlich aus, es wurde ruhig, Conny schlief ein. Selig schlummernd verpaßte er die beglückendste Szene der zweiten Halbzeit: drei Hallenser frei vor dem Jenaer Tor. Der erste knallte den Ball an die Latte, der zweite auf den Leib des dritten, und der senste haarscharf neben das Gehäuse. Beim Abpfiff wachte Conny auf: Papa, haben wir gewonnen? – Unentschieden. – Jaaa, da muß keiner traurig sein!

Wir begaben uns zur Pressekonferenz. Dort trafen wir einen Klangkörper der ostdeutschen Fußballgeschichte: den altgedienten Radio-DDR-Reporter Hubert Knobloch. Schon mein erstes Jena-Live-Spiel hatte Knobloch übertragen (1970 aus Halle, 2:2). Jetzt verdrehte er leidvoll die Augen und stöhnte: Was ist nur aus dem Jenaer Fußball geworden! – Psst, sagte ich, das Kind. Knobloch erblickte Conny mit seiner Jena-Kappe, schüttelte ihm sportskameradschaftlich das Händchen und sprach sonor: Mein Junge, Jena ist eine große Mannschaft.

Auf der Heimfahrt sagte Conny: Papa, darf ich Werder Bremen sein?

Jenas DDR-Meisterschaften, die Europapokal-Triumphe – das ist Geschichte, auch die meines Lebens. Heute ist Jena ein Bluesverein. Ich bin ihm treu, weil mich kein zweiter Club auf diesem Erdenrund so traurig machen kann. Fürs Jubelvolk gibt's Bayern München, die neureiche Hertha und auf Sat 1 »ran«, die Fußballtötungsshow. Ich ersehne den Tag, da die Menschheit begreift, daß die Fernsehübertragung von Fußballspielen ebenso abwegig ist wie die von Herzoperationen. Fußball findet im Stadion statt, nicht auf der Couch. Der Jena-Fan weiß das. Der Jena-Fan geht in keiner opportunistischen Masse auf. Einsam schreitet der Jena-Fan über diese Welt. Im Ernst-Abbe-Sportfeld harre ich mit dem Photoapparat hinterm gegnerischen Tor der Treffer, die dann gern auf der verkehrten Seite fallen. Dann offenbart der Jena-Fan sein erhabenstes Talent: stumme Beherrschung, das Bluten nach innen. Er gedenkt seiner großen Vergangenheit, die niemand von den lächerlichen Gegnern unserer heutigen Spiele jemals erlangen wird. Man bleibt, was man hatte. Was weg ist, kann keiner mehr nehmen.

Ach ja, die Zukunft. Der Thüringer begegnet ihr wie einer Drohung. Da gibt es keinen Berliner Haudrauf-Optimismus. Wart's ab, spricht der Jena-Fan nach einer Selbsttor-Niederlage in der Nachspielzeit, wer weiß, vielleicht kommt's nächsten Samstag noch brutaler. – Gegen Babelsberg haben wir dann mal Glück: Ausgleich in der 86. Minute. Leider fällt in der 87. Minute das 1:2. Gegen

Union Berlin kassieren wir das 0:1 schon sechs Minuten vor Schluß. Beim Dresdner SC spielen wir klasse, bis auf den Umstand, daß wir 1:2 verlieren. Das 1:2 bei Stahl Eisenhüttenstadt geht ans Herz, aber wart's ab, wer weiß, vielleicht wird gegen den VfB Leipzig alles gut. So kommt's: Bis zur 84. Minute führen wir 2:0, in der Schlußsekunde fällt der Ausgleich. Spielertrainer Thomas Gerstner fliegt. Trainerlos reist der FC Carl Zeiss zum Schlußlicht: den Amateuren von Tennis Borussia Berlin. Trübster November. 187 Zuschauer, fast alle Jenenser, sehen ein Kultspiel der Zeiss-Geschichte. Machtvoll hallt unser Chor: SCHIRI ERLÖSE UNS!

Wir verlieren 1:3. Die Spieler flüchten. Ein einziger wagt sich zu uns an den Zaun: Axel Keller, unser Torwart, Rückgrat wie ein Torpfosten. Axel weint. Da greifen schwielige Hände durchs Gitter und streichen ihm übers Haar.

Wenn die Nacht am tiefsten, ist der Tag am nächsten. Ein neuer Trainer kommt: der Serbe Slavko Petrović, Sohn des Ex-Polizeipräsidenten von Belgrad und daselbst einst Torwart bei Roter Stern. In der Fernsehsendung »Sport im Osten« gesteht Petrović, was jeder weiß, aber lange nicht vernommen hat: Der FC Carl Zeiss Jena sei auf der ganzen Welt bekannt. Er, Petrović, wolle helfen, diesen Ruhm zu erfrischen. In der Winterpause sammelt der neue Mann den Abfall anderer Vereine. Die Ausgemusterten, die Erniedrigten und Beleidigten holt er nach Jena. Und er bündelt ihre Wut. Und dann kommt der Tag von Halle. Und Conny ist wieder dabei.

Wir sitzen im Stadion am Zoo, eingekesselt von hallescher Arbeiterklasse. Keine drei Minuten sind vergangen, da geht links unser Christian Hauser durch, zieht ab... Tooor! schreit Conny. Die Arbeiterklasse stiert uns feindlich an. Jena wirbelt, Jena stürmt. Conny fragt: Papa, warum sind wir so toll?

Mein Kind, weil wir der FC Carl Zeiss Jena sind.

Kurz vor der Pause bekräht Conny das 2:0. Ausgerechnet Nowotny hat getroffen, ehedem Hallenser, heute DRECKSAU und VERRÄTERSCHWEIN. Derlei ist dem Ur-Jenenser Hauser für sein 3:0 nicht vorzuwerfen. Jaaa, schreit Conny, gleich kommt mein 4:0! Dieses erzielt prompt unser Litauer Sugzda, worauf ihn ein Hallenser zusammentritt.

Der Schiri nestelt an der Kartentasche. Der Unhold eilt sich, dem Gefällten aufzuhelfen. Die Arbeiterklasse brüllt: WEHE DU TUST DICH NOCH ENTSCHULDIJEN DU SCHLEIMER! Weiter geht's: mit Jovics 5:0. Jaaa, schreit Conny, gleich kommt mein 6:0! Die uns umgebende Stimmung signalisiert Gefechtsbereitschaft. Meiner, gebietet der Nachbar heiser, mit schmalem Blick, Meiner, du nimmst jetzt deinen Schekser hier, und dann macht ihr euch ab zu euern Jena-Kasperköppen, ABER GANZ PLÖTZLICH! In diese Ansprache platzt Jovics 6:0. Jaaa, schreit Conny, gleich kommt… Ich greife das Kind, wir flüchten.

Auch dem reifsten Jena-Fan war kein Auswärts-6:0 erinnerlich. Glücks- und Pilsator-trunken zog unsere blaugoldweiße Prozession in Richtung Bahnhof, Jena-Hymnen grölend und Fäkal-Choräle auf den FC Rot-Weiß Erfurt, UND WIR STEIGEN DOCH NOCH AUF HALLEJULJA! Ein bezechter Veteran nahm Conny auf den Arm, blies ihm Siegesodem ins Gesicht und sprach zu dem erstarrten Kind: Alter Kämpfer, du warst heute dabei, du bist jetzt ein *ewiger* Zeiss-Fan.

Und wir siegten weiter: gegen Aue, Dynamo Dresden, in Berlin beim BFC, zweimal in Leipzig… Wir kraxelten aus tiefster Gruft die Tabelle hoch. Die Drittliga-Qualifikation war noch zu schaffen. Wir mußten einfach von fünf Spielen noch fünf gewinnen. Wir taten's, immer mit einem Tor Vorsprung. Beim 1. FC Magdeburg fiel unser 3:2 in der 91. Minute. Und als vier Tage später gegen Zwickau abgepfiffen wurde, als unser 2:1 gerettet war und alle Gitterzäune fielen, da rauschte das aufgestiegene Volk jauchzend durchs Jenaer Paradies und flutete den Rasen. Axel Keller, nun schöneren Tränen nahe, nahm Conny fest in den Arm. Auf der Heimfahrt fragte Conny: Papa, ist Axel der beste Torwart der Welt?

Aber Junge, sonst dürfte er doch gar nicht in Jena spielen.

Die heiterste Jahreszeit begann, die Sommerpause. Der Blutdruck sank, die Seele ging auf Samt. Unermüdlich spielte Conny Axel Keller. Dann der Schock: Keller wechselte zu 1860 München. Conny war fassungslos: Warum hat Axel das gemacht?

Bestimmt wollte er mal eine andere Stadt kennenlernen.

Da muß man nicht gleich dableiben, sagte Conny empört. Da fährt man zu Besuch!

Die 3. Bundesliga konstituierte sich. Jena wurde vom Deutschen Fußballbund der Südstaffel zugeordnet. Das raubte uns die altliebe Ost-Gegnerschaft (bis auf Erfurt). Plötzlich riß die Volksgeschichte unserer unendlichen Schlachten gegen Wismut Aue, Chemie Leipzig, Union Berlin. Statt dessen trieb man uns gegen Burghausen, Aalen, Wehen, Trier – extraterrestrische Kleinvereine, die in uns keinerlei Siegzwang erzeugten. Das konnte nichts werden. Gleich unsere erste Westlandpartie vergeigten wir, in einer saarländischen Metropole namens Elversberg, deren Sportplätzchen hieß wie eine Gartenkneipe: »An der Kaiserlinde«. Und wie begonnen, so machten wir weiter. Wir spielten mit der Pest im Schuh. Am liebsten verloren wir in letzter Minute nach überlegener Partie, 2:0-Führung und verschossenem Elfmeter. Leider neigte unser neuer Keeper Roman Görtz, statt seinen Strafraum zu beherrschen, zur mitmenschlichen Betrachtung gegnerischer Aktivitäten. Er hielt die schwersten Schüsse. Gurken ließ er ins Netz. Nach dem 19. Spieltag wurde ihm gekündigt. Zum Kellerduell gegen Wacker Burghausen ging Torwarttrainer Kraft in die Kiepe. Unverzüglich brach er sich den Fuß. Wir unterlagen 1:2, und das lammsgeduldige Jenaer Bluespublikum brüllte in niegehörter Erbitterung: AUSSER GÖRTZ KÖNNT IHR ALLE GEHN!

Das ist ja kein Spaß. Das tut so weh. Du wankst aus dem Stadion, grenzenlos allein wie all die anderen Unentwegten. Hufschwer schlurfst du durch den Saalepark, zum Bahnhof Paradies. Irgendwann kommt der Zug nach Berlin. Dann hast du weitere drei Stunden Zeit zum Verbluten. Endlich angekommen, triffst du am Bahnhof Zoo auf die blauweißen Herden blökender Hertha-Fans, die einen ihrer schäbigen, ihrer unvermeidlichen, ihrer ganz und gar sinnlosen Erstliga-Siege feiern. Aber noch ist der Zug ja gar nicht da. Noch stehst du am Paradies-Kiosk, mit Ilona, Gerd und Balou und weiteren gegerbten Zeiss-Genossen, denen das Leben nichts anderes bietet als ihr Verein. Das Köstritzer-Depot ist schon leergepichelt. Die Mutter im Kiosk hat nur noch Sangerhäuser Mammut Bräu (aus Frankfurt am Main). Doch der Mensch lebt nicht vom Bier

In den Fängen des FC Carl Zeiss: Jenas Torwart Axel Keller und sein Fan Cornelius D.

allein. So wie wir widder gespielt ham heute, da wirste wahnsinnig, da kannste och Rinderleber essen.

So geschah es. Die Leber war köstlich. Danach reifte der Entschluß, endlich jenes Äußerste zu wagen, das ich mir bis zum 44. Lebensjahr verboten hatte: den Eintritt in eine Volkspartei. Jetzt füllte ich den Antrag aus. Jawohl, ich sandte ihn ab. Die Partei antwortete: »Sehr geehrter Herr Dieckmann! In ist, wer drin ist. Wir begrüßen Sie, wenn auch etwas verspätet, herzlich als neues Mitglied. Wir freuen uns auf die Zusammenarbeit. Sie haben mit Sicherheit die richtige Wahl getroffen.« Anbei lag leuchtend jenes Personaldokument, das ich seither überm Herzen trage. Selbstbewußt präsentiere ich auf dem Postamt, bei Razzien, Schutzimpfungen und im internationalen Grenzverkehr den Paß der Pässe: den Mitgliedsausweis Nr. 802 des FC Carl Zeiss Jena.

Fußball-Leben ohne Trotz, das wäre Sklaverei wie Bayern Münchens inszenierte Wirklichkeit: Börsen-Sport, Siege im Samstags-Abonnement und die Champions-League als Mittwochsfilm. Das Produkt boomt. Der Kunde ist zufrieden. – Weder boomt mein Club, noch pflegt er Kundschaft. Aber was ist der FC Carl Zeiss? Das Unverrückliche: wir. Auch in Jena kommen und gehen die Spieler. Es bleiben die Kernberge, das Abbe-Sportfeld, das Fanvolk und seine seßhaften Sagen. Jenas Mythos Peter Ducke tritt im Fernsehen auf. Am Samstagabend, zur besten Sendezeit, erscheint der größte Ost-Fußballer aller Zeiten bei MDR-»Riverboat«, der Kolonialshow unter den Talk-Sendungen. Drei West-Moderatoren beschenken das Ostvolk mit ihrer ahnungslosen Eitelei. Da sitzt also Peter Ducke, 59 Jahre alt, und bekundet Dankbarkeit, daß er, ein schlichter Mann, ein *Rasenkomiker* gewissermaßen, mit wahrhaft bedeutenden Menschen die *illustre Runde* teilen dürfe, ja gar mit einem *Musikdozenten* (es handelt sich um den Schlagerpaten Ralph Siegel). Talkerin Fisher weiß immerhin, daß Peter Ducke *auf dem Fußballfeld die eine oder andere Disziplinschwierigkeit an der Hacke hatte*. Ich hab ganz viel über Ihren Laufstil gelesen, sagt Frau Fisher. Irgendwas muß da mit den Armen und den Händen und den Fingern passiert sein. Ich blindes, blödes, weibliches Huhn, könnse mir das mal erklären? Talker Hofer fragt: Hatten Sie auch 'n Spitznamen, so wie Ente Lippens? Wieder Frau Fisher: Herr Ducke, Sie sind ja auch 'n alter Nostalgiker, Sie gukken sich zu gerne alte Aufnahmen von sich an. Was sind das für Momente? – Aufnahmen von mir? fragt Ducke verblüfft. Da gibt's sehr wenig, da ist nach der Wende nicht allzuviel übriggeblieben. Filme gucke ich gerne, Western. – Na, ist ja fast das gleiche, wie Sie da übern Platz fegen, lacht Frau Fisher und imitiert Pistolenschüsse.

Talker Kachelmann – Typus Schiedsrichter, der glaubt, das Spiel finde seinetwegen statt – fragt in genialer Eingebung nach dem *duckigsten* Tor. Jaaa, da holt Ducke aus, da kommt er endlich zu sich selbst. 1963 ist's gewesen, in Prag, gegen den Vizeweltmeister ČSSR. Fünf Gegentore hatten die Tschechen der DDR versprochen. Fünf Minuten vor Ultimo hielten sie immer noch beim 1:0. Und dann startete an der Mittellinie Peter Ducke sein unwiderstehliches Solo. Zwei Tschechen spielte er aus, dann den dritten, jetzt Numero vier ... Zur Rechten wie zur Linken sieht man Tschechen niedersinken, und wie Ducke sich der Klimax nähert, dem entscheidenden Schuß, dem größten Tor des gewaltigsten DDR-Fußballers, da kommt die Notbremse, da würgt ihn Hofer ab.

Kachelmann lobt Ducke: Sie hatten immer Dampf im Hintern. Haben Sie sich mal überlegt, wieder aufs Spielfeld zu gehen, weil die heute zu wenig Feuer im Arsch ... – Meine Ärzte haben mir abgeraten, sagt Ducke. Kachelmann: Was läuft heute falsch? – Herz und Seele muß dabeisein, sagt Ducke. Mit Geld hat das gar nichts zu tun. Da kann man Brasilianer holen, Ägypter und andere Dinge – man muß wieder bodenbeständig werden, eigenständig, anders geht's nicht. – Kachelmann, nun knallhart recherchierend: Wo steht denn der Carl Zeiss? – Dritte Liga ganz unten, gesteht Peter Ducke und senkt beschämt das Haupt. Das hohe Ziel sei jedoch die erste Liga, und er hoffe, das noch zu erleben. Frau Fisher: Ach Gott!

Ach, wann enden diese Leiden, diese Leiden, diese Leiden, so sang Wolf Biermann. *Wenn die neuen Leiden kommen, haben sie ein Ende.* Nach zweieinhalb Monaten Winterpause tüten wir die Regensburger ein. Leider pfuschen die in letzter Sekunde aus unserem hochverdienten 2:0 ein 2:2. Am Samstag darauf spielen wir die Trierer besinnungslos. Kulturloserweise mauscheln sie uns in der 86. Minute das 0:1 ins Netz. Als Tabellenletzter fahren wir nach Erfurt zum Spiel der Spiele, dem Thüringenderby. Conny will wieder mit. Es wird sein siebentes Jena-Match. Wenn er dabei war, verloren wir noch nie.

Wie empfängt die sogenannte Blumenstadt! Der Bahnhofsplatz ist nun nach Willy Brandt benannt, doch das Hotel »Erfurter Hof«, aus dessen Erker Brandt am 19. März 1970 den Ostlandsleuten zuwinkte, vergammelt als Gespensterhaus. Unser Heldenvolk, das damals *Willy, komm ans Fenster!* schrie, beklagt am Bratwurststand Deutschlands Überfremdung. Wenn wirs nicht bald in den Griff bekommen, spricht Deutschväterchen zum Deutschmütterlein, wenn das nicht endlich aufhört mit der Ausländerei, dann könnwer Deutschland dichtmachen. De Asylanten, ein Betrügervolk ohne Ende, die fressen uns de Haare vom Kopp. (Biß in die Bratwurst.)

Meister, nun mal halblang. Es gibt solche und solche.

Sie mischen sich mal gar nich ein! Kann ich nach Frankreich gehn und sagen: Asyl, ich bin Andersdenkender, ich bin alter Nazi, Deutschland unterdrückt mich, gebt mir Geld? Da sagen die gleich: Nüscht gibts!

Papa, schreit Conny, mein Zahn ist rausgefallen!

Wir finden den Zahn. Die Straßenbahn kommt. Das Steigerwald-Stadion ist gut gefüllt. 10000 Zuschauer, 2000 davon aus Jena, sehen Erfurt stürmen. Jena stümpert, Jena schwimmt, Jena dankt dem Torgebälk, daß Erfurt zur Pause nicht führt. Danach wird der Druck noch ärger. Kurz vor Schluß ist es dann soweit: Jenas Abwehr ausgehebelt, unser neuer Torwart Okrucky segelt ins Nichts, finaler Erfurter Paß auf Nemec, der drei Meter vor dem leeren Tor…

Conny sagt: Bitte nicht reinschießen.

…an den linken Pfosten knallt. Da brechen Freund und Feind ins Knie. Conny sagt: So ein lieber Erfurter.

Wir hielten das 0:0. Wie Diebe schlichen wir mit unserem Auswärtspunkt vom Feld, umhöhnt von Erfurter Chören: ABSTEIGER! ABSTEIGER! Auf der Rückfahrt nach Berlin fragte Conny: Was ist Absteiger? Da beichtete ich ihm, daß die Fußballwelt nicht nur in Stadt- und Ländermannschaften unterteilt ist, sondern auch in verschiedene Ligen. Wenn man in der Stadt-Tabelle ganz unten bleibt, erklärte ich, dann muß man eine Tabelle tiefer steigen, wie in einen Keller.

Ist das gefährlich?

Gefährlich nicht, aber ziemlich traurig.

Sind wir wirklich Absteiger?

Noch nicht. Es kommen noch elf Spiele.

Ich will lieber gleich absteigen, sagte Conny. Dann ist das Traurige vorbei.

So darf man nicht denken, sagte ich. Wir können uns doch noch retten.

Aber ich glaube, das schaffen wir nicht.

Aber man muß es versuchen.

Dummme Menschen wollen bestimmt gleich sterben, sagte Conny. Damit sie keine Angst haben. – Dann spielten wir Karten-Krieg. Als er sein letztes As eingebüßt hatte und nur noch Luschen besaß, bat er: Papa, ich verliere, bitte sag Unentschieden.

März 2001

Der FC Carl Zeiss Jena beendete die Saison als souveränes Schlußlicht der Tabelle. Am letzten Spieltag siegten wir 3:1 beim Spitzenreiter, dem Karlsruher SC. Solidarisch stürzten sich auch die Erfurter noch in den Abstiegskeller. Durch Gnadenakt des Deutschen Fußballbundes mußten sie dann doch in der 3. Liga bleiben, weil der bankrotte SSV Ulm keine Lizenz bekam.

Quellenverzeichnis

Mein Volk
Geschrieben für dieses Buch im Winter 2001

Wir waren das Volk
Erstveröffentlichung in DIE ZEIT Nr. 45/1999

Volk bleibt Volk
Erstveröffentlichung in DIE ZEIT Nr. 12/2000

In der Niemandszeit
Erstveröffentlichung in DIE ZEIT Nr. 39/1998

Gezeitenwechsel
Erstveröffentlichung in DIE ZEIT Nr. 41/1998

Bomben auf Ankara?
Erstveröffentlichung in DIE ZEIT Nr. 18/1999

In der Eisenzeit
Erstveröffentlichung in DIE ZEIT Nr. 26/1999

Schaden, Freude
Erstveröffentlichung in DIE ZEIT Nr. 5/2000

Bitte nicht aussteigen!
Erstveröffentlichung in DIE ZEIT Nr. 40/2000

Die grüne Grenze
Erstveröffentlichung in DIE ZEIT Nr. 44/1999 (erweitert)

Die lustige Witwe
Erstveröffentlichung in DIE ZEIT Nr. 29/2000

Erniedrigte und Beleidigte
Erstveröffentlichung in DIE ZEIT Nr. 16/2000 (erweitert)

Die unsichtbare Stadt
Erstveröffentlichung in DIE ZEIT Nr. 48/2000

In Kümmels Keller
Erstveröffentlichung in DIE ZEIT Nr. 51/1998 (erweitert)

Der deutsche Berg
Erstveröffentlichung in DIE ZEIT Nr. 4/1999

Der Mörderstein
Erstveröffentlichung in DIE ZEIT Nr. 14/2000 (erweitert)

Pankow erwache!
Erstveröffentlichung in DIE ZEIT Nr. 6/1999

Unser starker Mann
Erstveröffentlichung in DIE ZEIT Nr. 50/1999

Der Erwählte
Erstveröffentlichung in DIE ZEIT Nr. 1/2000 (erweitert)

Daheim ist daheim
Erstveröffentlichung in DIE ZEIT Nr. 14/2001

Der Reinbeißpreis
Erstveröffentlichung in DIE ZEIT Nr. 5/2001

Der sterbende Schwan
Erstveröffentlichung in DIE ZEIT Nr. 17/2001

Der Fluch des Ostens
Erstveröffentlichung in DIE ZEIT Nr. 27/2001

Das gelobte Land
Erstveröffentlichung in DIE ZEIT Nr. 32/2000 (erweitert)

Der Schand-Elfmeter von Leipzig
Erstveröffentlichung in DIE ZEIT Nr. 33/2000

Im Auf und Ab zur Weltmacht
Geschrieben für dieses Buch im März 2001

Bildnachweis

Archiv des Autors: S. 173
Mei-Huey Chen: 3. Umschlagseite
Christoph Dieckmann: 2. und 4. Umschlagseite, S. 37, 55, 75, 91, 109, 113, 117, 119, 121, 123, 129, 147, 155, 165, 193, 203, 205, 207, 221, 224, 230, 249
Karl-Heinz Frank: S. 157
Thomas Härtrich: S. 235, 239
Jens Rötzsch/Ostkreuz: Titel
Ulli Winkler: S. 185

Das Titelbild zeigt Saalecker vor der Rudelsburg (in der Mitte Sigmund Beetz / »Der Mörderstein«).
Das Photo auf der linken Innenklappe stammt vom Tag des Bergmanns 1972 in Sangerhausen (in der Mitte Adolf Hennecke / »Mein Volk«).
Der Rücktitel wurde am 29. April 2001 beim 1. Deutschen Königinnentag in Witzenhausen aufgenommen.